Jochen Oltmer

Migration

Jochen Oltmer

Migration
Geschichte und Zukunft
der Gegenwart

Die Deutsche Nationalbibliothek verzeichnet diese Publikation in der Deutschen Nationalbibliographie; detaillierte bibliographische Daten sind im Internet über http://www.dnb.de abrufbar.

Das Werk ist in allen seinen Teilen urheberrechtlich geschützt. Jede Verwertung ist ohne Zustimmung des Verlags unzulässig. Das gilt insbesondere für Vervielfältigungen, Übersetzungen, Mikroverfilmungen und die Einspeicherung in und Verarbeitung durch elektronische Systeme.

Der Konrad Theiss Verlag ist ein Imprint der WBG.

© der deutschen Ausgabe 2017 by WBG
(Wissenschaftliche Buchgesellschaft), Darmstadt
Die Herausgabe des Werkes wurde durch die Vereinsmitglieder der WBG ermöglicht.
Lektorat: Claudia Weingartner, Icking
Layout, Illustrationen & Satz: schreiberVIS, Bickenbach
Einbandgestaltung: Jens Vogelsang, Aachen
Einbandmotiv: © Hakki Arslan, fotolia.com
Gedruckt auf säurefreiem und
alterungsbeständigem Papier
Printed in Germany

Besuchen Sie uns im Internet:
www.wbg-wissenverbindet.de

ISBN 978-3-8062-2818-2

Elektronisch sind folgende Ausgaben erhältlich:
eBook (PDF): 978-3-8062-3531-9
eBook (epub): 978-3-8062-3532-6

Inhalt

1. **Einführung** 7
   Konjunkturen des Begriffs »Migration« 9
   Ansätze und Untersuchungsfelder
   der Historischen Migrationsforschung 12
   Zu diesem Buch 16
   Dank 18

2. **Migration und die Hintergründe:**
   Aus welchen Gründen wandern Menschen? 19
   Motive 22
   Netzwerke 24
   Erscheinungsformen 28
   Migrantinnen und Migranten zwischen
   Autonomie und institutioneller Regulierung 37

3. **Migration vom 16. bis zum 18. Jahrhundert:**
   Bevölkerungswandel in den Amerikas
   und in Europa 41
   Europäische und afrikanische
   Bevölkerungen in den Amerikas 42
   Inter- und transkontinentale Abwanderung
   aus deutschen Territorien im 18. Jahrhundert 48
   »Peuplierung« als migrationspolitisches Konzept 50

4. **Massenmigration im »langen« 19. Jahrhundert:**
   Europäische und deutsche Übersee-Auswanderer 53
   Umfang und Bewegungsmuster der
   europäischen Nordamerika-Einwanderung 55
   Hintergründe der Massenabwanderung aus Europa:
   der Fall Deutschland 58
   Staatliche Einflussnahme auf die Migrationsbewegungen 67

5. **Industrialisierung und Agrarmodernisierung:**
   Die neue Topographie der deutschen und
   europäischen Arbeitsmigration 75
   Intra- und interregionale Arbeitswanderungen
   im 19. Jahrhundert 76
   Urbanisierung 83
   Agrarmodernisierung und Migration 94
   Internationalisierung der Arbeitsmärkte und
   restriktive Zuwanderungspolitik in Preußen-Deutschland 100

6. Kolonialismus und die Folgen:
Migration im späten 19. und frühen 20. Jahrhundert 107
Argentinien und Sibirien
als europäische Auswanderungsziele 109
Migrationsmagnet Mandschurei 115
Die »Inwertsetzung« kolonialer Besitzungen 116
»Goldrausch« in Südafrika 118
Die Kontraktarbeit der »Coolies« 123

7. Flucht, Vertreibung, Deportation:
Migration und die Weltkriege des 20. Jahrhunderts 127
Der Erste Weltkrieg als Motor von Gewaltmigrationen 128
Gewaltmigration in der Zwischenkriegszeit 131
Protektionistische Migrationspolitik nach dem Ersten Weltkrieg ... 136
Weltwirtschaftskrise als Weltwanderungskrise 139
Flucht, Vertreibung und Deportation im Zweiten Weltkrieg 144
Kriegsfolgewanderungen 151

8. »Kalter Krieg« und boomende Märkte:
Migration zwischen Grenzsperren und Anwerbeabkommen .. 161
»Eiserner Vorhang« und migratorische Teilung der Welt 162
»Stellvertreterkriege« und Gewaltmigration 164
Migratorische Folgen der Dekolonisierung 172
Neue Arbeitskräfte für die
expandierenden Ökonomien des Westens 180

9. Spätes 20. und frühes 21. Jahrhundert:
Von der neuen Ost-West-Migration zur
globalen Flüchtlingsfrage 199
Neue Ost-West-Wanderung in Europa 200
Zunehmende Weltbevölkerung und Migration 206
Das Wachstum der Städte 211
Klimawandel und Umweltveränderungen 218
Deutschland und die globale Flüchtlingsfrage 223

Anhang 239
Anmerkungen 241
Literaturverzeichnis 255
Bildnachweis 288

Einführung 1

1. Einführung

Die deutschen, europäischen und globalen Migrationsverhältnisse, ihre Dimensionen, Muster und Ausprägungen, aber auch die mit den räumlichen Bewegungen verbundenen Chancen und Risiken werden insbesondere seit der Wende vom 20. zum 21. Jahrhundert breit diskutiert. Vornehmlich die intensiven Debatten des Jahres 2015 um die globale Flüchtlingsfrage und deren Gewicht für Europäische Union und Bundesrepublik Deutschland haben die Aufmerksamkeit gegenüber dem sozialen Phänomen Migration wachsen lassen. Dass Migration auch in Zukunft ein Thema zu bleiben verspricht, beweist das intensive Interesse an Stellungnahmen über mögliche migratorische Effekte in Bezug auf die Alterung der europäischen Gesellschaften, den Klimawandel oder den Mangel an Fachkräften innerhalb zunehmend komplexerer und international eng vernetzter »Wissensgesellschaften«. Gegenwart und Zukunft Deutschlands, Europas und der Welt lassen sich mithin nur unter Berücksichtigung des Wandels der Migrationsverhältnisse zureichend beschreiben.

Der Aufschwung einer geschichtswissenschaftlichen Migrationsforschung hat insbesondere seit den frühen 1990er-Jahren deutlich gemacht, dass Wanderungsbewegungen seit jeher die Welt veränderten: Inzwischen lassen unzählige Beispiele wissen, in welch hohem Maß Arbeits- oder Siedlungswanderungen, Fluchtbewegungen oder Vertreibungen die Bevölkerungszusammensetzung, ökonomische Strukturen, kulturell-religiöse Orientierungen, staatliches Handeln oder politische Debatten beeinflussten. Räumliche Bewegungen bildeten von Beginn der Menschheit an ein zentrales Element der Anpassung an Umweltbedingungen und gesellschaftlichen Wandel – und veränderten zugleich Umwelt und Gesellschaften. Wahrscheinlich vor rund 100 000 bis 120 000 Jahren verließ der anatomisch moderne Mensch der Gattung Homo sapiens erstmals den afrikanischen Kontinent und verbreitete sich vom Nahen Osten und von der Arabischen Halbinsel aus über die Welt.[1]

Bild Seite 7: »Ich wandere aus!« Titelbild der Zeitschrift »Revue. Die Weltillustrierte« vom 29. April 1950. Nach dem Zweiten Weltkrieg war die Zahl der Auswanderer aus Deutschland stark angestiegen.

Ohne Bewegung im Raum war für den Homo sapiens über Jahrzehntausende hinweg Überleben gänzlich unmöglich. Vor rund 40 000 Jahren erschloss er sich die gemäßigten Zonen Eurasiens nördlich von Alpen, Himalaja und Kaukasus. Europa besiedelte er vermutlich von Südosteuropa ausgehend, schließlich war er mit dem Ende der letzten Eiszeit vor rund 12 000 Jahren in allen Großräumen der Kontinente präsent. Allerorten lassen sich schon vor Jahrtausenden und über Jahrtausende weiträumige Bewegungen von Menschen ausmachen, die nach Siedlungs- und Erwerbsmöglichkeiten suchten. Hinzu traten Flucht und Vertreibung im Kontext von Kriegen sowie die Migration von Eliten in den ausgedehnten Reichen, die sich seit dem 3. Jahrtausend vor unserer Zeitrechnung etablierten (ägyptische Reiche, Babylon, chinesische Großstaaten, Alexander-Reich, Römisches Reich). Um es auf die kurze Formel des Historikers und Migrationsforschers Klaus J. Bade zu bringen: »Den ›Homo migrans‹ gibt es, seit es den ›Homo sapiens‹ gibt.«[2]

Konjunkturen des Begriffs »Migration«

Der Begriff »Migration« verweist auf das lateinische Verb »migrare«. Römische Historiker verwendeten für die Beschreibung von räumlichen Bevölkerungsbewegungen allerdings nur selten »migrare«: Der spätantike Schriftsteller Ammianus Marcellinus benennt im 4. Jahrhundert mit dem Verb »migrare« und dem Substantiv »migratio« den Ortswechsel von größeren Kollektiven unter Zwang. Tacitus verweist in seiner »Germania« drei Jahrhunderte zuvor auf die Bewegungen germanischer Gruppen und benutzt die Begriffe »immigrare« (im Sinne von »einwandern«, »einziehen«) beziehungsweise »commigrare« (im Sinne von »hinwandern«, »hinziehen«). Den Begriff »commigrare« verwendet er beispielsweise dort, wo er von der Übersiedlung germanischer Gruppen nach Gallien berichtet.[3] Wanderungen von Individuen und Familien sind kaum jemals Gegenstand antiker literarischer Texte, in aller Regel geht es um Bewegungen großer Kollektive. Antike Autoren gebrauchen »migrare« meist, wenn sie die räumlichen Muster von Nomaden beschreiben wollten. Dieser Sachverhalt

1. Einführung

verweist auf die dichotomische Vorstellung der Antike von Sesshaftigkeit und Nomadismus: Sesshaftigkeit galt als zivilisatorische Norm, Nomadentum einerseits als Lebensform der nicht-zivilisierten Barbaren, andererseits als längst überwundene Vorform der eigenen Zivilisation. Migration trat »als vergegenständlichtes Paradigma der Furcht vor Regression und Niedergang« auf.[4]

Auch im Kontext der verstärkten Rezeption des klassischen Latein und der antiken Schriftsteller im Humanismus fanden sich Verwendungen von »migrare« und Komposita wie »demigrare« und »emigrare« oder »transmigratio« im Sinne von »Übersiedlung«. In antiker Tradition verwies »migrare« auch in der Bibelübersetzung Luthers auf die Lebensform von Nomaden. Im Kontext des Zuges der zwölf Stämme Israels durch die Wüste verwendete Luther nicht den Begriff »wandern«, sondern sprach von »wandeln«, »ziehen« und »reisen«. Auch die erste Übertragung von Tacitus' »Germania« durch Johann Eberlin von Günzburg 1526 übersetzte die Komposita von »migrare« mit »ziehen« und »kommen«.

Im 18. Jahrhundert fand sich dann für den Gegenstandsbereich der spätantiken »Völkerwanderung« (»migratio gentium«) die Verwendung des Begriffs der »Wanderung« im Deutschen häufiger. 1733 hatte sich der aufgeklärte Schriftsteller und einflussreiche Literaturtheoretiker Johann Christoph Gottsched noch gegen die Verwendung des Begriffs »Wanderung« gewandt: Die Bildung auf die Endung -ung sei schlechtes Deutsch und »migrare« ohnehin falsch übersetzt.[5] Kaum später aber nahm »Zedlers Universallexikon« (1732–1754) bereits das Stichwort »Völkerwanderungen« auf – noch allerdings nicht mit einem eigenen Eintrag, sondern mit dem Hinweis, der Gegenstand werde unter dem Eintrag »Züge ganzer Völker« definiert und eingeordnet.[6]

Wie wenig die Begriffe »Migration« oder »Wanderung« verbreitet waren, zeigt sich auch an dem dortigen Eintrag »Migratio«: »migratio« beziehungsweise »migrare«, meine »Wanderung«, unter diesem Stichwort müsse der geneigte Leser nachsehen, der Begriff habe aber »eigentlich« im römischen Recht die Bedeutung des Auszugs aus einem Mietverhältnis. Trotz des Verweises findet sich ein eigenständiger Eintrag »Wanderung« nicht, der Begriff lässt sich aber in einer anderen Verwendung ausmachen: »Zug, ist im gemeinen Leben die Reise oder Wanderung und wird von den Zügen gantzer Völcker unten ein besonderer Artickel vorkommen.«

Der Eintrag »Züge gantzer Völcker, oder Wanderungen der Völcker« handelt wiederum von den in der Forschung aktuell intensiv diskutierten spätantiken »Völkerwanderungen«.[7] Das Nachschlagewerk versteht »Migration« und »Wanderungen« in antiker Tradition als Bewegung großer Kollektive.

Dass auch neuzeitliche Wanderungsphänomene häufig auf den Kontext der »Völkerwanderung« bezogen wurden, belegt ein Beispiel aus dem England des frühen 18. Jahrhunderts: Als im Herbst 1709 mehr als 10 000 Menschen, die aus Südwestdeutschland abgewandert waren, in London eintrafen, in der Hoffnung, kostenlos nach Nordamerika weiterreisen zu können, sprach der deutsche Hofprediger Anton Wilhelm Böhme von einer »ungemeynen Migration« der »Pfälzer«, die in Zeltlagern untergebracht und mithilfe von Spenden versorgt werden mussten. Diese »unbesonnene Migration« bezog Böhme ganz offensichtlich auf den Begriff der »migratio gentium« in der Spätantike, so wie er sie verstand: als einen Einfall von Barbaren in die Zivilisation, eine Flut von nicht-erwünschten Menschen, die Instabilität und Unordnung mit sich brachten.[8]

Im 1832 begonnenen Deutschen Wörterbuch der Gebrüder Grimm wird »migrare« und »migratio« mit »Fortzug«, der Möglichkeit des »freien Abzugs« übersetzt und »emigrare« mit »auswandern«, »exsul« sei ein »Auswanderer«. Grimms Wörterbuch stellt schließlich als allgemeine Wortbedeutung von »wandern« fest: »wandern im gegensatz zum sesshaften leben« und »besonders wird wanderung (nach migratio) von den zügen der völker gebraucht«.[9]

Im 19. Jahrhundert hatten sich mithin verschiedene Formen des Begriffs »Wanderung« etabliert. Der Begriff »Migration« wurde demgegenüber erst im Zuge der Etablierung einer modernen Migrationsforschung gebräuchlich – resultierend aus der Übernahme aus dem englischsprachigen Kontext, an dem sich die seit den 1980er-Jahren aufstrebende Migrationsforschung in der Bundesrepublik Deutschland orientierte.

1. Einführung

Der wissenschaftliche Begriff rückte auch in der medialen Debatte seit den 1990er-Jahren immer stärker in den Vordergrund. Nicht selten knüpfen dabei Debatten an ältere Muster an: Bis in die Gegenwart wird Migration häufig als Ergebnis von Krisen, Katastrophen und Defiziten verstanden und ihre Folgen als Gefahr für Sicherheit, Wohlstand sowie gesellschaftliche und kulturelle Homogenität. Migration erscheint damit als Risiko, das dringend der restriktiven politischen Vor- und Nachsorge bedarf.

Ansätze und Untersuchungsfelder der Historischen Migrationsforschung

Die Historische Migrationsforschung hat eine Vielzahl von Wanderungsvorgängen erschlossen. Gegenwärtig dominiert zwar immer noch der Blick auf das 19. und vor allem das 20. Jahrhundert, zuletzt aber haben sich auch jene Forschungsaktivitäten verstärkt, die auf die Frühe Neuzeit[10], das Mittelalter[11] und die Antike[12] fokussieren. Damit entsteht gegenwärtig ein epochenübergreifendes Bild der historischen Wanderungsverhältnisse, das zudem immer stärker raumübergreifende beziehungsweise globale Bezüge zur Kenntnis nimmt.[13]

Historische Migrationsforschung untersucht räumliche Bevölkerungsbewegungen unterschiedlichster Größenordnung auf den verschiedensten sozialen und räumlichen Ebenen.[14] Das gilt beispielsweise für die vor allem mit Hilfe von prozess-produzierten Massendaten und quantitativen Methoden in ihren Dimensionen, Formen und Strukturen erfassbaren europäisch-überseeischen Massenabwanderungen des »langen« 19. Jahrhunderts[15] oder für die zwischen Land und Stadt beziehungsweise den verschiedenen Städtetypen und -größen fluktuierenden intra- und interregionalen Arbeitswanderungen im Prozess von Industrialisierung und Urbanisierung.[16] Es gilt aber auch für die Frage nach den Motiven sowie nach den Migrations- und Integrationsstrategien einzelner Kollektive, Familien oder Individuen, wie sie sich beispielsweise für die zunehmende Beschäftigung aus anderen Staaten zugewanderter Arbeitsmigranten[17] in den west-, mittel- und nordeuropäischen Industriestaaten im späten 19. und frühen 20. Jahrhundert sowie mit deutlich größeren Dimensionen seit den 1950er-Jahren beobachten lassen.[18]

Für die Untersuchung solcher historischer Prozesse und Strukturen können unterschiedliche Materialien herangezogen werden, die sich mit verschiedenen Methoden untersuchen lassen: Hermeneutische Methoden erschließen Motive und Ziele der Migranten, ihr Handlungswissen, ihre Handlungsstrategien, Selbstkonstruktionen und identitären Verortungen auf der Grundlage insbesondere von Ego-Dokumenten (beispielsweise Briefe, Tagebücher, Lebensbeschreibungen, Zeitungsanzeigen) oder auch von visuellem Material (Gemälde, Zeichnungen, Fotos, Filme). Für den Kontext zeithistorischer Forschungen treten lebensgeschichtliche Interviews hinzu.

Von der Mehrzahl der Migranten der vergangenen Jahrhunderte und Jahrzehnte sind keine Ego-Dokumente überliefert oder nur mehr in Spuren verfügbar. Ein guter Teil des Materials, das unter Nutzung inhaltsanalytischer Methoden von der Historischen Migrationsforschung erschlossen wird, entstammt deshalb Beständen, Beobachtungen und Bewertungen anderer, insbesondere institutioneller Akteure: Solche liegen schriftlich vor (zum Beispiel Protokolle von Verhören und aus Gerichtsverfahren, Pässe, Einbürgerungsurkunden, Fallakten zu Einbürgerungen, Ausweisungen, Einreisen und Aufenthaltstiteln, amtliche, ärztliche oder wissenschaftliche Berichte) oder bestehen – deutlich seltener – aus mündlichen Informationen (Experten- oder Akteursinterviews). Häufig entstammen diese Überlieferungen den Diskursen und Praktiken von Herrschenden und von Eliten. Sie erfordern also spezifische hermeneutische Herangehensweisen, um beispielsweise die Aspirationen sowie die Welt- und Situationsdeutungen, die das Handeln von Migranten beeinflusste, erschließen zu können.

Historische Migrationsforschung untersucht Wanderungsprozesse, die auf dauerhafte Niederlassung in einem Zielgebiet ausgerichtet waren. Außerdem beschäftigt sie sich mit den Formen zeitlich befristeter Aufenthalte – von den saisonalen oder zirkulären Bewegungen über die mehrjährigen Arbeitsaufenthalte in der Ferne bis hin zu dem in der Regel über einen begrenzten Zeitraum aufrechterhalten Umherziehen als ortloser Wanderarbeiter. Damit überwindet sie eine lan-

1. Einführung

ge in der historischen Forschung dominierende Sicht, die Migration vorwiegend als einen linearen Prozess verstand, der von der Wanderungsentscheidung im Ausgangsraum über die Reise in das Zielgebiet bis zur dort vollzogenen dauerhaften Niederlassung reichte.[19]

Auch die Entwicklung von Wanderungssystemen[20] gehört zum Gegenstandsbereich moderner Historischer Migrationsforschung. Ein Wanderungssystem wird als eine relativ stabile und langwährende migratorische Beziehung zwischen einer Herkunfts- und einer Zielregion verstanden. Die Historische Migrationsforschung fragt danach, warum und auf welche Weise sich solche zum Teil über Jahrzehnte oder Jahrhunderte existierenden inter- und transregionalen Migrationsbeziehungen etablierten und stabilisierten – und verweist in der Regel auf bereits bestehende wirtschaftliche, politische oder kulturelle Verbindungen und Beziehungen, die einen engen interregionalen Güter-, Dienstleistungs-, Informations- und Personenaustausch ermöglichten und strukturierten. Untersuchungen zu Migrantennetzwerken und zur Etablierung von Wanderungstraditionen, insbesondere im Kontext von Arbeits- und Siedlungswanderungen zeigen, mit welcher Dynamik Migration die bestehenden Relationen transformierte.

Beiträge aus der Historischen Migrationsforschung bieten darüber hinaus Momentaufnahmen der gesamten Migrationssituation in einem Raum, bei der Wechselwirkungen zwischen unterschiedlichen Wanderungsformen in einer spezifischen sozialen, ökonomischen, demographischen und politischen Konstellation ausgeleuchtet werden. Der Erschließung dienen in diesem Kontext unter anderem veröffentlichte und unveröffentlichte Unterlagen der amtlichen Statistik: Den großen räumlichen Bevölkerungsbewegungen wurde in der Regel unmittelbare statistische Aufmerksamkeit zuteil, denn sie galten als bevölkerungs-, wirtschafts-, sozial- und sicherheitspolitisch relevante Phänomene.

Kern des Aufstiegs der modernen amtlichen Statistik seit dem 17. Jahrhundert bildet die Bevölkerungsstatistik, die insbesondere wegen der Erfassung von Steuer- und Militärpflichtigkeit für die Planung und Durchführung staatlicher Aktivitäten ein hohes Gewicht hatte. In diesem Kontext bildete von Beginn an auch die Registrierung von Umfang, Dynamik, Zielrichtung und sozialer Zusammensetzung von Migrationsbewegungen ein wichtiges Element. Das gilt für Volkszählungen, die zunächst sporadisch, fallweise und wenig differenziert, seit dem 19. Jahrhundert dann regelmäßig und mit hohem Aufwand die Bevölkerung vermaßen – und den je spezifischen Interessen der Produktion von statistischem Wissen unterlagen, die im Hinblick auf Kategorien- und Begriffsbildungen, Erfassungskriterien und Vermittlungsformen in hohem Grad die Wahrnehmung des sozialen Phänomens Migration beeinflussten und weiterhin beeinflussen.[21]

Für die Historische Migrationsforschung aufschlussreich sind darüber hinaus meldestatistische Angaben (Bevölkerungs-, Melderegister) auf der Ebene von Staaten oder Kommunen sowie Informationen über den Umfang von Grenzübertritten, Ausweisungen und die Ausgabe von Dokumenten (Pässe, Visa). Seit dem späten 19. Jahrhundert gewannen arbeitsmarktstatistische Angaben an Gewicht.

Prozess-produzierte Daten zu den verschiedensten migratorischen Phänomenen liegen für die Neuzeit in unterschiedlichster Güte und Reichweite vor. Ihre Bandbreite ist enorm, auch in Hinsicht auf die beteiligten Akteure und deren Interesse an der Produktion von Daten: Die Angaben sind zunächst schlichte Einschätzungen über den Umfang einzelner Bewegungen, mit dem beschleunigten Verwaltungsausbau und dem Aufstieg interventionsstaatlicher Maßnahmen seit dem späten 19. Jahrhundert bieten sie aber auch hochdifferenzierte Daten, die eine detaillierte quantitative Analyse ermöglichen – von der Arbeitsmarktbeteiligung von Migranten über die soziale Zusammensetzung, demographischer Kennziffern bis hin zu Heiratsverhalten, Medienkonsum und Ernährungsgewohnheiten. Verfahren der deskriptiven Statistik dominieren dabei methodisch gegenüber solchen der explorativen Statistik.

Historische Migrationsforschung fragt vornehmlich nach 1. Migrationsaspirationen, den Hintergründen von Migrationsentscheidungen, der Entwicklung von Migrationsstrategien im Kontext individueller und kollektiver Migrationsprojekte unter je spezifischen wirtschaftlichen, sozialen, politischen, ökologischen sowie kulturellen und sprachlichen Bedingungen; 2. den vielgestaltigen Mustern räumlicher Bewegungen zwischen Herkunfts- und Zielgebieten im Kontext der politischen, wirtschaftlichen und kulturellen Wechselbeziehungen zwischen beiden Räumen; 3. der Konstitution und der Funktionsweise von migrantischen Netzwerken und Organisationen; 4. den Erwartungen und Erfahrungen von Migranten; 5. den Dimensionen, Formen und Folgen der Zuwanderung im Zielgebiet, die temporären Charakter haben, aber auch in einen generationenübergreifenden Prozess dauerhafter Ansiedlung und Integration münden können; 6. den Lebensverhältnissen, Lebensläufen und Lebensentwürfen von Migranten; 7. den Selbstkonstruktionen, Praktiken und Herausforderungen der Identitätsbildung im Prozess von Migration und Integration; 8. den Bemühungen von Obrigkeiten, Staaten und nicht-staatlichen Organisationen um Einflussnahme auf Migration und Integration; 9. der (wissenschaftlichen) Wissensproduktion über Migration; 10. der Genese von Migration als Medienereignis sowie 11. den Rückwirkungen der Abwanderung auf zurückbleibende Angehörige von Familien und Kollektiven sowie auf die wirtschaftlichen, sozialen, politischen und kulturellen Strukturen und Dynamiken in den Ausgangsräumen.

Zu diesem Buch

Die Ausmaße, die Richtungen und die Muster von Migration waren stets im Fluss. Die Wahrnehmung dessen, was in welcher Form als Wanderung verstanden wurde, verschob sich ständig. Mit dem Beginn der Neuzeit und vor allem im Kontext von Industrialisierung, Urbanisierung und Agrarmodernisierung seit dem späten 18. und frühen 19. Jahrhundert veränderten sich die Migrationsverhältnisse erneut: Vor dem Hintergrund sich beschleunigender technologischer (Schiffe, Eisenbahnen, Flugzeuge, Buchdruck, Telefon, Internet) und organisatorischer Innovationen (Handels-, Post-, Finanz- und Verkehrssysteme) und des nachhaltigen Überschreitens intellektueller Horizonte (Weltbilder, geographische Kenntnisse, wissenschaftliche Lehren) wuchsen die Migrationsdistanzen. Räumliche Bewegungen konnten sich nunmehr auch als trans- und interkontinentale Bewegungen in zunehmendem Umfang ausprägen. Neue Zielregionen wurden erschlossen, Europa entwickelte sich zum wesentlichen Herkunftsraum umfangreicher Bewegungen über große Distanzen.

Zu diesem Buch

Ein zentrales Element ökonomischer Aktivitäten blieb in der gesamten Neuzeit die Verfügbarkeit des Produktionsfaktors Arbeit und die Bewegung von Arbeitskräften im Raum zur Erschließung standortgebundener natürlicher Ressourcen. Arbeitswanderungen wurden so zu Konjunktur- und Krisensymptomen; die Veränderung ihrer Dimensionen und Verläufe spiegelt die Entwicklung globaler, nationaler oder regionaler Ökonomien. Räumliche Bevölkerungsbewegungen blieben aber auch gebunden an die Genese von Herrschaftsverhältnissen und den Wandel staatlicher Strukturen, der in den Siegeszug des Nationalstaats mündete: Individuelles und kollektives Handeln von Migranten unterlag – und unterliegt – staatlichen, politischen und administrativen Einflüssen und Einflussnahmen. Gewaltmigrationen wiederum waren Ausdruck der staatlichen und gesellschaftlichen Akzeptanz der Beschränkung von Freiheit und körperlicher Unversehrtheit. Menschen reagierten auf bewaffnete Konflikte mit Bewegungen im Raum. Bis in die Gegenwart ist die Vorstellung verbreitet, durch die Nötigung zur Migration ließe sich Herrschaft stabilisieren oder politisches Interesse durchsetzen.

Das vorliegende Buch bietet Einblicke in zentrale Muster der deutschen, europäischen und globalen Migrationssituation in der Neuzeit und insbesondere seit dem späten 18. Jahrhundert. Es versucht, den Wandel der Migrationsverhältnisse auf ein breites Spektrum an wirtschaftlichen, sozialen, politischen und kulturellen Hintergründen, Rahmenbedingungen und Effekten zu beziehen. Der Blick richtet sich dabei vornehmlich auf jene Zeiten und Räume, in denen Wanderungsbewegungen gesellschaftliche Veränderungen beschleunigten; denn Migration ist Voraussetzung und Bestandteil der Vernetzung von Individuen und Kollektiven, bildet ein Element der Verdichtung von sozialen Interaktionen, die die Transformation von Bevölkerung, Wirtschaft und Gesellschaft antreiben. Ziel ist es, durch den Blick auf lange Linien des historischen Wandels grundlegende Bedingungen, Formen und Folgen von Migration aufzuzeigen und auf diese Weise einen Beitrag zu leisten, die Wanderungsverhältnisse der Gegenwart zu erklären und Perspektiven zu absehbaren migratorischen Zukunftsfragen zu entwickeln.

Dazu wird in *Kapitel 2* auf die grundlegende Frage eingegangen, wie sich der Begriff »Migration« definieren lässt, aus welchen Gründen Wanderungsbewegungen stattfinden und auf welche Weise sich unterschiedliche Erscheinungsformen von Migration einordnen lassen. *Kapitel 3* blickt auf den für die Neuzeit grundlegenden Prozess der europäischen Expansion, der seit dem 16. Jahrhundert eine zunehmende interkontinentale migratorische Verflechtung zur Folge hatte. *Kapitel 4* fragt nach den Hintergründen und Ausprägungen dieses Prozesses. *Kapitel 5* handelt von den ökonomischen, gesellschaftlichen, politischen und kulturellen Transformationen, die eine Industrialisierung, Urbanisierung und Agrarmodernisierung im Europa des 19. Jahrhunderts auslösten – und die mit sehr umfangreichen Migrationsbewegungen einhergingen. *Kapitel 6* gilt wesentlichen räumlichen Bevölkerungsbewegungen, die die Hochphase des Kolonialismus im späten 19. und frühen 20. Jahrhunderts kennzeichneten. *Kapitel 7* konzentriert sich auf Gewaltmigrationen, die mit den beiden Weltkriegen des 20. Jahrhunderts enorm an Gewicht gewannen. *Kapitel 8* setzt sich mit den spezifischen migratorischen Folgen der Teilung Deutschlands, Europas und der Welt im »Kalten Krieg« auseinander, *Kapitel 9* fokussiert auf die Jahrzehnte nach dem Ende des »Kalten Kriegs« und untersucht Effekte der Öffnung des »Eisernen Vorhangs« für die Migrationssituation in Europa. Außerdem greift es einige zentrale Diskussionen über die Gegenwart und Zukunft der Wanderungsverhältnisse auf.

Dank

Die hervorragenden Arbeitsbedingungen am Institut für Migrationsforschung und Interkulturelle Studien (IMIS) der Universität Osnabrück, das 1990 gegründet wurde und dem ich seit den frühen 1990er-Jahren angehöre, haben diese Studie ermöglicht. Stefanie Hamm, Vera Hanewinkel, Kristina Jäger und Marisa Wenzel steuerten viel Lesestoff, nützliche Hinweise und Kommentare bei, Jutta Tiemeyer entdeckte zahlreiche sprachliche und stilistische Mängel. Ihnen allen gilt mein Dank, ebenso wie Regine Gamm und Claudia Weingartner für das intensive Lektorat, das den Text zweifelsohne sehr bereichert hat.

Migration und die Hintergründe

2

Aus welchen Gründen wandern Menschen?

2. Migration und die Hintergründe

Migrationen sind räumliche Bewegungen von Menschen. Jedoch wird keineswegs jede dieser Bewegungen als Migration verstanden, touristische Unternehmungen, Reisen oder das tägliche Pendeln zwischen Wohn- und Arbeitsort etwa zählen nicht dazu. Gemeint sind vielmehr jene Formen regionaler Mobilität, die weitreichende Konsequenzen für die Lebensverläufe der Wandernden haben und aus denen sozialer Wandel resultiert. Migration kann das Überschreiten politisch-territorialer Grenzen bedeuten. Aber auch räumliche Bewegungen innerhalb eines staatlichen Gebildes lassen sich als Migration fassen; denn selbst sie können es erfordern, dass Migranten sich mit wirtschaftlichen Gegebenheiten und Ordnungen, kulturellen Mustern sowie gesellschaftlichen Normen und Strukturen auseinandersetzen, die sich zum Teil erheblich von denen des Herkunftsortes unterscheiden.

Migration kann unidirektional eine Bewegung von einem Ort zu einem anderen meinen, umfasst aber nicht selten auch Zwischenziele, die häufig dem Erwerb von Mitteln zur Weiterreise dienen. Fluktuation, beispielsweise zirkuläre Bewegung oder Rückwanderung, bildete immer ein zentrales Element von Migration. Die dauerhafte Ansiedlung andernorts stellt also nur eines der möglichen Ergebnisse von Wanderungsbewegungen dar. Um nur ein Beispiel zu nennen: In die Bundesrepublik Deutschland kamen vom Ende der 1950er-Jahre bis 1973 rund 14 Millionen ausländische Arbeitskräfte (»Gastarbeiter«), etwa elf Millionen, also 80 Prozent, kehrten wieder in ihre Herkunftsländer zurück.[22]

Der Prozess der Migration bleibt grundsätzlich ergebnisoffen, denn das Wanderungsergebnis entspricht bei Weitem nicht immer der Wanderungsintention: Eine geplante Rückkehr wird aufgeschoben, die Ferne schließlich zur Heimat, und die alte Heimat erscheint fern. Räumliche Bewegungen werden abgebrochen, weil bereits ein zunächst nur als Zwischenstation gedachter Ort unverhofft neue Chancen bietet. Um-

Bild Seite 19: Ein Auswandererbrief ist aus Nordamerika eingetroffen. Gemälde von Berthold Woltze (1829–1896), das um 1860, also in einer der Hochphasen der Auswanderung aus deutschen Staaten, entstanden ist.

Tabelle 1: Migration: zentrale Begriffe

Migration (komplementäre Begriffe: Wanderung, räumliche Bevölkerungsbewegung, regionale Mobilität)	Räumliche Bewegungen von Menschen, die weitreichende Konsequenzen für die Lebensverläufe der Wandernden haben und aus denen sozialer Wandel resultiert. Meist verbunden mit einem längerfristigen Aufenthalt andernorts und als Verlagerung des Lebensmittelpunktes von Individuen, Familien oder Kollektiven angelegt.
Abwanderung und Zuwanderung	Übergeordnete Begriffe für räumliche Bevölkerungsbewegungen, unabhängig von Hintergründen, Distanzen, Zielen und Ergebnissen. Beide Begriffe verweisen sowohl auf intra- und interregionale als auch auf grenzüberschreitende Bewegungen.
Auswanderung und Einwanderung	Staatsgrenzen überschreitende und nach Wanderungsabsicht oder Wanderungsergebnis mit einer dauerhaften Niederlassung im Zielland verbundene Migration.

gekehrt kann sich das geplante Ziel als ungeeignet oder wenig attraktiv erweisen, woraus eine Weiterwanderung resultiert. Zudem vermag der Erfolg im Zielgebiet die Rückkehr in die Heimat möglich oder der Misserfolg sie nötig machen.

Migration kann eine Verlagerung des Lebensmittelpunktes bedeuten[23], ist aber auch häufig durch zeitlich begrenzte Aufenthalte andernorts gekennzeichnet, die nicht explizit den Lebensmittelpunkt versetzen[24]: Saisonwanderungen, die mehr oder minder regelmäßig zu wochen- oder monatelangen Aufenthalten andernorts führen, sind beispielsweise in der Regel darauf ausgerichtet, Geld zu verdienen, um die Existenz der Familie am Ort des Lebensmittelpunktes aufrechterhalten zu können. Zahlreiche Beispiele für solche mitunter über längere Zeit hinweg strukturstabilen Formen zirkulärer Migration finden sich in agrarisch geprägten Herkunftsgesellschaften beziehungsweise Herkunftsregionen, aber auch im Kontext der seit dem 19. Jahrhundert weltweit beschleunigten Urbanisierung: Eine lineare Wanderung vom Land in die Stadt als »Einbahnstraße« bietet nur eines unter vielen Mustern jener Migrationen, die das massive Wachstum der städtischen Agglomerationen in aller Welt wesentlich tragen. Ein weiteres Mobilitätsmuster ist der Kreisverkehr von temporären Land-Stadt-Land-Wanderungen, die nach Jahren in dauerhaften Niederlassungen in den Städten enden können, aber nicht notwendigerweise müssen.

Motive

Migrationsentscheidungen unterliegen in der Regel multiplen Antrieben. Meist sind wirtschaftliche, soziale, politische, religiöse und persönliche Motive in unterschiedlichen Konstellationen mit je verschiedenem Gewicht eng miteinander verflochten. Hoffnungen und Erwartungen hinsichtlich einer Verbesserung der Situation nach der Abwanderung können dabei immer auch Enttäuschungen über die individuelle Lage in der Herkunftsgesellschaft widerspiegeln.

Sieht man von den Gewaltmigrationen ab, streben Migranten danach, durch den temporären oder dauerhaften Aufenthalt andernorts Erwerbs- oder Siedlungsmöglichkeiten, Arbeitsmarkt-, Bildungs-, Ausbildungs- oder Heiratschancen zu verbessern und sich neue Chancen durch eigene Initiative zu erschließen.[25] Die räumliche Bewegung soll ihnen zu vermehrter Handlungsmacht verhelfen. In diesen Kontext gehören beispielsweise die großen interkontinentalen Wanderungen von wahrscheinlich 55 bis 60 Millionen Europäern im »langen« 19. Jahrhundert.[26] Diese auffällig starke Massenabwanderung aus Europa darf aber nicht darüber hinwegtäuschen, dass Wanderungsbewegungen ansonsten meist kleinräumig waren und nur zu einem geringeren Teil Grenzen von Herrschaftsräumen oder gar Kontinenten überschritten.

Menschen, die migrieren, weil sie andernorts Chancen suchen, verfügen über wirtschaftliche und gesellschaftliche Potenziale: Nicht zuletzt vor dem Hintergrund der finanziellen, sozialen und emotionalen Kosten von Migration sind sie motiviert, ihre Kompetenzen und Kenntnisse, ihre Arbeitskraft und ihre Kreativität dort einzusetzen, wohin sie sich bewegt haben. Dafür sind sie oft bereit, Lebens-, Erwerbs- oder Wohnbedingungen in Kauf zu nehmen, die Einheimische ablehnen. Migration verbindet sich häufig mit biographischen Wendepunkten und Grundsatzentscheidungen wie Wahl von Arbeits-, Ausbildungs- oder Studienplatz, Eintritt in einen Beruf oder Partnerwahl und Familiengründung; der überwiegende Teil der Migranten sind folglich Jugendliche und junge Erwachsene. Migration ist eng mit spezifischen sozial relevanten Merkmalen, Attributen und Ressourcen verbunden, darunter vor allem Geschlecht, Alter und Position im Familienzyklus, Habitus, Qualifikationen und Kompetenzen, soziale und berufliche Stellung sowie die Zugehörigkeit und Zuweisung zu »Ethnien«, »Kasten«, »Rassen« oder »Nationalitäten«, aus denen nicht selten Privilegien und (Geburts-)Rechte resultieren.

Angesichts einer je unterschiedlichen Ausstattung mit ökonomischem, kulturellem, sozialem, juridischem und symbolischem Kapital erweisen sich damit die Grade der Autonomie von Migranten als Individuen und in Netzwerken oder Kollektiven als unterschiedlich groß. Ein Migrationsprojekt umzusetzen, bildete in den vergangenen Jahrhunderten häufig das Ergebnis eines durch Konflikt oder Kooperation geprägten Aushandlungsprozesses in Familien, in Familienwirtschaften beziehungsweise Haushalten oder in Netzwerken. Die Handlungsmacht derjenigen, die die Migration vollzogen, konnte dabei durchaus gering sein, denn räumliche Bewegungen zur Erschließung oder Ausnutzung von Chancen zielten keineswegs immer auf eine Stabilisierung oder Verbesserung der Lebenssituation der Migranten selbst. Familien oder andere Herkunftskollektive sandten vielmehr häufig Angehörige aus, um mit den aus der Ferne eintreffenden »Rücküberweisungen« oder anderen Formen des Transfers von Geld die ökonomische und soziale Situation des zurückbleibenden Kollektivs zu konsolidieren oder zu verbessern.

Solche mehr oder minder regelmäßigen Geldüberweisungen durch Migranten haben bis in die Gegenwart eine ausgesprochen hohe Bedeutung für einzelne Haushalte, für regionale Ökonomien oder selbst für ganze Volkswirtschaften.[27] Indien empfängt gegenwärtig die weltweit höchsten Transferzahlungen: Über 70 Milliarden US-Dollar, die vornehmlich von indischen Arbeitswanderern in den Golfstaaten stammen, machten im Jahr 2015 mehr als vier Prozent des Bruttoinlandsprodukts des südasiatischen Staates aus. Eine zentrale Bedingung für das Funktionieren solcher translokaler ökonomischer Strategien bildet die Aufrechterhaltung sozialer Bindungen – Netzwerke – über zum Teil lange Dauer und große Distanzen. Die Abwandernden senden häufig nicht nur Geld in die Herkunftsregion, sondern fungieren auch innerhalb ihrer Netzwerke als Mittler anderer Weltsichten, neuer technischer oder technologischer, ökonomischer oder kultureller Kenntnisse und Kompetenzen. Damit verschaffen sich Migranten, aber auch jene, die in den Herkunftsgesellschaften Geld und Wissen empfangen, ein Mehr an Handlungsmacht, das heißt mehr Einfluss und Entscheidungskompetenz.

Netzwerke

Ob und inwieweit eine temporäre, zirkuläre oder auf einen längerfristigen Aufenthalt andernorts ausgerichtete Migration als individuelle oder kollektive Chance verstanden wird, hängt entscheidend vom Wissen über Migrationsziele, -pfade und -möglichkeiten ab. Damit Arbeits-, Ausbildungs- oder Siedlungswanderungen einen gewissen Umfang und eine gewisse Dauer erreichen, bedarf es kontinuierlicher und verlässlicher Informationen über das Zielgebiet. Solcherlei Wissen vermitteln mündliche und schriftliche Auskünfte staatlicher, religiöser oder privater Organisationen oder Beratungsstellen. Die Medien verbreiten zudem Informationen, die für den Wanderungsprozess von Belang sein können – von der »Auswandererliteratur« des 19. Jahrhunderts über Artikel in Zeitungen und Zeitschriften bis hin zu Berichten im Rundfunk, im Fernsehen oder im Internet. Auch die staatliche oder private Anwerbung von Arbeits- oder Siedlungswanderern – zum Beispiel mit Hilfe von Agenten oder Werbern – kann als eine Form des Transfers von Wissen über Chancen der Migration verstanden werden.

Wesentlich bedeutsamer für die Vermittlung von Informationen über Chancen und Gefahren der Ab- oder Zuwanderung, über räumliche Ziele, Verkehrswege sowie psychische, physische und finanzielle Belastungen waren und sind allerdings vorausgewanderte (Pionier-) Migranten, deren Nachrichten aufgrund von verwandtschaftlichen oder bekanntschaftlichen Verbindungen ein hoher Informationswert beigemessen wird. Sie etablieren Kettenwanderungen, bei denen Migranten bereits abgewanderten Verwandten und Bekannten folgen. Herkunftsräume und Zielgebiete sind mithin in der Regel über Netzwerke miteinander verbunden.[28] Loyalität und Vertrauen bilden zentrale Bindungskräfte solcher Netzwerke. Die Bedeutung der Informationsvermittlung mithilfe verwandtschaftlich-bekanntschaftlicher Netzwerke kann nicht überschätzt werden: Mindestens 100 Millionen private »Auswandererbriefe« sind beispielsweise zwischen 1820 und 1914 aus den USA nach Deutschland geschickt worden und kursierten in den Herkunftsgebieten im Verwandten- und Bekanntenkreis.[29]

Vertrauenswürdige, zur Genese und Umsetzung des Wanderungsentschlusses zureichende Informationen stehen potenziellen Migranten häufig nur für einen Zielort, für einzelne, lokal begrenzte Siedlungsmöglichkeiten oder spezifische Erwerbsbereiche zur Verfügung, sodass realistische Wahlmöglichkeiten zwischen unterschiedlichen Zielen nicht bestehen. Die migratorische Handlungsmacht des Einzelnen bleibt damit zwar einerseits beschränkt, andererseits aber verfügt das Zielgebiet über ein umfangreiches Netzwerk verwandtschaftlich-bekanntschaftlicher Beziehungen. Je umfangreicher dieses ist und je intensiver soziale Beziehungen innerhalb des Netzwerks gepflegt werden, desto mehr ökonomische und soziale Chancen bietet es – gerade an der Intensität und Größe des Netzwerks bemisst sich immer auch die Attraktivität eines Migrationsziels.

Vor diesem Hintergrund erhöht ein Migrantennetzwerk nicht nur die Wahrscheinlichkeit, dass weitere Migration stattfindet. Vielmehr konstituiert es auch Wanderungstraditionen und beeinflusst damit die Dauerhaftigkeit einer Migrationsbewegung zwischen Herkunftsraum und Zielgebiet, die zum Teil über Generationen existieren. 94 Prozent aller Europäer, die um 1900 in Nordamerika eintrafen, suchten zum Beispiel zuerst Verwandte und Bekannte auf, verringerten damit ihre Verwundbarkeit und erhöhten ihre Handlungsmacht vor Ort.[30]

Am Zielort garantieren Migrantennetzwerke Schutz und Orientierung im fremden Raum, vermitteln Arbeits- und Unterkunftsmöglichkeiten, helfen bei Kontakten mit Obrigkeiten, staatlichen und kommunalen Institutionen. Die Migrantennetzwerke werden nicht nur durch

2. Migration und die Hintergründe

Tabelle 2: Hintergründe und raum-zeitliche Dimensionen von Migration

Hintergrund	Chancen wahrnehmen, Handlungsmacht erschließen (zum Beispiel Arbeits-, Siedlungs- oder Bildungswanderungen)
	Gewalt (Flucht, Vertreibung, Deportation, politisch und weltanschaulich bedingt oder Folge von Kriegen)
	Katastrophen (zum Beispiel Abwanderung aufgrund von Naturkatastrophen beziehungsweise Umweltkatastrophen)
Raum	intraregional (Nahwanderungen)
	interregional (mittlere Distanz)
	grenzüberschreitend (muss keine großen Distanzen umfassen, der Grenzübertritt hat aber in der Regel erhebliche rechtliche Konsequenzen für das Individuum)
	interkontinental (große Distanzen mit in der Regel relativ hohen Kosten)
Richtung	unidirektional (Wanderung zu einem Ziel)
	etappenweise (Zwischenaufenthalte werden eingelegt, vor allem um Geld für die Weiterreise zu verdienen)
	zirkulär (mehr oder minder regelmäßiger Wechsel zwischen zwei Räumen)
	Rückwanderung
Dauer des Aufenthalts	saisonal
	mehrjährig
	Arbeitsleben
	Lebenszeit und intergenerationell

Kommunikation und durch den Austausch von Leistungen auf Gegenseitigkeit aufrechterhalten, sondern reproduzieren sich durch (nicht selten translokal und transkontinental ausgehandelte) Eheschließungen[31], die Etablierung von Vereinen und Verbänden[32], eine spezifische Geselligkeits- oder Festkultur[33], aber auch gemeinsame ökonomische Aktivitäten. Die (Historische) Migrationsforschung hat beispielsweise eine Anzahl von Migrantengruppen mit identischem Herkunftsgebiet ausgemacht, für die bestimmte Berufe charakteristisch zu sein scheinen:

Beinahe alle Fish-and-Chips-Imbisse der Republik Irland befanden sich so an der Wende vom 20. zum 21. Jahrhundert in der Hand von Personen, die aus dem Dorf Casalattico in der mittelitalienischen Provinz Frosinone stammten oder aus einem Umkreis von rund zehn Kilometern um dieses Dorf.[34] Der erste von Italienern aus diesem Herkunftsgebiet betriebene Fish-and-Chips-Imbiss in Irland wurde 1904 eröffnet. Gegenwärtig stammen drei Viertel aller Migranten italienischer Herkunft in Irland aus dem Dorf Casalattico. In der Frühen Neuzeit und bis in das 19. Jahrhundert hinein finden sich europaweit Führer dressierter Bären aus der italienischen Provinz Caserta oder bis in die 1930er-Jahre auf Gemüseanbau spezialisierte Wandergärtner aus Bulgarien.[35] Wanderhändler für Setzlinge und Blumenzwiebeln stammten aus dem französischen Département Isère und übten ihr Gewerbe nicht nur in ganz Europa, sondern auch in Asien aus.[36] Die lippischen Ziegler, die aus dem kleinen Fürstentum Lippe-Detmold kamen, dominierten vom 17. bis zum 19. Jahrhundert die Ziegel- und Dachpfannenherstellung in bestimmten Segmenten der Produktion in ganz Nordwesteuropa.[37] In den Vereinigten Staaten von Amerika leben gegenwärtig rund 50 000 Patel, die aus der indischen Provinz Gujarat seit den 1950er-Jahren eingewandert sind. Sie besitzen 18 000 Motels und damit den größten Teil der nicht-kettengebundenen Herbergen an den US-Fernstraßen.[38]

Dabei sind bei diesen Formen berufsspezifischer Migration, für die sich viele weitere Beispiele finden lassen, die in bestimmten Nischen angebotenen Qualifikationen nicht auf die jeweilige, in der Regel sehr eng umgrenzte Herkunftsregion zurückzuführen. Arbeitswanderung war hier mithin nicht Wanderung von Fachkräften; spezifisches berufliches Wissen war vielmehr erst Ergebnis der Arbeitswanderung. In weiten Teilen Europas tätige Zinngießer aus den italienischen Alpen erwarben ihre Kenntnisse beispielsweise erst mit dem Verlassen des Herkunftsgebiets, in dem es keine Tradition dieses Handwerks gab.[39] Das galt gleichermaßen für die lippischen Ziegler, die über viele Generationen hinweg den spezifischen »Migrantenberuf« Ziegler erst in den Zielgebieten erlernten.

Vermittelt wurden die beruflichen Spezialkenntnisse fest umrissener Migrantengruppen innerhalb der Kommunikationsnetze, die auch die Arbeitsmöglichkeiten innerhalb des spezifischen Berufssegments boten. Pioniermigranten nahmen, mehr oder minder zufällig, Arbeitsmarktchancen wahr und gaben, falls sich denn das Segment als geeignet für die Entwicklung weiterer Marktchancen erwies, spezifisches Wissen an Bekannte und Verwandte weiter. Diese wiederum standen nach erfolgter Ausbildung als Anbieter von Wissen für neue Migranten zur Verfügung. Auf diese Weise konnte eine Gruppe bestimmte Arbeitsmarkt- oder Produktnischen dominieren und diese Monopole über lange Zeiträume in bestimmten Regionen aufrechterhalten.

Migrantennetzwerke bedeuten für den Einzelnen aber immer auch soziale Zwänge und Verpflichtungen. Die Aufrechterhaltung des Netzwerks fordert Loyalität und die mit Leistung und Gegenleistung verbundene Akzeptanz kollektiver Verantwortung. Migranten werden genötigt, spezifische Normen, Handlungsrationalitäten und Handlungsziele zu teilen. Mitglieder der Netzwerke unterliegen wegen der Geschlossenheit der verwandtschaftlich-bekanntschaftlichen Verbindungen enger sozialer Kontrolle, selbst über Tausende von Kilometern Entfernung hinweg. Vertrauen wird erzwungen[40], Sanktionsmöglichkeiten mit zahlreichen Abstufungen gibt es viele: Verlust von Reputation aufgrund des Schwunds von Vertrauenswürdigkeit, Entzug von Leistungen, soziale Isolation und Exklusion. Im Kontext der Migration erhöhen alle diese Faktoren die soziale Verletzbarkeit sowie die Risiken enorm und minimieren die Möglichkeiten der Chancenwahrnehmung.

Erscheinungsformen

In der Neuzeit lassen sich verschiedene Erscheinungsformen globaler räumlicher Bevölkerungsbewegungen unterscheiden.

Ein Großteil der Migrationen ist auf die Erhöhung der Handlungsmacht von Individuen, Familien und Kollektiven durch die Verbesserung von Erwerbsmöglichkeiten (oder die Erschließung von zukünftigen Erwerbsmöglichkeiten durch Bildung oder Ausbildung) ausgerichtet. Nicht auf den Erwerb, sondern auf den Konsum zielen demgegenüber Formen der Lebensstil-Migration (»lifestyle migration«).[41] Kennzeichnend ist der relative Wohlstand der Migranten. Häufig war und ist ihre räumliche Bewegung privilegiert, Probleme des

Übertritts von Grenzen, des Zugangs zu Visa und Aufenthaltstiteln bestehen für Lebensstil-Migranten in der Regel nicht. Ihre räumlichen Ziele sind solche, die höhere Lebensqualität und Selbstverwirklichung zu bieten scheinen: Finanziell weitgehend unabhängige Personen verlegen vor allem aus klimatischen, gesundheitlichen oder kulturellen Erwägungen ihren Wohnsitz auf Zeit oder auf Dauer – im späten 19. Jahrhundert zum Beispiel nach Nizza in Südfrankreich, Sotschi am Schwarzen Meer oder Darjeeling in Britisch-Indien, heute nach Mallorca oder in den »Sunshine State« Florida.

Im Kontext von Lebensstil-Migrationen können urbane Kultur- und Bildungsräume attraktiv sein, in besonderen Fällen aber auch spezifische kulturelle Rückzugs- oder Experimentierräume, wie sie sich beispielsweise als »Künstlerkolonien« vornehmlich im Europa des späten 19. Jahrhunderts ausprägten (zum Beispiel Barbizon südlich von Paris, Worpswede bei Bremen oder Pont-Aven in der Bretagne). Hier zeigt sich, dass Lebensstil-Migration trotz der Orientierung an Konsum mit Erfordernissen des Erwerbs einhergehen kann: Künstlerkolonien als Räume der Selbstvergewisserung und Selbsterfahrung, aber auch der künstlerischen Produktion zur Sicherung der Subsistenz; Bildungs- und Universitätsstädte als kulturelle Zentren, aber auch als Arbeitsmärkte für Akademiker; mehr oder minder geschlossene Siedlungen (»gated communities«) von britischen oder deutschen Altersmigranten im Süden Spaniens oder auf Mallorca, die mit einer Infrastruktur britischer oder deutscher Ärzte und Geschäftsleute einhergehen.

Entsendungen bilden eine weitere spezifische Migrationsform. Die Institution (Handelsfiliale, multinationales Unternehmen, diplomatischer Dienst, Streitkräfte) initiiert und organisiert die räumliche Bewegung, in der Regel für einen begrenzten Zeitraum, und erleichtert die Teilhabe am Zielort. Entsendungen sind im ökonomischen Bereich Ausdruck langfristiger Unternehmensstrategien, die auf die konstante Präsenz von Spezialisten in den verschiedensten Unternehmensstandorten zielen.[42] Sie rahmen den Aufenthalt in der Zielgesellschaft durch die Einrichtung oder Unterstützung spezifischer, nicht selten exklusiver Infrastrukturen (Schulen, Clubs, Vereine, Verbände).[43]

2. Migration und die Hintergründe

Nomadismus bildet eine weitere, traditionsreiche Migrationsform.[44] Die Lebens- und Wirtschaftsweise der Nomaden ist ganz auf die Bewegung im Raum ausgerichtet; dauerhafte Mobilität erschließt natürliche, ökonomische und soziale Ressourcen, die die Sicherung der Subsistenz ermöglichen. Von anderen Wanderungsformen unterscheidet sich Nomadismus insofern, als Nomaden zwar den geographischen, nicht aber unmittelbar zugleich den sozialen Raum wechseln; vielmehr sind größere Kollektive mit festen Sozialstrukturen, also ganze Gesellschaften, mobil – anders als bei den meisten anderen Wande-

Tabelle 3: Migrationsformen

Formen	Merkmale, Teilphänomene und Beispiele
Arbeitswanderung	Migration zur Aufnahme unselbstständiger Erwerbstätigkeit in Gewerbe, Landwirtschaft, Industrie und im Dienstleistungsbereich
Bildungs- und Ausbildungswanderung	Migration zum Erwerb schulischer, akademischer oder beruflicher Qualifikationen (Schüler, Studierende, Lehrlinge/Auszubildende)
Dienstmädchen-/ Hausarbeiterinnenwanderung	Migration im Feld der haushaltsnahen Dienstleistungen, häufig gekennzeichnet durch relativ enge Bindungen an eine Arbeitgeberfamilie, ungeregelte Arbeitszeiten und prekäre Lohnverhältnisse
Entsendung	Grenzüberschreitende, temporäre Entsendung im Rahmen und im Auftrag von Organisationen/Unternehmen: »Expatriats«/»Expats«; Kaufleute und Händlerwanderungen zur Etablierung/Aufrechterhaltung von Handelsfilialen; Migration im Rahmen eines militärischen Apparats (Söldner, Soldaten, Seeleute), von Beamten oder von Missionaren
Gesellenwanderung	Wissens- und Technologietransfer durch Migration im Handwerk, Steuerungsinstrument in gewerblichen Arbeitsmärkten durch Zünfte
Gewaltmigration	Migration, die sich alternativlos aus einer Nötigung zur Abwanderung aus politischen, ethno-nationalen, rassistischen oder religiösen Gründen ergibt (Flucht, Vertreibung, Deportation, Umsiedlung)

rungsformen, wo Einzelne oder kleinere Gruppen aus einer Gesellschaft in eine andere wechseln.

Das aber schließt keineswegs vielfältige Wechselbeziehungen und zum Teil intensive Kontakte mit sesshaften Kollektiven aus: Nomaden sind sehr häufig auf Viehwirtschaft (zumeist Rinder, Pferde, Schafe, Rentiere oder Kamele) spezialisiert. Um pflanzliche Nahrungsmittel, darunter vor allem Getreide, oder Güter des täglichen Bedarfs und Luxusprodukte zu erwerben, suchen sie den ökonomischen Austausch mit der sesshaften Bevölkerung. Vertiefte wirtschaftliche, soziale, kul-

Formen	Merkmale, Teilphänomene und Beispiele
Heirats- und Liebeswanderung	Wechsel des geographischen und sozialen Raums wegen einer Heirat oder einer Liebesbeziehung
Lebensstil-Migration	Migration finanziell weitgehend unabhängiger Personen (nicht selten Senioren) aus vornehmlich kulturellen, klimatischen oder gesundheitlichen Erwägungen
Nomadismus/ Migration als Struktur	Permanente oder wiederholte Bewegung zur Nutzung natürlicher, ökonomischer und sozialer Ressourcen durch Viehzüchter, brandrodende Bauern, Gewerbetreibende oder Dienstleister
Siedlungswanderung	Migration mit dem Ziel des Erwerbs von Bodenbesitz zur landwirtschaftlichen Bearbeitung
Sklaven- und Menschenhandel	Migration (Deportation) zum Zweck der Zwangsarbeit, das heißt jeder Art von Arbeit oder Dienstleistung, die von einer Person unter Androhung von Strafen verlangt wird
Wanderarbeit	Arbeitswanderung im Umherziehen, ortlose Wanderarbeitskräfte finden sich vor allem im Baugewerbe (Eisenbahnbau, Kanalbau, andere Großbaustellen)
Wanderhandel	Handelstätigkeit im Umherziehen, meist Klein- und Kleinsthandel, zum Beispiel Hausierer

turelle und politische Beziehungen zu sesshaften Kollektiven ergeben sich zudem, wenn Nomaden die Viehwirtschaft als Zentralelement ihrer Ökonomie mit Tätigkeiten als Händler oder Handwerker kombinieren. Darüber hinaus sind Nomaden für ihre sesshaften Nachbarn wichtige Nachrichten- und Informationsträger. Neben die Kooperation tritt allerdings nicht selten die Konfrontation: Insbesondere über Landnutzung und Landnutzungsrechte entbrannten in der langen Geschichte nomadischer Kollektive immer wieder Konflikte bis hin zu langwährenden kriegerischen Auseinandersetzungen.

Die räumliche Bewegung der Nomaden folgt häufig mehr oder minder langen Zyklen und ist geprägt durch zum Teil sehr alte Wanderungstraditionen. Der Wechsel der Wanderungspfade bildet eine der zentralen Strategien der Anpassung an wirtschaftliche, politische, gesellschaftliche oder umweltbedingte Veränderungen, der Übergang zur Sesshaftigkeit eine andere. Abwechselnde, jeweils längere Phasen von Sesshaftigkeit und von Mobilität kennzeichnen die (Übergangs-)Form des Teilnomadismus.

Eine spezifische, traditionsreiche Form des Teilnomadismus stellt die Transhumanz dar: der regelmäßige jahreszeitliche Wechsel der Weidegebiete. Sommer- und Winterweidegebiete sind in der Regel relativ eng umgrenzt, und eine saisonale Pendelwanderung von Hirten und Vieh verbindet zwei Kleinregionen. Dabei bildet eine der beiden Regionen den durch feste Gebäude geprägten Siedlungsraum, der regelmäßig wieder aufgesucht wird und in dem die Hirten(familien) für einen Großteil des Jahres sesshaft sind. Transhumanz ist vor allem durch den Wechsel zwischen – zum Teil mehrere Hundert Kilometer voneinander entfernten – Tal- und Höhenlagen gekennzeichnet. Zahlreiche Beispiele fanden sich lange in den Bergregionen des Mittelmeerraums, vor allem auf der Iberischen Halbinsel, in Frankreich und in Südosteuropa.

Andere Charakteristika weist der Bergnomadismus auf, bei dem es zwar auch einen saisonalen Wechsel zwischen Tal- beziehungsweise Steppen- und Höhenlagen zu unterscheiden gilt, das Kollektiv allerdings nirgendwo sesshaft ist. Bei Gruppen, die Brandrodungsfeldbau betreiben, wechseln sich längere Phasen der Sesshaftigkeit (und der Nutzung von durch Brandrodung gewonnenen Äckern) mit kürzeren Phasen der Mobilität (d.h. der Abwanderung in ein für das Abbrennen geeignetes Gebiet) ab.

Das Auftreten von Nomadismus ist nicht an bestimmte Klima- und Vegetationszonen gebunden. Allerdings ergaben sich in der Vergangenheit wegen der häufigen Verbindung von Nomadismus und extensiver Weidewirtschaft relativ klare räumliche Muster: Im Europa der Neuzeit verloren die ohnehin nur in den Peripherien in größerem Maßstab verbreiteten Formen extensiver Weidewirtschaft fortschreitend an Bedeutung und bildeten seit dem späten 19. Jahrhundert nur noch ein marginales Phänomen. In Asien und Afrika hingegen gestalteten relativ viele und umfangreiche Kollektive mobiler Viehzüchter Wirtschaft und Gesellschaft auch noch im 19. und 20. Jahrhundert. Hirtennomadismus prägt große Teile der Bevölkerung im durch Wüsten, Halbwüsten, Steppen und Savannen gekennzeichneten Trockengürtel von Nordchina und der Mongolei über den Hindukusch, Zentralasien und Anatolien bis nach Arabien und Nordafrika. Das galt – abgesehen von den Küstengebieten – ebenfalls für den Gürtel südlich der tropischen Zone Afrikas. Noch am Ende des 19. Jahrhunderts sollen Nomaden beispielsweise im Iran ein Viertel der Bevölkerung gestellt haben.

Auch wenn nomadische Lebensweisen aufgrund von Industrialisierung, Urbanisierung, Agrarmodernisierung, der Verkehrsrevolution und der zunehmenden Verdichtung staatlicher Herrschaft an Bedeutung verloren, sind Nomaden dennoch nicht zuletzt aufgrund traditionell sehr flexibler Anpassungsstrategien bis in die Gegenwart ein selbstverständlicher Teil mancher regionaler Ökonomien und Gesellschaften geblieben – von den Samen im skandinavischen Norden über die westsibirischen Nenzen und die ostafrikanischen Massai bis hin zu den südwestafrikanischen Himba.

Eine weltweit in Vergangenheit und Gegenwart äußerst gewichtige Migrationsform bilden Gewaltmigrationen. Formen von Gewaltmigration lassen sich dann ausmachen, wenn staatliche, halb-, quasi- und zum Teil auch nichtstaatliche Akteure Lebensmöglichkeiten und körperliche Unversehrtheit, Rechte und Freiheit, politische Partizipationschancen, Souveränität und Sicherheit von Einzelnen oder Kollektiven so weitreichend beschränken, dass diese sich zum Verlassen ihrer Herkunftsorte gezwungen sehen. Gewaltmigration kann dann als eine Nötigung zur räumlichen Bewegung verstanden werden, die keine realistische Handlungsalternative zuzulassen scheint.[45]

Der Begriff der »Flucht« verweist auf das Ausweichen vor Gewalt, die zumeist aus politischen, ethno-nationalen, rassistischen, genderspezifischen oder religiösen Gründen ausgeübt oder angedroht wird. Im Fall von Vertreibungen, Umsiedlungen oder Deportationen organisieren und legitimieren institutionelle Akteure unter Androhung und Anwendung von Gewalt räumliche Bewegungen. Ziel ist es zumeist, Zwangsarbeitskräfte zu gewinnen oder (Teile von) Bevölkerungen zur Durchsetzung von Homogenitätsvorstellungen sowie zur Sicherung oder Stabilisierung von Herrschaft zu entfernen.

Durch Androhung oder Anwendung von offener Gewalt bedingte räumliche Bewegungen sind kein Spezifikum der Neuzeit. Fluchtbewegungen, Vertreibungen und Deportationen finden sich vielmehr in allen Epochen. Die heiligen Schriften des Judentums, des Christentums und des Islam sind durchsetzt mit Berichten über Flüchtlinge, deren Aufnahme oder Abweisung. Antike Schriftsteller berichten ausführlich über Fluchtbewegungen: Zahllose Kriege und Bürgerkriege ließen Menschen fliehen, Repressionen führten zum Ausweichen ganzer Bevölkerungen, politische Gegner wurden ins Exil geschickt: Vergil erzählt in seinem Epos »Aeneis« von der Flucht des Aeneas und seiner Getreuen aus dem im Krieg überwältigten Troja nach Italien. Seine Nachfahren, Romulus und Remus, hätten, so der Ursprungsmythos der Römer, die Stadt Rom gegründet und als erste Siedler einen heiligen Bezirk abgesteckt, der allen Menschen, die verfolgt wurden, Asyl und Schutz bieten sollte. Rom, so lautete die Botschaft römischer Autoren, sei deshalb so mächtig geworden, weil es immer und in großer Zahl Verfolgte aufgenommen habe.

Über Jahrhunderte war die Vorstellung weit verbreitet, durch Vertreibungen, Umsiedlungen und Deportationen ließe sich Herrschaft stabilisieren oder könnten Gebiete gesichert werden, die während eines Kriegs erobert worden waren. In den vergangenen Jahrhunderten verband sich Gewaltmigration nicht selten mit Zwangsarbeit.[46]

Tabelle 4: Typologie der Gewaltmigrationen

Form	Merkmale
Deportation	Zielgerichtete räumliche Mobilisierung durch Gewalt, häufig von Zwangsarbeitskräften
Evakuierung	Zwangsmaßnahme in einer als unmittelbare Notlage perzipierten Situation in kurzer Frist, auf Rückführung nach der Beendigung der nicht für dauerhaft erachteten Konstellation ausgerichtet. Flucht und Evakuierung lassen sich oft kaum voneinander abgrenzen.
Flucht	Ausweichen vor einer lebensbedrohlichen Zwangslage aufgrund von Gewalt
Umsiedlung	Zwangsmaßnahme zur zielgerichteten Verlagerung von Siedlungsschwerpunkten von (Minderheiten-)Gruppen
Vertreibung	Räumliche Mobilisierung durch Gewalt ohne Maßnahmen zur Wiederansiedlung

Vor allem die Weltkriege des 20. Jahrhunderts bildeten elementare Katalysatoren in der Geschichte der Gewaltmigration in der Neuzeit. Allein die Zahl der Flüchtlinge, Vertriebenen und Deportierten im Europa des Zweiten Weltkriegs wird auf 60 Millionen geschätzt und damit auf mehr als zehn Prozent der Bevölkerung des Kontinents.[47] Die Nachkriegszeit beider Weltkriege war zudem durch millionenfache Folgewanderungen gekennzeichnet. Dazu zählten zum einen Rückwanderungen von Flüchtlingen, Evakuierten, Vertriebenen, Deportierten oder Kriegsgefangenen sowie zum anderen Ausweisungen, Vertreibungen oder Fluchtbewegungen von Minderheiten aufgrund der Bestrebungen von Siegerstaaten, die Bevölkerung ihres, zum Teil neu gewonnenen, Territoriums zu homogenisieren.[48] Aber auch die langwährenden Prozesse von Kolonisation und Dekolonisation brachten weltweit umfangreiche Fluchtbewegungen und Vertreibungen mit sich.

Neben Krieg und Bürgerkrieg wurde das Handeln autoritärer Systeme zum Hintergrund von Gewaltmigration. Die Geschichte des 20. Jahrhunderts prägten nationalistische, faschistische und kommunistische Systeme, die ihre Herrschaft durch die Homogenisierung ih-

2. Migration und die Hintergründe

Gewaltmigration und Schutzsuche: Vietnamesische »boat people« werden im Südchinesischen Meer am 15. Mai 1984 gerettet.

rer Bevölkerungen zu sichern suchten: um politische Homogenität durch die Marginalisierung oder Austreibung politischer Gegner zu erreichen; um soziale Homogenität durch gewaltsame Nivellierung von Lebensverhältnissen und Lebensentwürfen durchzusetzen; um »ethnische« oder »rassische« Homogenität zu erzwingen. Als Gefahr für Politik, Gesellschaft, Wirtschaft und Kultur verstandene und als distinkt konstruierte politische, nationale, soziale, ethnische oder »rassische« Kollektive innerhalb der eigenen Grenzen wurden zum Teil derart ihrer politischen, wirtschaftlichen, gesellschaftlichen und kulturellen Handlungsmacht beraubt, dass ein Ausweichen alternativlos zu sein schien oder Vertreibungen und Umsiedlungen möglich wurden.

Die Geschichte der Gewaltmigration des 20. Jahrhunderts lässt sich nicht auf eine Auseinandersetzung mit den Hintergründen, Bedingungen und Formen der Nötigung zur räumlichen Bewegung beschränken. Vielmehr gilt es, auch nach den Mustern der Aufnahme von Schutzsuchenden zu fragen, die der Gewalt in ihren Herkunftsländern und -regionen entkommen waren beziehungsweise ausgewiesen oder vertrieben wurden. Die Vergabe eines Schutzstatus verweist auf die Akzeptanz von Menschenrechten und die Verpflichtung zur Hilfeleistung unabhängig von nationaler, politischer und sozialer Herkunft. Erst im Jahrhundert der Massengewaltmigrationen, das mit dem Ersten Weltkrieg beginnt, haben sich ausdifferenzierte internationale, regionale, nationale und lokale Regime des Schutzes von Flüchtlingen etabliert.[49]

Migrantinnen und Migranten zwischen Autonomie und institutioneller Regulierung

Individuelles und kollektives Handeln von Migranten unterlag schon immer Kontroll-, Steuerungs- und Regulierungsanstrengungen unterschiedlicher institutioneller Akteure. Sie beschränken oder erweitern die Handlungsmacht von Individuen oder Kollektiven, die durch Bewegungen zwischen geographischen und sozialen Räumen Arbeits-, Erwerbs- oder Siedlungsmöglichkeiten, Bildungs- oder Ausbildungschancen zu verbessern suchen. Die einflussnehmenden Akteure re-

2. Migration und die Hintergründe

agieren auch auf beobachtete Handlungsweisen von Migranten, auf konkurrierende Kontroll-, Steuerungs- und Regulierungsanstrengungen anderer institutioneller Akteure sowie auf durch Migrationsprozesse induzierten sozialen, wirtschaftlichen und kulturellen Wandel. Migrationsbewegungen werden mithin durch Migrationsregime, also ein Geflecht von Normen, Regeln, Konstruktionen, Wissensbeständen und Handlungen institutioneller Akteure, mitgeprägt, die Migrationsbewegungen kanalisieren und die Migranten kategorisieren.[50]

Institutionelle Akteure können staatliche (legislative, exekutive, judikative), suprastaatliche sowie internationale Instanzen sein oder kommunale Apparate, aber auch private Träger (Unternehmen, Vereine, Verbände). Ihre Interessen, Beobachtungsweisen, Normen und Praktiken bringen und brachten sehr unterschiedliche Kategorisierungen von Migranten hervor, die die Teilhabe am Zielort beeinflussten. Hilfsorganisationen und Interessenverbände wiederum leisten folgenreiche Beiträge zu der Frage, welche Menschen oder welche Kollektive in Bewegung mit welchen Erwartungen verbunden, in welche Erfahrungshorizonte gefügt und mit welchen Fremdbildern und Stereotypen bedacht werden. Auch die modernen Massenmedien gehören in diesen Kontext, bestimmen sie doch die Sichtbarkeit von Migrationsprozessen in Vergangenheit und Gegenwart in erheblichem Maß mit und nehmen durch Wirklichkeitskonstruktionen Einfluss auf deren Wahrnehmung und Deutung. Es bestehen je spezifische, von Akteur zu Akteur unterschiedliche, stets im Wandel befindliche Paradigmen, Konzepte und Kategorien, um Migration vor dem Hintergrund der jeweiligen Interessen zu benennen, zu beschreiben und daraus Wirklichkeitskonstruktionen und Handlungen zu formen.

Für institutionelle Akteure waren und sind Migranten Anlässe für Problematisierungen und Maßnahmen, gleichzeitig stellen sie Konkurrenten in Konflikten oder Umworbene dar: (Potenzielle) Migranten reagieren auf restriktive Interventionen (zum Beispiel Ab- oder Zuwanderungsverbote), auf Zwangsmaßnahmen (zum Beispiel Ausweisung, Vertreibung) oder auf attrahierende Angebote (zum Beispiel Anwerbung durch Unternehmen, Zuwanderungspolitik zur Gewerbeförderung, Gewinnung von Hochqualifizierten). Sie entwickeln Strategien, um in einem durch Herrschaftspraktiken und Identitätszuschreibungen strukturierten Feld eigene räumliche Bewegungen durchzusetzen und aufrechtzuerhalten, Aspirationen geltend zu machen, Gründe vorzubringen sowie Lebensläufe zu präsentieren und anzupassen.

Migranten agieren als Individuen und in Netzwerken oder Kollektiven mit unterschiedlichen Autonomiegraden vor dem Hintergrund verschiedener Erfahrungshorizonte im Gefüge von gesellschaftlichen Erwartungen und Präferenzen, Selbst- und Fremdbildern, Normen, Regeln und Gesetzen. Sie verfolgen dabei ihre eigenen Interessen und Ziele, verfügen über eine jeweils unterschiedliche Ausstattung mit ökonomischem, kulturellem, sozialem, juridischem und symbolischem Kapital mit der Folge je verschieden ausgeformter Handlungsspielräume. Migrantische Infrastrukturen und Identitätsmanager entwickeln unter anderem Selbstbilder, die Vergemeinschaftungsprozesse von Migranten identitätspolitisch steuern.

Kenntnisse über Migrationsformen und Wanderungsmotive helfen nur bedingt bei der Rekonstruktion von Prozessen der Niederlassung und Integration, zumal Absicht und Ergebnis von Wanderungen nicht übereinstimmen müssen. In der historischen Lebenswirklichkeit war Integration weder für die Zuwanderer noch für die Mehrheitsbevölkerung *ein* Globalereignis *der* Anpassung an *eine* Gesellschaft. Integration bedeutet vielmehr das langwährende, durch Kooperation und Konflikt geprägte Aushandeln von Chancen der ökonomischen, politischen, religiösen oder rechtlichen Teilhabe. Sie wird von Individuen, Gruppen oder Organisationen in der Zuwanderer- wie in der Mehrheitsbevölkerung in ihren je verschiedenen Stadien unterschiedlich wahrgenommen und vermittelt. Die lange Dauer des Prozesses bedingt, dass er zugleich Teil eines mehr oder minder tiefgreifenden Wandels von Wirtschaft und Gesellschaft, Politik und Kultur im Ankunftsraum ist. Dabei verblassen als distinkt verstandene Unterschiede zwischen Einwanderern und länger Eingesessenen in der Wahrnehmung der Einwanderungsgesellschaft immer weiter: ethnische Zugehörigkeit, kulturelle Muster, nationale oder regionale Identitäten, Sprache.

Teilhabe von Einwanderern schreitet in den verschiedenen gesellschaftlichen Bereichen mit unterschiedlicher Geschwindigkeit voran – eine uneingeschränkte Teilhabe des Einwanderers am Arbeitsmarkt bedeutet beispielsweise nicht, dass er rasch eine Wohnung findet, ungehindert im Wohnort am Vereinsleben teilnehmen kann oder die Teilhabechancen für seine Kinder im Erziehungssystem günstig sind. Die Möglichkeiten der Teilhabe an Politik, Arbeitsmarkt, Bildungs-, Rechts- oder Sozialsystem von Migranten sind unterschiedlich stark beschränkt. Begrenzte Teilhabemöglichkeiten und eingeschränkte Handlungsmacht führen oft zu Diskriminierung und Marginalisierung, Ausbeutung und beschränktem Schutz durch (staatliche) Institutionen oder Gerichte. In den Zielländern werden Migranten nicht selten als Konkurrenten um begehrte Ressourcen (etwa Erwerbsmöglichkeiten, Versorgungsgüter oder Sozialleistungen) wahrgenommen und müssen deshalb mit Ablehnung bis hin zu Hass rechnen. Außerdem gelten sie nicht selten als Gefahr für die innere und äußere Sicherheit und für gesellschaftliche Gewissheiten, wie beispielsweise Vorstellungen über die Homogenität von Bevölkerungen oder Kulturen.

Migration vom 16. bis zum 18. Jahrhundert

3

Bevölkerungswandel
in den Amerikas und in Europa

3. Migration vom 16. bis zum 18. Jahrhundert

Die politisch-territoriale Expansion Europas seit dem späten 15. Jahrhundert korrespondierte mit der Abwanderung von Europäern in andere Teile der Welt. Blieb sie vom 16. bis zur Mitte des 19. Jahrhunderts in ihrem Umfang moderat, so führte sie in der Folge bis in das frühe 20. Jahrhundert hinein zu einem weitreichenden Wandel in der Zusammensetzung der Bevölkerungen – vor allem in den Amerikas, im südlichen Pazifik, aber auch in Teilen Afrikas und Asiens.

Mit Einsetzen der europäischen Expansion im späten 15. Jahrhundert betrug die Anzahl der Menschen weltweit rund 500 Millionen. Die Verteilung der Bevölkerung über die Kontinente hatte sich zu diesem Zeitpunkt seit vielen Jahrhunderten kaum gewandelt. Schätzungen gehen davon aus, dass an die zwei Drittel aller Erdbewohner in Asien lebten (und die Hälfte der Menschheit bestand aus den Bewohnern Chinas und Indiens). Weniger als ein Fünftel lebte in Europa, kaum ein Zehntel in Afrika und ebenso viele wohl in Amerika. Die erste Phase des Ausgreifens von Europäern auf andere Kontinente im 16. und 17. Jahrhundert fiel in eine Phase der Stagnation des Bevölkerungsumfangs in Europa. In vielen Regionen, so auch in Mitteleuropa, ging die Bevölkerung vor dem Hintergrund von Kriegen, Seuchen und Hungerkrisen sogar zurück. Schätzungen gehen davon aus, dass es um 1700 rund 115 Millionen Europäer gab. Seit ca. 1700 beschleunigte sich das Bevölkerungswachstum. Die Zahl der Menschen erreichte um das Jahr 1800 wahrscheinlich eine Milliarde, unter denen rund 185 Millionen in Europa lebten. Bis 1900 nahm vornehmlich der Umfang der europäischen Bevölkerung zu und umfasste zum Ende des 19. Jahrhunderts ein Viertel der Weltbevölkerung.

Europäische und afrikanische Bevölkerungen in den Amerikas

Nach dem Eintreffen Christoph Kolumbus' in der Karibik 1492 kamen die spanischen und portugiesischen Eroberungszüge in Süd- und Mittelamerika mit bemerkenswert wenig europäischem Personal aus. Dies war ein Resultat der technisch-taktischen Überlegenheit der extrem gewaltbereiten Europäer, die mit der erfolgreichen Politik korrespondierte, innere und zwischenstaatliche Konflikte unter den Einheimischen für die eigenen Interessen zu nutzen. Ihre neuen Territorien verstanden die spanischen und portugiesischen Herrscher nicht als Siedlungsgebiete, sondern als Kolonien zum Zwecke wirtschaftlicher Ausbeutung. Die Kosten für die Aufrechterhaltung der kolonialen Herrschaft mussten die abhängigen Gebiete selbst aufbringen. Darüber hinaus kam vor allem dem spanischen Kolonialbesitz die Funktion zu, die Großmachtpolitik des Mutterlandes in Europa zu finanzieren. Symbol dafür war die jährliche Flotte, die europäische Fertigwaren nach Mittel- und Südamerika transportierte und mit in Mexiko (vor allem in Zacatecas) und in Bolivien (Potosí) gewonnenem Silber ein überaus wertvolles Handelsgut nach Europa zurückbrachte.[51]

In den ersten drei Jahrhunderten der europäischen Kolonisation seit dem späten 15. Jahrhundert verließen insgesamt rund acht bis neun Millionen Menschen Europa[52], meistenteils als maritime und militärische Arbeitsmigranten. Nur der geringere Teil siedelte sich dauerhaft andernorts an, wobei die Amerikas das Hauptziel bildeten: In die spanischen Kolonien der »Neuen Welt« kamen bis 1600 ca. 240 000 Europäer, bis 1650 soll ihre Zahl auf rund 440 000 gestiegen sein. Die Männer dominierten dabei klar – um 1600 stellten Frauen lediglich ein Viertel der europäischen Bevölkerung in den Amerikas. Die spanische Auswanderungspolitik beziehungsweise die koloniale Einwanderungspolitik blieb durchgängig restriktiv und wurde strikt zentralistisch gehandhabt – die Krone begrenzte die Zuwanderungen in die amerikanischen Besitzungen und wählte die Migranten nach wirtschaftlicher Nützlichkeit und politisch-religiöser Zuverlässigkeit aus. Jede Bewegung in die Kolonien bedurfte einer staatlichen Erlaubnis. Zugelassen wurden vornehmlich Adlige, Bauern und Handwerker, selten Nicht-Spanier. Die Migration sollte möglichst im Familienverband stattfinden und überschritt zwischen 1500 und 1650 eine jährliche Durchschnittsziffer von 3000 Menschen nicht.

Bild Seite 41: Salzburger Protestanten, die vom Salzburger Erzbischof 1731/32 ausgetrieben worden sind, werden im Rahmen von Peuplierungsmaßnahmen meistenteils in Ostpreußen angesiedelt. Kolorierter Kupferstich von Gabriel Uhlich (1682–1741) aus der ersten Hälfte des 18. Jahrhunderts.

3. Migration vom 16. bis zum 18. Jahrhundert

In den Teilen der Amerikas, die der portugiesischen Krone unterstanden, lag der Anteil der europäischen Bevölkerung Mitte des 16. Jahrhunderts bei 3000 bis 4000 und erreichte im Jahr 1600 rund 30 000 Personen. Das war ein Zuwachs, der nicht nur aus der Zuwanderung, sondern auch aus der natürlichen Bevölkerungsentwicklung resultierte. Bis 1820 war die brasilianische Bevölkerung auf rund 3,5 Millionen angestiegen, von denen ca. zwei Millionen afrikanischer und eine Million europäischer Herkunft waren, der Rest meistenteils »Mischlinge«. Der Anteil der Ureinwohner an der Gesamtbevölkerung blieb marginal. Dieser Sachverhalt war in ganz Mittel- und Südamerika darauf zurückzuführen, dass viele der Bakterien und Viren, die die Eroberer mitgebracht hatten und gegen die sie immun waren, für die Einheimischen tödlich wirkten. Die Gesamtbevölkerung im spanischen Süd- und Mittelamerika der vorkolumbianischen Zeit von geschätzten 40 Millionen soll bis 1570 auf rund neun Millionen und bis 1620 auf nur mehr vier Millionen zurückgegangen sein. Damit war die als Ziel der kolonialistischen Durchdringung der Amerikas formulierte »Inwertsetzung« durch die Erschließung und den Abbau der Bodenschätze sowie die Produktion von Agrargütern gefährdet, weil sie auf eine große Zahl von Arbeitskräften angewiesen war.[53]

Das war der Hintergrund für die Etablierung eines sehr umfangreichen Systems der Beschäftigung afrikanischer Sklaven. Legitimationsgrundlage der Versklavung von Afrikanern waren rassistische Vorstellungen in Europa. Diese allein aber erklären das Ausmaß und die lange Dauer des Phänomens nicht. In erster Linie sprachen wirtschaftliche Erwägungen für den Einsatz von Sklaven: Wegen des epidemiologischen Kontakts zwischen Europa und Afrika über lange Zeiträume waren Afrikaner gegen die von den Europäern in die »Neue Welt« eingeschleppten Krankheiten resistent; gegen Tropenkrankheiten sollen sie sich sogar als noch resistenter als die Kolonisatoren erwiesen haben.

Zuverlässige, auf einer breiten Quellenbasis zusammengeführte Berechnungen gehen heute von einer Zahl von ca. elf Millionen Afrikanern aus, die zwischen 1519 und 1867 als Sklaven in die Amerikas transportiert worden sind. Hatte der Sklavenhandel bis zum Ende des

16. Jahrhunderts 266 000 Menschen aus Afrika umfasst, so stieg er im 17. Jahrhundert auf mehr als 1,2 Millionen an. Die Hochphase bildeten das 18. und das 19. Jahrhundert: Zwischen 1701 und 1800 wurden 4,2 Millionen Sklaven von Afrika aus in die »Neue Welt« transportiert, bis 1867 folgten weitere 3,4 Millionen. Herkunftsräume waren Westafrika und das westliche Zentralafrika vom Senegal bis Angola. Der europäische Sklavenhandel im Westen Afrikas bildete nur einen Teilbereich eines weitreichenden Systems von Sklaverei und Sklavenhandel, das weite Teile Afrikas umfasste und nicht nur Ziele in Afrika und den Amerikas hatte, sondern auch im Bereich des Indischen Ozeans und in Arabien. Ohne eine intensive Kooperation mit afrikanischen Herrschern und Kaufleuten hätte sich der Nachschub an Sklaven für die europäischen Sklavenhändler nicht realisieren lassen. Sie übernahmen die Sklaven in der Regel erst an der Küste im Westen Afrikas. Versklavung war im afrikanischen Binnenland das Ergebnis 1. von Gefangennahmen im Kontext von Kriegen, 2. von Raubzügen mit dem Ziel des Sklavenfangs, 3. von Strafen, 4. der Schuldknechtschaft oder 5. eines Kaufs.[54]

Von den rund 9,5 Millionen Sklaven, die zwischen 1519 und 1867 in den Amerikas ankamen, gelangten mit 3,9 Millionen mehr als zwei Fünftel nach Brasilien, andere Angaben sprechen sogar von fünf Millionen.[55] Unter den karibischen Inseln stachen Jamaika mit mehr als einer Million sowie das französische Saint-Domingue (Haiti) mit beinahe 800 000 hervor. Vor allem das Beispiel Saint-Domingue verweist auf die ökonomische Bedeutung der Sklavenarbeit: 1789, im Jahr der Französischen Revolution, produzierten ca. 8000 Plantagen mit rund 500 000 Sklaven Zucker, der so wertvoll war, dass er zwei Drittel des gesamten französischen Außenhandels ausmachte.[56]

Das britische Nordamerika beziehungsweise die Vereinigten Staaten von Amerika waren in diesem Kontext mit 361 000 importierten Sklaven nachrangig. Tatsächlich wurden nach Süd- und Mittelamerika beinahe dreißigmal mehr Sklaven gebracht als nach Nordamerika. Um 1900 aber lag die Zahl der Afro-Amerikaner in Lateinamerika nur dreimal höher als jene in Nordamerika. Dieser Widerspruch erklärt sich aus den unterschiedlichen Arbeits- und Lebensverhältnis-

3. Migration vom 16. bis zum 18. Jahrhundert

sen: In der Karibik und in Südamerika hielten nur die permanenten Sklaventransporte den Umfang der Sklavenbevölkerung stabil oder ließen ihn ansteigen: Die hohe Sterblichkeit, ein ausgeprägter Überschuss an männlichen gegenüber weiblichen Sklaven, das geringe Interesse der Sklavenhalter, die Gründung von Familien zuzulassen, sowie die schwierigen Unterkunftsbedingungen für Familien beschränkten die natürliche Reproduktion. In Nordamerika gab es demgegenüber ein hohes natürliches Wachstum der Sklavenbevölkerung. Hier setzte sich im 18. Jahrhundert unter den Sklavenbesitzern die Auffassung durch, das Leben des Sklaven in einer Familie stabilisiere die sozialen Beziehungen auf der Plantage und spare Kosten, weil die Kinder der Sklaven als Arbeitskräfte eingesetzt werden konnten.[57]

Um es auf eine einfache Formel zu bringen: Im Süden der Amerikas dominierte bis in das 19. Jahrhundert die (Gewalt-)Migration afrikanischer Sklaven, den Norden hingegen prägte die europäische Zuwanderung. Anders als die spanischen und portugiesischen Besitzungen, die als Beherrschungs- und Ausbeutungskolonien ausgelegt waren, wurden die britischen Kolonien im Norden des amerikanischen Doppelkontinents von Beginn an als Besiedlungskolonien verstanden. Die britische Kolonialpolitik strebte nach einer Erhöhung der kolonialen Profite durch die Zulassung europäischer Einwanderer – egal woher, welcher sozialer Herkunft und religiöser Orientierung. Die Kolonisation galt den politischen Eliten im »Mutterland« außerdem als eine Möglichkeit, sich als »überflüssig« und »überschüssig« erachteter Menschen von den britischen Inseln einschließlich Irlands zu entledigen. Dazu zählten nicht nur Straffällige, sondern auch Arme und Obdachlose. Der Abwanderung religiöser oder politischer Nichtkonformisten wurden ebenfalls keine Hindernisse in den Weg gelegt. Bis 1700 waren wohl rund 140 000 Engländer und Waliser in den britischen Nordamerikakolonien eingetroffen, die dort rund 90 Prozent der gesamten europäischen Einwanderung ausmachten.

Im 18. Jahrhundert sank der Anteil der Engländer und Waliser zugunsten von Schotten oder Iroschotten ab, also schottischen Siedlern aus der irischen Provinz Ulster (ca. 145 000 Einwanderer), sowie von Iren (etwa 100 000) und Deutschen (wohl 100 000). 1790, im Jahr der ersten Volkszählung in den nunmehr unabhängigen Vereinigten Staaten von Amerika, betrug die Bevölkerung europäischer Herkunft 3,9 Millionen Menschen, von denen fast die Hälfte englischer Herkunft war, ca. zwölf Prozent Schotten und rund zehn Prozent Deutsche. Der Anteil der Menschen afrikanischer Herkunft lag mit ca. 19 Prozent doppelt so hoch wie derjenige der Deutschen. Verantwortlich für den Anstieg der Bevölkerungszahl war neben der stetigen, moderaten Einwanderung vor allem das im Vergleich zu den europäischen Herkunftsländern hohe natürliche Bevölkerungswachstum aufgrund relativ günstiger Ernährungsbedingungen und des Ausbleibens von Seuchen.

Europa verließen neben den für die Etablierung und Aufrechterhaltung der Herrschaft nötigen Soldaten und Beamten auch zahlreiche Missionare. Europäer stellten zudem Kaufleute, Plantagenbesitzer, aber auch städtische Handwerker, Bauern sowie zu vielleicht einem Drittel Arbeitskräfte, die als Unfreie auf den Doppelkontinent gekommen waren: Dazu zählten die rund 50 000 Sträflinge, die die britische Kolonialmacht zwischen 1718 und 1775 in die nordamerikanischen Kolonien Virginia und Maryland transportierte. Wesentlich umfänglicher aber war die Gruppe jener europäischen Vertragsarbeitskräfte, die als »Indentured Servants« beziehungsweise »Engagés« das Angebot an Arbeitskräften in den Kolonien Großbritanniens und Frankreichs ergänzen sollten. Diese »Kontraktknechte« verpflichteten sich in Europa für drei bis zehn Jahre einem Arbeitgeber, der die Überfahrt sowie Kost und Logis bezahlte. Eine Lohnzahlung erfolgte nicht, meist stand den Vertragsarbeitskräften jedoch am Ende ihrer Vertragslaufzeit ein Stück Land zu.

Viele der »Kontraktknechte« begaben sich freiwillig in die Hand eines Farmers oder Pflanzers, weil sie sich durch die befristete Bindung an einen Arbeitgeber eine Verbesserung ihrer Situation erhofften. Darüber hinaus aber nutzten die Obrigkeiten in Europa das System der Verträge dazu, Marginalisierte oder Straffällige aus Europa zu entfernen. Weil sich die Lebens- und Arbeitsverhältnisse der Vertragsarbeitskräfte nicht selten als prekär herausstellten, sie den Herren als veräußerbarer Besitz galten und das Machtgefälle zwischen Herren und »Kontraktknechten« so groß war, dass Misshandlungen und eine Missachtung der Vertragsbestimmungen an der Tagesordnung waren, ließ im 18. Jahrhundert die Bereitschaft nach, sich in ein solches Vertragsverhältnis zu begeben.

Inter- und transkontinentale Abwanderung aus deutschen Territorien im 18. Jahrhundert

Der größere Teil der aus deutschsprachigen Gebieten stammenden Einwanderer in den britischen Nordamerikakolonien kam aus Süd- beziehungsweise Südwestdeutschland. Hier hatte sich das Bevölkerungswachstum bereits im 17. und 18. Jahrhundert beschleunigt. Schätzungen sprechen für das Territorium des späteren Deutschen Reichs von einer Zunahme der Bevölkerung von 15 auf 23 Millionen zwischen 1700 und 1800. Ein vergleichbarer Zuwachs, allerdings in nur einem halben Jahrhundert, folgte zwischen 1800 und 1850 (35 Millionen). Hauptzielhafen der deutschen Nordamerikawanderung war im 18. Jahrhundert Philadelphia. Siedlungsschwerpunkt blieb zunächst noch Pennsylvania, im Lauf des 18. Jahrhunderts verlagerte er sich auf das westliche Maryland, North Carolina und Virginia.

Jahre mit besonders starker Überseeauswanderung aus den deutschen Territorien waren 1709, 1749–1752, 1757, 1759 und 1782. Pennsylvania entwickelte sich zum Hauptziel religiöser Dissidenten (Quäker, Pietisten, Mennoniten, Tunker, Schwenkfelder, Herrnhuter), deren Migration durch organisierte Gruppenwanderungen und Gemeinschaftssiedlungen geprägt war. Insgesamt aber dominierten auch im 18. Jahrhundert schon wirtschaftlich und sozial motivierte Familienwanderungen. Um 1775 sollen rund 225 000 Menschen deutscher Herkunft in den britischen Kolonien Nordamerikas gelebt haben, die damit einen Anteil von 8,6 Prozent der Gesamtbevölkerung stellten. Ein Drittel der Bevölkerung Pennsylvanias war deutscher Herkunft, in Maryland waren es zwölf Prozent, in New Jersey neun und in New York acht Prozent.[58]

Zu beachten ist freilich, dass für die Auswanderung aus deutschsprachigen Gebieten insgesamt und damit auch für das dominierende Süddeutschland die transkontinentale (Siedlungs-)Migration nach Südosteuropa und Südrussland wichtiger war als die interkontinentale Bewegung nach Nordamerika. Nach dem Ende des Siebenjährigen Kriegs (1756–1763) führten die »Schwabenzüge« 1763–1770 und 1782–1788 wahrscheinlich rund 70 000 deutschsprachige Bauern und Handwerker aus Franken, Baden, Württemberg, Vorderösterreich, Luxemburg und Lothringen in den südosteuropäischen Donauraum mit den Siedlungsschwerpunkten Batschka, Banat und Siebenbürgen.[59] Zeitgleiche Siedlungswanderungen strebten in die vom Zarenreich eben erst eroberten Gebiete an der unteren Wolga und »Neurusslands« nördlich des Schwarzen Meeres. Ebenso wie im Fall der »Schwabenzüge« waren auch an der Wolga und in »Neurussland« Privilegien und Vergünstigungen ein zentrales Werbemittel obrigkeitlicher »Peuplierungspolitik« zur Erschließung und Sicherung des Siedlungslandes.[60]

Umworben waren dabei aber vor allem Siedler, die mit höher entwickelten landwirtschaftlichen und handwerklichen Fertigkeiten vertraut waren. Sie konnten auf Privilegien hoffen, wie sie beispielsweise in den Einladungsmanifesten von Zarin Katharina II. 1762/1763 formuliert waren, die kostenloses Land, Kredite, günstige Rechte, Steuer- und Abgabefreiheit für mehrere Jahre sowie Befreiung vom Militärdienst versprachen. Rund 25 000 deutsche Siedler, die vornehmlich aus der Pfalz stammten, siedelten sich innerhalb weniger Jahre nach 1763 an der unteren Wolga an. Weitere folgten in den nächsten Jahrzehnten und Anfang des 19. Jahrhunderts.

Insgesamt kann die Zahl der Auswanderer aus dem deutschsprachigen Raum nach Ost-, Ostmittel- und Südosteuropa von den 1680er-Jahren bis 1800 auf rund 516 000 Menschen geschätzt werden. Die überseeische Auswanderung nach Nordamerika blieb demgegenüber in diesem Zeitraum mit rund 130 000 deutlich zurück, wobei die Herkunftsräume der Überseewanderer weithin mit denen der kontinentalen Ost- und Südostbewegung übereinstimmten: Baden, Württemberg, Pfalz, Elsass und Lothringen.[61] Dass dabei am Ende des 18. und zu Beginn des 19. Jahrhunderts die Auswanderer aus Württemberg zu annähernd zwei Dritteln nach Ost- und Südosteuropa strebten, während diejenigen aus Baden zumeist in die Vereinigten Staaten gingen, hatte nicht nur mit der wachsenden Anziehungskraft der überseeischen »Neuen Welt«, sondern auch mit verkehrsgeographisch bedingten Wanderungstraditionen zu tun: Die Rheinschifffahrt bot den Badenern eine günstige Verbindung zu den Seehäfen im Norden, während die Württemberger noch stärker die Donauschifffahrt zur kontinentalen West-Ost-Wanderung nutzten. Insgesamt dominierte im deutschsprachigen Raum von der Mitte des 18. Jahrhunderts bis in die 1830er-Jahre die kontinentale Auswanderung nach Ost- und Südosteuropa, bis zum späten 19. Jahrhundert dann die transatlantische Auswanderung, vornehmlich in die USA.

»Peuplierung« als migrationspolitisches Konzept

Die Siedlungsbewegungen nach Südosteuropa und in den Raum nördlich des Schwarzen Meeres bildete den letzten Ausfluss eines politischen Konzepts, das seit Mitte des 17. Jahrhunderts an Gewicht gewonnen hatte: Im Gefolge des Dreißigjährigen Kriegs strebte eine merkantilistisch operierende Migrationspolitik nach einer Höchstzahl von – erwerbstätigen und steuerzahlenden – Untertanen. Diese »Peuplierung« wirkte zunächst vornehmlich in den mitteleuropäischen Gebieten, die von den Zerstörungen des Dreißigjährigen Kriegs besonders stark betroffen waren. Sie beinhaltete den Einsatz von Werbern in den Abwanderungsgebieten und die Gewährung von Privilegien und Vergünstigungen für Zuwanderer (Freijahre, kostenloses Siedlungsland, günstiger personen- und besitzrechtlicher Status, freies Bau- und Brennholz).[62]

Ein skizzenhafter Überblick über die im Zuge des Dreißigjährigen Kriegs schwer verwüsteten Gebiete im deutschsprachigen Raum lässt grob die Muster regionaler und interregionaler kriegsfolgenbedingter Migration erkennen: Elsass und Baden wurden Ziele starker Siedlungswanderungen aus der Schweiz, zum geringeren Teil aus Flandern und Wallonien. Schweizerische Einwanderer dominierten auch in Württemberg, zusammen mit Vorarlbergern, Bayern und Tirolern. Nicht selten aus Glaubensgründen mobilisierte Migranten aus den österreichischen Territorien prägten die Zuwanderung nach Franken und Schwaben. In der Mark Brandenburg war die Zuwanderung reformierter niederländischer, schweizerischer und seit den 1680er-Jahren hugenottischer ländlicher Neusiedlergruppen von Bedeutung, denen das besondere Interesse des konfessionsverwandten brandenburgischen Herrscherhauses galt.[63]

Auch über Brandenburg hinaus bot die Bewegung der Hugenotten eine bedeutende Zuwanderung im frühneuzeitlichen Deutschland. Von den 150 000 bis 200 000 Hugenotten, die nach dem Widerruf des 1598 verkündeten Edikts von Nantes im Jahr 1685 Frankreich verließen, wanderten etwa 38 000 bis 40 000 in deutsche Territorien vorwiegend nördlich des Mains ein, unter denen Brandenburg-Preußen mit rund der Hälfte zum wichtigsten Zuwanderungsland wurde, mit weitem Abstand vor Hessen-Kassel, anderen hessischen Territorien und den welfischen Herzogtümern. Weniger als ein Viertel der hugenottischen Zuwanderer blieb im deutschen Süden und hier vor allem in der Pfalz, in Württemberg, Ansbach und Bayreuth. Bedeutender als deutsche Gebiete waren als Ziele für hugenottische Migranten England mit rund 35 000 bis 45 000 Menschen und die Niederlande (einschließlich der Kolonialbesitzungen) mit 35 000 bis 50 000.

Nur in Deutschland kam es zur Gründung geschlossener Hugenottensiedlungen, die auf die Initiative landesherrlicher Regierungen zurückgingen: Kassel-Neustadt und Karlshafen (Hessen-Kassel), Friedrichsdorf (Hessen-Homburg), Christian-Erlang (Bayreuth). Zentrales Dokument für die Verknüpfung des konfessionspolitischen Strebens nach Aufnahme und Integration konfessionsverwandter Glaubensflüchtlinge mit dem Interesse der Peuplierung als Element merkantilistischer Wirtschaftspolitik war das Potsdamer Edikt des brandenburgischen Kurfürsten Friedrich Wilhelm vom Oktober 1685.

Wichtigste ländliche Aufnahmeräume für Hugenotten in Brandenburg-Preußen wurden Regionen, die aufgrund des Dreißigjährigen Kriegs stark entvölkert waren: das Ruppiner Land sowie die Umgebung von Potsdam und die Uckermark. Das Ruppiner Land verzeichnete einen Verlust von 60 bis 70 Prozent, die Uckermark sogar von 90 Prozent der Vorkriegsbevölkerung. Primäres städtisches Wanderungsziel

3. Migration vom 16. bis zum 18. Jahrhundert

wurde Berlin, wo um 1700 jeder fünfte Bewohner hugenottischer Herkunft war. Sie waren für den Aufschwung Berlins zu einer europäischen Metropole von weitreichender Bedeutung.

Dennoch zählte nur der kleinere Teil der Einwanderer zur Gruppe der erfolgreichen Unternehmer und Händler, auch unter den Hugenotten dominierten Angehörige der Mittel- und Unterschicht. Aber auch sie waren wegen ihrer (manchmal von den Obrigkeiten nur angenommenen) besonderen Fähigkeiten, zum Beispiel im Manufakturwesen und in der Landwirtschaft, zum Teil so begehrt, dass für einzelne Bereiche geradezu von einer Art konfessionsbedingtem Technologietransfer gesprochen werden kann. Die Integration wurde, trotz vieler und häufig sogar tiefgreifender Reibungen mit den Einheimischen, entschieden erleichtert durch das obrigkeitliche Interesse an Peuplierung und Innovation mit Hilfe von Zuwanderung.

Brandenburg-Preußen blieb auch im 18. Jahrhundert eines der wichtigsten deutschen Einwanderungsländer. Zentrale Aufnahmegebiete waren die Mark Brandenburg, Ostpreußen und Schlesien (seit 1740). Zwischen 1640 und 1786 nahm Brandenburg-Preußen rund eine halbe Million Einwanderer auf. Dabei dominierten nach dem Ende der Periode der Neuansiedlung zwei große Peuplierungsmaßnahmen in kriegszerstörten Regionen: einerseits im durch eine Pestwelle und andere Epidemien zu Beginn des 18. Jahrhunderts schwer geschädigten Ostpreußen; andererseits in den durch großangelegte Kultivierungen neu erschlossenen Gebieten in den Niederungen von Oder, Netze und Warthe in der Regierungszeit König Friedrich Wilhelms I. (1713–1740) und König Friedrichs II. (1740–1786). In diesen Kontext gehörte auch die Ansiedlung von Salzburger Protestanten, die 1731/32 aus ihrer Heimat vertrieben und von Friedrich Wilhelm I. förmlich zur Ansiedlung in Ostpreußen eingeladen worden waren. Von den insgesamt rund 20 000 Salzburger Emigranten wurde der überwiegende Teil in Ostpreußen unter Gewährung günstiger Bedingungen angesiedelt. Kleinere Gruppen gingen in andere protestantische Gebiete Deutschlands, in die Niederlande und nach Nordamerika.[64]

Massenmigration im »langen« 19. Jahrhundert

Europäische und deutsche Übersee-Auswanderer

4. Massenmigration im »langen« 19. Jahrhundert

Ende des 19. Jahrhunderts bildeten die Vereinigten Staaten von Amerika die am stärksten industrialisierte Wirtschaftsmacht der Welt, die zugleich über einen produktiven und exportstarken Agrarsektor und über ein weitverzweigtes Verkehrsnetz verfügte. 1791 hatte beispielsweise der Anteil der Vereinigten Staaten an der globalen Erzeugung von Baumwolle bei 0,5 Prozent gelegen, 1850 erreichte er nicht weniger als 68 Prozent. Zugleich dehnten sich die industrielle Produktion und der Dienstleistungssektor so sehr aus, dass der Anteil der landwirtschaftlich Beschäftigten an der gesamten erwerbstätigen Bevölkerung massiv absank, von 80 Prozent im Jahr 1820 bis auf 55 Prozent im Jahr 1855.[65]

Das wirtschaftliche Wachstum stand in einer engen Wechselbeziehung mit der permanenten territorialen Expansion über die dreizehn Gründungsstaaten der USA hinaus. Das Territorium der Vereinigten Staaten verfünffachte sich innerhalb nur weniger Jahrzehnte. 1820 lebte noch fast drei Viertel der Gesamtbevölkerung der USA in den Staaten der Ostküste und nur ein Viertel westlich der Appalachen. 1860 hatten interkontinentale Einwanderung und interregionale Migration in den USA dazu geführt, dass bereits die Hälfte der US-amerikanischen Bevölkerung westlich der Appalachen zu finden war. Vor allem die Bevölkerung der neuen Siedlungszonen im Mittleren Westen expandierte, ihr Anteil an der Gesamtbevölkerung des Landes verdreifachte sich auf 29 Prozent. Der äußerste Westen der USA am Pazifik war um 1860 demgegenüber noch weithin unerschlossen: Die Gebiete, die in den 1840er-Jahren in den Besitz der Vereinigten Staaten gelangt waren, beherbergten 1860 gerade einmal zwei Prozent der US-amerikanischen Gesamtbevölkerung. Der Aufstieg insbesondere Kaliforniens als Ziel europäischer und asiatischer Einwanderung sowie nordamerikanischer Binnenwanderung stand zu diesem Zeitpunkt noch bevor.[66]

Die territoriale Expansion der Vereinigten Staaten in Richtung Westen, Südwesten und Süden und die rasche Besiedlung der neu er-

Bild Seite 53: Werbeplakat aus dem Jahr 1900 für ein Schiff der britischen Cunard-Linie, eine der weltweit führenden Schifffahrtsgesellschaften im Auswanderungsgeschäft des späten 19. und frühen 20. Jahrhunderts.

schlossenen Gebiete führten zu einer Dezimierung und Marginalisierung der indigenen Bevölkerung: »Indianerkriege«, Kampagnen der Zwangsassimilierung sowie groß angelegte Deportationen aus den für landwirtschaftlich wertvoll erachteten Gebieten in abgelegene »Reservate« nötigten sie dazu, ihre traditionellen Wirtschafts- und Lebensformen aufzugeben. Diese Westbewegung von Millionen von Menschen europäischer Herkunft in die neu erschlossenen nordamerikanischen Räume kann unter den Begriff der Grenzkolonisation gefasst werden. Diese fand in den letzten beiden Jahrzehnten des 19. Jahrhunderts ihr Ende und mündete in eine Phase expansionistischer Politik der Überseekolonisation der Vereinigten Staaten.

Umfang und Bewegungsmuster der europäischen Nordamerika-Einwanderung

Die USA benötigten in Zeiten günstiger Konjunktur permanent eine große Zahl neuer Arbeitskräfte. Diese kamen bis zum Ersten Weltkrieg in aller Regel aus Europa. Von den 55–60 Millionen Europäern, die zwischen 1815 und 1930 nach Übersee zogen, gingen mehr als zwei Drittel nach Nordamerika, sechsmal mehr in die USA als nach Kanada. Rund ein Fünftel wanderte nach Südamerika ab, ca. sieben Prozent erreichten Australien und Neuseeland.

Durchschnittlich 50 000 Menschen verließen zu Anfang des 19. Jahrhunderts jährlich Europa über das Meer.[67] Die 1840er-Jahre bildeten eine Zäsur: 1846 bis 1850 gab es im Durchschnitt Jahr um Jahr bereits über 250 000 Transatlantikwanderer, davon gingen rund 80 Prozent in die USA und 16 Prozent nach Kanada. Zwischen 1851 und 1855 stieg diese Zahl auf 340 000 und damit auf das Siebenfache des Jahresdurchschnitts der ersten Jahrzehnte des 19. Jahrhunderts. Weiterhin dominierte die USA mit 77 Prozent als wichtigstes Ziel gegenüber neun Prozent, die sich nach Kanada und vier Prozent, die sich nach Brasilien wandten.

Mit der Weltwirtschaftskrise der späten 1850er-Jahre und dem Amerikanischen Bürgerkrieg 1861–1865 ging zwar die europäische Zuwanderung in die USA deutlich zurück, sie überstieg mit dem

Ende des Sezessionskriegs aber sogleich wieder das Niveau der frühen 1850er-Jahre, um in der Weltwirtschaftskrise der 1870er-Jahre erneut abzusinken. Die Zuwanderung aus anderen Teilen der Welt blieb demgegenüber gering. Aus China kamen im gesamten Zeitraum von 1849 (dem Beginn des »Goldrausches« in Kalifornien) bis 1882 (dem Zuwanderungsverbot für Chinesen durch den »Chinese Exclusion Act«, der bis 1943 in Kraft blieb) nur rund 300 000 Menschen in die USA. Sie arbeiteten vor allem auf den Goldfeldern, später auch beim Eisenbahnbau[68]: Der »Pacific Railway Act« von 1862 initiierte mit dem Ziel des Ausbaus der Eisenbahn und des Telegraphensystems vom Missouri bis zum Pazifik das damals umfangreichste Bauprojekt der Vereinigten Staaten. Weil allerdings nur relativ wenige Arbeitskräfte die Lohn- und Arbeitsbedingungen akzeptierten, kam das Vorhaben zunächst nur langsam voran, weshalb 1865 die ersten Chinesen für den Bau der Eisenbahnstrecke rekrutiert wurden. 1882 arbeiteten hier knapp 40 000 Chinesen.[69] Auch die Behebung von Kriegsschäden nach dem Bürgerkrieg 1861–1865 ließ die Nachfrage nach chinesischen Arbeitskräften wachsen. Insgesamt kamen zwischen 1848 und 1882 rund 285 000 Chinesen in die USA. Etwa die Hälfte kehrte nach dem Auslaufen der Arbeitsverträge wieder in die Heimat zurück.

Die zweitstärkste Gruppe asiatischer Zuwanderer in den USA bildeten im 19. Jahrhundert Japaner. Sie kamen vornehmlich ab Mitte der 1880er-Jahre. Von 1890 bis 1900 verzwölffachte sich der Umfang der in den USA lebenden japanischen Bevölkerung, während die chinesische um rund 20 Prozent absank.[70] Der starke Anstieg der japanischen Zuwanderung resultierte vorrangig aus der Annexion Hawaiis durch die Vereinigten Staaten 1898. Wegen der höheren Löhne und der besseren Arbeitsbedingungen verließen Japaner Hawaii und siedelten auf das amerikanische Festland über. Schon bald aber wurde auch die japanische Zuwanderung beschränkt: 1907/08 verpflichtete sich die japanische Regierung, keine weiteren Pässe mehr an japanische Arbeitskräfte auszugeben, die in die USA strebten. Im Gegenzug durften die in den USA lebenden Japaner Familienangehörige nachholen. Insgesamt gelangten zwischen 1909 und 1924, dem Jahr, das mit einem neuen Einwanderungsgesetz die japanische Zuwanderung auf

null reduzierte, weitere knapp 120 000 Japaner auf der Basis des Familiennachzugs in die USA.[71]
Im Zeitraum von den 1840er- bis zu den 1880er-Jahren kamen insgesamt ca. 15 Millionen Europäer in die USA, die hauptsächlich aus dem Westen, dem Norden und der Mitte des Kontinents stammten: Über vier Millionen Deutsche, drei Millionen Iren, drei Millionen Briten und eine Million Skandinavier erreichten die Vereinigten Staaten, deren Bevölkerung in diesem halben Jahrhundert von ca. 17 Millionen auf 63 Millionen anwuchs. In der zweiten Hälfte der 1880er-Jahre befand sich die europäische Überseemigration auf einem Höchststand: Sie betrug durchschnittlich fast 800 000 Menschen pro Jahr, immer noch ging der Großteil in die USA. Spitzenwerte erzielte sie in den anderthalb Jahrzehnten vor dem Ausbruch des Ersten Weltkriegs, als durchschnittlich jährlich mehr als 1,3 Millionen Europäer die »Alte Welt« verließen. Nur noch ein Drittel der Abwanderer kam jetzt aus West-, Nord- und Mitteleuropa, wo Agrarmodernisierung und Industrialisierung immer mehr Arbeitskräfte banden und das Lohnniveau angestiegen war. Dagegen stammten zwei Drittel aus dem wirtschaftlich schwächeren Süden sowie dem Osten des Kontinents. Während die US-Einwanderungsbehörden bis 1880 beispielsweise nur 150 000 Zuwanderer aus Russland und Österreich-Ungarn insgesamt gezählt hatten, registrierten sie zwischen 1900 und 1910 nicht weniger als 2,1 Millionen Zuwanderer aus der Habsburgermonarchie sowie 1,6 Millionen aus dem Zarenreich.[72]

Transatlantische Migration von Europäern war nie eine Einbahnstraße. Je stärker im 19. Jahrhundert die lange dominierende Familienmigration zwecks landwirtschaftlicher Ansiedlung an Gewicht verlor und die individuelle Arbeitsmigration in industrielle Beschäftigungsverhältnisse anstieg, desto höher lag die Rückwanderung. 1880–1930 kamen vier Millionen Menschen aus den USA nach Europa zurück – mit enormen Unterschieden zwischen den einzelnen Gruppen: Nur fünf Prozent der jüdischen Transatlantikmigranten, aber 89 Prozent der Bulgaren und Serben kehrten zurück. Bei den Mittel-, Nord- und Westeuropäern lag der Durchschnitt bei 22 Prozent. Vor allem die Abwanderung über das Meer aus Ost-, Ostmittel-

und Südeuropa, die seit der Wende zum 20. Jahrhundert dominierte, bedeutete immer seltener definitive Auswanderung und immer häufiger Rückkehr und zirkuläre Migration. Die Hälfte der Italiener beispielsweise, die zwischen 1905 und 1915 Nord- und Südamerika erreichten, kehrte nach Italien zurück.[73]

Wesentliche Voraussetzung für den Anstieg der europäischen Überseemigration bildete die bereits seit Jahrzehnten oder Jahrhunderten bestehende migratorische Verflechtung zwischen Europa und überseeischen Zielen: Pioniermigranten lieferten Informationen über Möglichkeiten und Risiken der Abwanderung nach Übersee. Erleichtert wurden Fernwanderungen zudem durch die im Zuge der Industrialisierung wesentlich verbesserte Verkehrssituation in Europa, nach Übersee und in den Zielgebieten – Raum verdichtete sich. Zeitlicher Aufwand und Kosten für eine Reise sanken: Ein Pferdefuhrwerk absolvierte die Strecke von New York nach Pittsburgh bei günstigen Witterungsbedingungen innerhalb von zwei Wochen. Die Eisenbahn brauchte 1857 dafür einen Tag. Außerdem revolutionierte die Einführung von Dampfschiffen mit regelmäßigem Linienverkehr auf zentralen Strecken den Überseeverkehr: 1867 benötigte ein Segelschiff für die Überfahrt von Europa in die Vereinigten Staaten im Durchschnitt 44 Tage, ein Dampfschiff nur noch 14.[74]

Hintergründe der Massenabwanderung aus Europa: der Fall Deutschland

Den Hintergrund für die Zunahme der europäischen Abwanderung in verschiedene Teile der Welt im 19. Jahrhundert bildete ein weitreichendes, regional unterschiedlich ausgeprägtes und im Zeitverlauf verschiedene Regionen erfassendes »Missverhältnis von Bevölkerungswachstum und Erwerbsangebot« (Klaus J. Bade). Dabei konnte die in immer weitere Teile Europas vordringende Agrarmodernisierung und Industrialisierung das Wachstum der europäischen Bevölkerung von rund 187 Millionen um 1800 auf ca. 468 Millionen Menschen im Jahr 1913 nicht kompensieren. Für den Fall Deutschland soll dieser Zusammenhang näher erläutert werden.

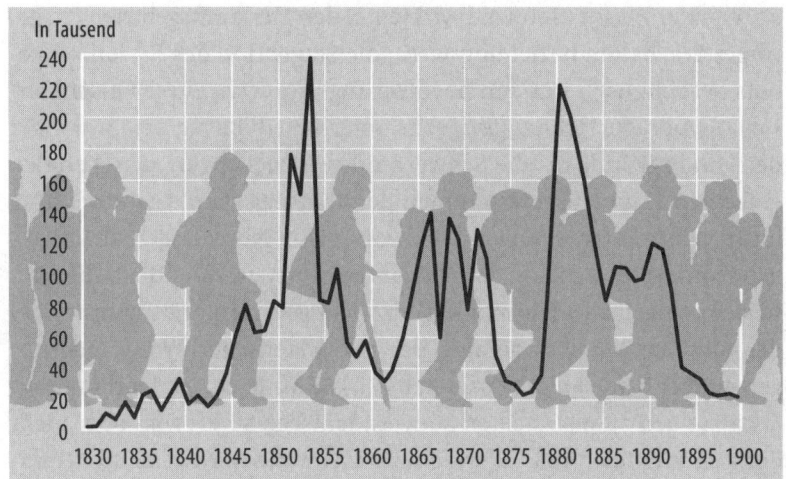

Schaubild 1: Umfang der deutschen Auswanderung 1830–1900.
Datenquelle: Friedrich Burgdörfer, Die Wanderungen über die deutschen Reichsgrenzen im letzten Jahrhundert, in: Allgemeines Statistisches Archiv, 20. 1930, S. 161–196, 383–419, 537–551, hier S. 189, 192.

In den ersten beiden Jahrzehnten des 19. Jahrhunderts erreichten insgesamt ca. 23 000 Deutsche, überwiegend Südwestdeutsche, die Vereinigten Staaten von Amerika. Mit dem Einsetzen der transatlantischen Massenabwanderung aus Nordwestdeutschland in den 1830er-Jahren stieg die deutsche USA-Einwanderung deutlich an. 1837 überschritt sie erstmals die Marke von 30 000 innerhalb eines Jahres.[75] Die überseeische Migration aus dem Raum, der später das Deutsche Reich bilden sollte, führte zu rund 90 Prozent in die USA. Als nächstwichtige Auswanderungsziele folgten mit weitem Abstand Kanada, Brasilien, Argentinien und Australien. 1816–1914 wanderten rund 5,5 Millionen und seither noch einmal mehr als zwei Millionen Deutsche in die USA aus. Die im Schaubild 1 dokumentierten Hochphasen mit jeweils mehr als einer Million Auswanderern bildeten die Jahre 1846 bis 1857 sowie 1864 bis 1873. In der letzten großen Auswanderungsphase von 1880 bis 1893 folgten dann noch einmal 1,8 Millionen. Die in Deutschland geborene Bevölkerung der USA stellte zwischen 1820 und 1860 mit rund 30 Prozent nach den Iren die zweitstärkste, zwischen 1861 und 1890 sogar die stärkste Zuwanderergruppe dar.[76]

4. Massenmigration im »langen« 19. Jahrhundert

Wanderungsbestimmend wirkten in den Herkunftsgebieten ein geringes Wachstum beziehungsweise die Stagnation des Erwerbsangebots bei zeitgleich starkem Bevölkerungszuwachs. Diese Krisenkonstellation prägte sich regional sehr unterschiedlich aus und war einer der Hintergründe für die Schwerpunktverlagerungen zwischen den einzelnen Hauptausgangsräumen der überseeischen Auswanderung im 19. Jahrhundert – zunächst Südwest-, dann Nordwest- und schließlich Nordostdeutschland: Wie bereits berichtet, war der deutsche Südwesten schon im 18. Jahrhundert der wichtigste Herkunftsraum sowohl der kontinentalen Ost- als auch der transatlantischen Westwanderungen, und er behielt diese Position bis in die Mitte des 19. Jahrhunderts. Schätzungen zufolge stellten Südwestdeutsche 80 Prozent oder mehr der kontinentalen und überseeischen Abwanderer des deutschsprachigen Raums vor 1815.[77]

In Südwestdeutschland hatte sich das Bevölkerungswachstum bereits im 17. und 18. Jahrhundert überdurchschnittlich stark beschleunigt. Die Realteilung als vorherrschendes Erbschaftssystem hatte über einen relativ langen Zeitraum eine Ausweitung der landwirtschaftlichen Erwerbschancen für eine stark wachsende Bevölkerung ermöglicht. Im 18. Jahrhundert jedoch stieß das System an seine Grenzen: Die ausgeprägte Besitzersplitterung, die die Erwerbschancen der landwirtschaftlichen Kleinbetriebe schmälerte und die wirtschaftlichen Belastungen durch die zahlreichen kriegerischen Konflikte bis in die napoleonische Ära waren die Hintergründe der ökonomischen und sozialen Krise.[78]

Die südwestdeutsche Auswanderung blieb im 19. Jahrhundert vornehmlich eine Familien- und Gruppenwanderung aus ländlichen Räumen. Für die landwirtschaftlichen Kleinstellenbesitzer bot die kontinentale oder überseeische Abwanderung neben der Aufnahme oder dem weiteren Ausbau klein-, nicht selten heimgewerblicher Produktion, dem Wanderhandel oder der saisonalen Arbeitswanderung eine der möglichen Optionen zur Sicherung der Subsistenz oder zur Verbesserung von Erwerbschancen. Hinzu kam seit Mitte des 19. Jahrhunderts als neue wirtschaftliche Perspektive die Aufnahme einer Beschäftigung in der expandierenden Industrie.

Das Ergreifen wirtschaftlicher Chancen als dominierendes Wanderungsmotiv verband sich nicht selten mit politischen und religiöskonfessionellen Motiven. Bei einem kleinen Anteil der Auswanderer standen diese im 19. und auch bereits im 18. Jahrhundert im Vordergrund; das galt für Oppositionelle des Vormärz und Aktivisten der Revolution von 1848/49 oder für Sozialdemokraten, die wegen des Bismarck'schen Anti-Sozialistengesetzes nach 1878 ins Ausland auswichen. Die kleine Zahl der hauptsächlich politisch motivierten Auswanderer und ihre spezifischen Niederlassungs- und Integrationsmuster, sollten aber nicht darüber hinwegtäuschen, dass diese Gruppe häufig kommunal, regional und landesweit wichtige politische und kulturelle Aufgaben als »ethnic leader« oder Identitätsmanager für die deutsch-amerikanische Bevölkerung wahrnahm: im deutschsprachigen Vereinswesen, in den kirchlichen Institutionen, in den politischen Parteien oder im blühenden Zeitungswesen.[79]

Kettenwanderungen trugen dazu bei, dass ein Großteil der europäischen überseeischen Auswanderung des 19. Jahrhunderts zur Bildung von räumlich eng geschlossenen Herkunftskollektiven im Zielgebiet führte und Familien oder Einzelpersonen, begleitet von Verwandten, Bekannten und Freunden ohne einen von außen gesteckten organisatorischen Rahmen die Reise absolvierten. Zahlreiche Beispiele dafür bot der »German belt« – begrenzt von Ohio im Osten und Nebraska im Westen, Wisconsin im Norden und Missouri im Süden – mit seinem überdurchschnittlich hohen Anteil von Bewohnern deutscher Herkunft. Die Verlagerung der regionalen Schwerpunkte der deutschen Auswanderung im 19. Jahrhunderts führte zu spezifischen Siedlungsmustern in den Vereinigten Staaten von Amerika, die auf eine kurze Formel gebracht werden können: Je früher die Auswanderung erfolgte, desto weiter östlich siedelten die Einwanderer in den USA.[80] Auswanderer aus dem Königreich Hannover, die seit den 1830er-Jahren verstärkt auftraten, beispielsweise siedelten vor allem im Raum der großen Flusssysteme des Nordostens und des oberen Mittleren Westens der USA. Vor allem die US-Bundesstaaten Missouri und Ohio bildeten dabei die Siedlungszentren.

Mehrere Faktoren trugen zu solchen Schwerpunktbildungen bei: Die Verstärkung der Auswanderung aus dem Königreich Hannover fiel in eine Phase, in der der Einsatz von Dampfbooten auf dem Ohio und auf dem Mississippi die Transportmöglichkeiten wesentlich verbesserte und zu einer beschleunigten Erschließung des Mittleren Westens führte. Anfänglich dominierte die Route über Baltimore im Bundesstaat Maryland die Einwanderung Nordwestdeutscher, weil Bremen als wichtigster Auswanderungshafen vor allem über den Tabakhandel eng mit der an der Chesapeake Bay gelegenen Stadt verbunden war. Anfang der 1830er-Jahre landeten jährlich 50 Schiffe aus Bremen mit rund 6000 Auswanderern in Baltimore. Auch Mitte der 1840er-Jahre lag die Zahl an Schiffen und Auswanderern in etwa auf gleicher Höhe, allerdings hatte zu diesem Zeitpunkt die Route Bremen-New Orleans ein vergleichbares Gewicht erreicht und wurde in der Folge immer wichtiger für den Auswandererverkehr. New Orleans, im Mündungsdelta des Mississippi gelegen, bot ideale Bedingungen für die Weiterfahrt über die Flusssysteme des Mississippi, des Missouri und des Ohio in den Mittleren Westen der USA. Seit den 1850er-, vor allem aber seit den 1860er-Jahren bildete dann mit der zunehmenden Verlagerung des (Personen-)Transportverkehrs auf die Eisenbahnen New York das Tor zum Mittleren Westen.[81]

Weder die »deutsche«, noch die »süddeutsche« oder »nordwestdeutsche« Einwanderung in die Vereinigten Staaten von Amerika waren eine einheitliche Migration. Sie zerfielen in Bewegungen unterschiedlicher regionaler, sozialer und konfessioneller Herkunft, die nach Auswanderungsphasen und -motivationen zu differenzieren sind und häufig, besonders im ländlichen Raum, lange in nach eng geschlossenen Herkunftskollektiven gesonderten »Little Germanies« zusammenblieben.

Je länger und je intensiver Kettenwanderungen überseeische Wanderungstraditionen prägten, desto stärker etablierte sich eine Eigendynamik im Wanderungsgeschehen. Sie konnte dazu führen, dass in den Herkunftsregionen die transatlantische Migration auch Jahrzehnte nach ihrem Einsetzen weiterhin auf hohem Niveau blieb, obwohl die soziale und wirtschaftliche Lage, die die erste Phase in der Entwicklung einer Wanderungstradition geprägt hatte, längst nicht mehr bestand. Ein nordwestdeutsches Beispiel verdeutlicht das:

Seit den späten 1820er-Jahren bildete der Raum, der das Münsterland, das Osnabrücker Land, Minden-Ravensberg und Südoldenburg umfasste, ein zusammenhängendes Gebiet starker Überseewanderung: 1832–1845 kamen beispielsweise fast neun Prozent aller deutschen Auswanderer aus dem Landdrosteibezirk (später: Regierungsbezirk) Osnabrück, der nur rund ein Prozent der deutschen Bevölkerung umfasste.[82] 1832–1882 zählten die dortigen Behörden rund 81 000 Auswanderer, hinzu kamen Tausende, die nicht registriert worden waren, weil sie ohne amtliche Zustimmung Deutschland den Rücken kehrten. Mit großer Wahrscheinlichkeit haben 90 000 bis 100 000 Menschen die Landdrostei Osnabrück von Anfang der 1830er- bis Anfang der 1880er-Jahre Richtung Übersee verlassen. Die Region bildete damit eines der Hauptzentren der deutschen Transatlantik-Migration. Von 1830 bis 1860 wanderte jährlich durchschnittlich ein Prozent der Einwohner des Osnabrücker Landes aus. Hatte die ländliche Bevölkerung des Fürstentums Osnabrück 1833 bei rund 137 000 gelegen, erreichte sie 1885 nur mehr 122 000, war also um mehr als ein Zehntel abgesunken[83] – obgleich die deutsche Bevölkerung in diesem Zeitraum sehr stark anwuchs.

Vor allem Angehörige unterbäuerlicher Schichten wanderten aus. Ihre Erwerbsmöglichkeiten hatten lange Zeit das nach dem Dreißigjährigen Krieg aufgestiegene protoindustrielle Heimgewerbe der Leinenherstellung verbessert. Diese Schicht war deshalb von der zweiten Hälfte des 17. bis in das frühe 19. Jahrhundert stark angewachsen. In den 1820er- und 1830er-Jahren beschnitt jedoch der Aufstieg der Baumwollindustrie den Nebenerwerb der landwirtschaftlichen Kleinstellenbesitzer und Pächter (die sogenannten »Heuerleute«). Zugleich führte der stetige Rückgang der »Hollandgängerei« zu einer Verminderung der Verdienstchancen: Im 17. und vor allem im 18. Jahrhundert hatte die Arbeitswanderung in die hoch entwickelte niederländische und ostfriesische Land- oder Torfwirtschaft für einige Wochen oder Monate im Jahr Arbeit und Verdienst geboten.

Und auch im Kernbereich der Subsistenzproduktion in der Landwirtschaft war die ökonomische Position der unterbäuerlichen Schichten in Nordwestdeutschland gefährdet: Zum einen stärkten die Agrar-

4. Massenmigration im »langen« 19. Jahrhundert

reformen die rechtliche und wirtschaftliche Position der Vollbauern. Zum anderen beschränkte die Teilung der gemeinschaftlich genutzten Marken den Zugriff der Kleinstellenbesitzer und Pächter auf Wälder und Weiden, sie mussten deswegen ihren Viehbestand reduzieren. Wie Schaubild 2 zeigt, gehörten von den in einer Stichprobe erfassten 639 Auswanderern, die 1832 bis 1860 den Landdrosteibezirk Osnabrück verließen, mehr als zwei Drittel zur – landlosen – ländlichen Unterschicht. Zählt man zur Unterschicht die Kleinst- und Kleinstellenbesitzer (Kötter und Kleinbauern) hinzu, stellte sie nicht weniger als drei Viertel der Gesamtauswanderung. Handwerker bildeten rund ein Siebtel der Übersee-Migranten.[84]

Die Verschlechterung von ökonomischen Teilhabechancen entschärfte sich allerdings seit Mitte des 19. Jahrhunderts zusehends: Die Auswanderung bewirkte regional einen Rückgang der Bevölkerung. Die Agrarmodernisierung band über die rapide Ausdehnung der Nutz-

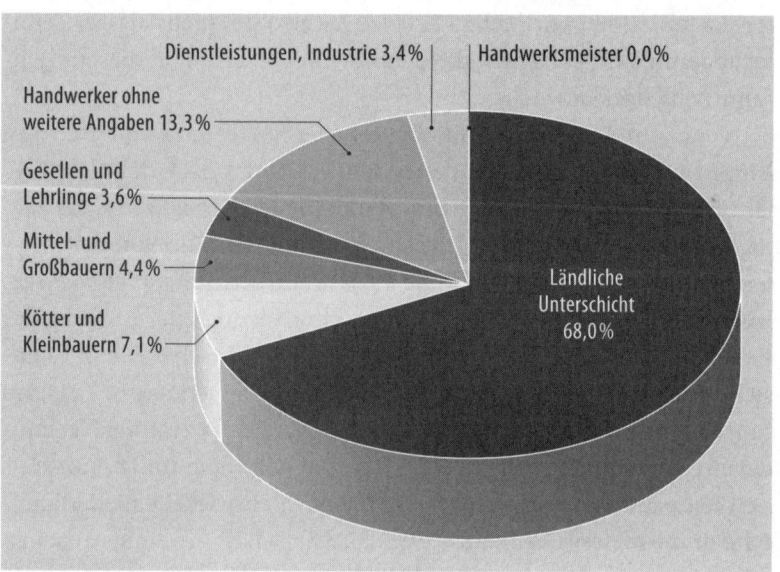

Schaubild 2: Stichprobe zur prozentualen Verteilung überseeischer Abwanderer nach sozialer Position aus dem Landdrosteibezirk Osnabrück 1832–1860.
Quelle: Walter D. Kamphoefner, Westfalen in der Neuen Welt. Eine Sozialgeschichte der Auswanderung im 19. Jahrhundert, Göttingen 2006, S. 55.

flächen viele Arbeitskräfte und führte zu einer wachsenden Zahl von Vollerwerbsbetrieben. Außerdem eröffnete eine Spezialisierung auf die Viehwirtschaft wegen des Wachstums der städtischen Konsumentenschichten neue Erwerbsmöglichkeiten und de-saisonalisierte zugleich die landwirtschaftlichen Arbeiten, weil das Vieh ganzjährig Pflege und Versorgung brauchte. Damit sank das Gewicht landwirtschaftlichen Nebenerwerbs. Die wachsende Industrie bot darüber hinaus regional und überregional Erwerbsmöglichkeiten.

Dennoch blieb die Zahl der nordwestdeutschen Auswanderer hoch, denn die eingeschliffenen Wanderungstraditionen prägten weiter die Perzeption wirtschaftlicher Chancen: Trotz einer frühen Verkehrsanbindung über die Köln-Mindener Eisenbahn an die industriellen Zentren an der Ruhr, aber auch nach Bremen, Hamburg oder Hannover zielte der Hauptstrom der nordwestdeutschen Abwanderung weiterhin auf die USA und nicht auf die deutschen Zentren mit wachsendem Erwerbsangebot. Das galt unabhängig von der Präferenz für bestimmte Beschäftigungssektoren, denn die Alternative Ruhrgebiet oder Nordamerika stand immer weniger für eine Alternative Industrie oder Landwirtschaft: Die Deutschen in den USA erreichten die höchste Urbanisierungsrate unter allen Einwanderern, ihr Weg führte in der zweiten Hälfte des 19. Jahrhunderts in der Regel für einige Jahre oder auf Dauer in Gewerbe und Industrie. In der letzten Hochphase der deutschen USA-Auswanderung zwischen 1880 und 1893 war die Ablösung der ländlichen Siedlungswanderung im Familienverband durch Einzelwanderung in die urbanen Industrien und Dienstleistungsbereiche bereits weit fortgeschritten.

Der Einfluss der Wanderungstraditionen lässt sich auch lokal beobachten: Die Gründung der schwerindustriellen Georgs-Marien-Hütte 1856 in einem landwirtschaftlichen Umfeld südlich von Osnabrück hatte, trotz des damit stark angestiegenen Arbeitskräftebedarfs, kaum Einfluss auf die weiterhin dominierende Amerikaauswanderung. Vor allem in den Anfangsjahren mussten Arbeitskräfte aus anderen Regionen des Königreichs Hannover rekrutiert werden, weil sie in der Umgebung nicht zur Verfügung standen. In der Gemeinde Georgsmarienhütte kamen mehr Bewohner aus dem 200 Kilometer entfernten

4. Massenmigration im »langen« 19. Jahrhundert

Raum Hildesheim als aus den bereits lange von starker Auswanderung geprägten Bezirken Osnabrück, Münster und Minden im unmittelbaren Umfeld.[85]

Einen dritten regionalen Schwerpunkt fand die deutsche überseeische Auswanderung des 19. Jahrhunderts im Nordosten. In den gutswirtschaftlich geprägten Gebieten Mecklenburgs und Brandenburgs setzte die Massenauswanderung in den späten 1840er- und frühen 1850er-Jahren ein – und damit rund zwei Jahrzehnte später als im Süd- und Nordwesten Deutschlands, in Pommern, Westpreußen und Posen sogar erst ein weiteres Jahrzehnt später. In Nordostdeutschland dominierten unter den Überseeauswanderern ebenfalls Angehörige unterbäuerlicher Schichten.[86]

Während die Agrarmodernisierung im Nordwesten die Position der ländlichen Unterschichten in der zweiten Hälfte des 19. Jahrhunderts verbesserte, verschärfte sie sich im Nordostraum seit den 1850er- und 1860er-Jahren durch die Saisonalisierung der Produktion. Die Intensivierung der Getreide- und Hackfruchtwirtschaft erhöhte zwar den Arbeitskräftebedarf der Guts- und großbäuerlichen Wirtschaften. Wegen der Konzentration auf wenige saisonale Arbeitsspitzen kam es jedoch zu einem massiven Rückgang des Bedarfs in den Wintermonaten. Damit wurden die Beschäftigungsmöglichkeiten der Dauerarbeitskräfte mit oder ohne Landnutzungsrechte (Häusler, Insten, Gutstagelöhner, Gesinde) beschränkt. An ihre Stelle traten Saisonarbeitskräfte, zunächst aus dem Nahraum, schließlich aber auch aus weiter entfernten Regionen (»Sachsengänger«), seit den 1880er-Jahren immer häufiger aus dem östlichen und südöstlichen Ausland. Erste Ansätze der Mechanisierung und Maschinisierung der Produktion vor allem durch Dreschmaschinen, später durch Dampfpflüge verschärften noch die Saisonalisierungstendenzen und damit auch die Desintegration der traditionellen gutswirtschaftlichen Sozialordnung.[87]

Im ausgehenden 19. Jahrhundert bildeten die wirtschaftlichen Chancen durch die Hochindustrialisierung und Agrarmodernisierung in Deutschland, aber auch in anderen Regionen West- und Mitteleuropas wesentliche Faktoren für den Rückgang der überseeischen Auswanderung. Er wurde beschleunigt durch die harte wirtschaftliche

Krise in den USA zwischen 1890 und 1896 mit ihrem Höhepunkt in der »panic of 1893«. 1893 war das letzte Jahr starker transatlantischer Auswanderung aus Deutschland vor dem Ersten Weltkrieg.

Staatliche Einflussnahme auf die Migrationsbewegungen

Der Staat beeinflusste die deutsche Auswanderung des 19. Jahrhunderts in dreierlei Hinsicht: 1. Die Genehmigung der Auswanderungsvorhaben von Untertanen, 2. die finanzielle Unterstützung der Auswanderung solcher Menschen, die als finanzielle oder sicherheitspolitische Belastung galten sowie 3. die Kontrolle der Bedingungen der Auswanderung.

1. Die Staaten des Deutschen Bundes garantierten in der Regel zwar die Auswanderungsfreiheit, dennoch prüfte die staatliche Verwaltung die Rechtmäßigkeit eines Auswanderungsbegehrens. Zumeist wurde eine Erlaubnis erst dann ausgesprochen, wenn der potenzielle Übersee-Migrant nachweisen konnte, keinen privaten Verpflichtungen mehr nachkommen zu müssen. Vor allem damit Gläubiger ihre Ansprüche geltend machen konnten, mussten beispielsweise im Königreich Hannover seit 1846 alle Antragsteller ihr Auswanderungsvorhaben spätestens vier Wochen vor der Abreise öffentlich bekanntgeben (beispielsweise mit Hilfe von Zeitungsanzeigen oder durch Mitteilung im Gottesdienst).

Das obrigkeitliche Interesse an einer Kontrolle der Auswanderung lag überall im Deutschen Bund zudem darin begründet, die Bewegung militärpflichtiger junger Männer zu überwachen. Zwar gab es kein Auswanderungsverbot für militärpflichtige Personen, zumal ohnehin die Aushebungsquote für die Heere relativ niedrig lag. Wurden aber Auswanderungskonsense verweigert, begründeten die zuständigen Behörden dies meist mit dem Hinweis, dass der Militärdienst noch nicht abgeleistet worden war. Zwei Optionen standen den Betroffenen zur Verfügung: Zum einen konnten sie einen Stellvertreter benennen, der in der Regel dafür bezahlt werden musste, dass er die Verpflichtung zum Militärdienst für einen Auswanderungswilligen übernahm. Zum anderen konnte er seinen Herkunftsstaat heimlich verlassen. Ein Großteil solcher irregulärer Abwanderungen resultierte daraus, dass Auswanderungswillige eine Verweigerung des Konsenses aufgrund ihrer Militärdienstpflicht befürchteten.[88]

2. Die Förderung von Auswanderung wurde im Kontext der Diskussion um den Umgang mit der Massenarmut des Vormärz ein staatliches Projekt.[89] Das Instrument der Finanzierung der Auswanderung (»Transportation«) von Untertanen lässt sich allenthalben beobachten.

Maßnahmen zur finanziellen Unterstützung zielten erstens auf einen Personenkreis, der dauerhaft oder längerfristig aus Mitteln der Armenfürsorge versorgt werden musste – die kommunalen Armenkassen konnten entlastet werden, wenn die Gemeinden die Kosten für eine Schiffspassage nach Nordamerika übernahmen. Zweitens ging es um die »Transportation« von Kriminellen oder von aus politischen Gründen unerwünschten Personen.[90] Movens dieser Praxis blieb zwar das obrigkeitliche Interesse an der Auswanderung »überflüssiger Menschen«, allerdings bot die kommunale oder staatliche Finanzierung der Überfahrt auch den betroffenen Personen, deren Zustimmung grundsätzlich eingeholt werden musste, eine Chance für einen Neubeginn jenseits von Korrektionsanstalten, Arbeits- und Armenhäusern.

Für den Fall der Auswanderung aus dem Königreich Hannover gehen gut begründete Schätzungen von rund 3000 Fällen aus, in denen eine staatliche Finanzierung vorlag.[91] Damit blieb zwar der Anteil der kommunal und staatlich unterstützten Transatlantikpassagen an der Gesamtauswanderung gering, die Praxis spiegelt aber eindringlich die obrigkeitliche Perzeption der Auswanderung als erwünschten Beitrag zum »Export der Sozialen Frage« wider.[92] Dabei lässt der Blick auf die breite amtliche Diskussion um die Auswanderungsförderungspolitik erkennen, dass nicht grundsätzliche politische Erwägungen eine Ausweitung des Engagements zur Auswanderung »unerwünschter Bevölkerungselemente«[93] verhinderten, sondern die geringen finanziellen Spielräume vornehmlich auf kommunaler Ebene.

In vielerlei Hinsicht anders gelagert war der – einzigartige – Fall der staatlichen Unterstützung für die Auswanderung von rund 2000 Menschen aus dem Oberharz in den Jahren 1848 bis 1854.[94] Sie bildete nicht nur eine Ausnahme wegen der relativ großen Zahl der geförderten Auswanderer aus einem begrenzten Raum innerhalb eines recht kurzen Zeitabschnitts. Vielmehr gingen hier das obrigkeitliche Engagement und der Einsatz staatlicher Finanzmittel deutlich über das Normalmaß der »Transportationen« hinaus. Die auf das Montangewerbe ausgerichtete Wirtschaft in der Berghauptmannschaft Clausthal befand sich in den 1840er-Jahren in einer schweren Krise: Rentabel schienen die Gruben erst wieder zu werden, wenn massiv Arbeitskräfte abgebaut würden. Ohnehin herrschte in der Region vor dem Hintergrund starken Bevölkerungswachstums Unterbeschäftigung, alternative Erwerbsmöglichkeiten bestanden nicht. Ein Großteil der Gruben war seit 1834 verstaatlicht worden, die Bergleute zählten als »herrschaftliche Arbeiter« faktisch zu den Staatsbediensteten. Die spezifische »Soziale Frage« vor Ort schien nur der Export von Menschen lösen zu können.

Vor diesem Hintergrund entwickelten die Berghauptmannschaft und das Berg- und Forstamt in Clausthal sowie das Finanzministerium in Hannover Pläne für eine großangelegte und systematische Förderung der Auswanderung eines Teils der Bevölkerung des Oberharzes. Während die »Transportation« von den Obrigkeiten in der Regel als eine Negativauslese verstanden wurde, galten bei der Auswanderung aus dem Oberharz andere Grundsätze: Gefördert werden sollten ausschließlich qualifizierte Arbeitskräfte, die einen tadellosen Leumund hatten. Nur dann, so glaubten die zuständigen Behörden, seien sie als Einwanderer begehrt und könnten andernorts problemlos angesiedelt werden – Grundbedingung für die Auswanderung einer möglichst hohen Zahl von Menschen bei einem möglichst geringen Kostenaufwand. Darüber hinaus unterlag die gesamte Organisation des Auswanderungsvorgangs staatlichen Einrichtungen: Sie übernahmen die Betreuung der Auswanderer, sorgten für die Abwicklung des Verkehrs mit allen in- und ausländischen Behörden und ließen das Gepäck in die Hafenstädte transportieren. Auch die Auswanderungsziele gaben sie vor. Nach langwierigen Erkundigungen wurde ein neu erschlossenes Gebiet des Kupferbergbaus in Südaustralien in der Nähe von Port Adelaide ins Auge gefasst. 1100 Harzer konnten schließlich nach Südaustralien abreisen, während die Auswanderung in die Vereinigten Staaten mit 600 sowie nach Lateinamerika mit 200 Migranten deutlich dahinter zurückblieb.

3. Die staatliche Kontrolle der Auswanderungsumstände galt vor allem der Tätigkeit von Auswanderungsagenten sowie den Überfahrtsbedingungen.[95] Bremen und Hamburg als wichtigste Ausgangshäfen für die Auswanderer aus Deutschland erließen seit 1832 (Bremen) beziehungsweise 1837 (Hamburg) relativ detaillierte Schutzvorschriften für den Aufenthalt in den Hafenstädten bis zur Abreise der Schiffe sowie für die Überfahrt.[96] Vor allem wirtschaftliche Erwägungen steckten dahinter: Denn die Reisewege der Auswanderer richteten sich nicht nur nach den verkehrlichen Gegebenheiten, sondern auch nach den Schutzeinrichtungen, die eine im weitesten Sinn erfolgreiche Überfahrt versprachen. In den Herkunftsgebieten der Auswanderer dagegen zielten die staatlichen Bestimmungen vor allem auf die Agenten. Das 1852 im Königreich Hannover in Kraft getretene »Gesetz, betreffend die Beförderung von Schiffspassagieren nach überseeischen Häfen« unterwarf die Auswanderungsagenten einem Konzessionszwang. Ohne staatliche Genehmigung und die Hinterlegung einer Kaution von 5000 Talern durfte niemand mehr eine Auswanderungsagentur einrichten. Die Prüfung des Leumunds und die Verpflichtung auf einen Katalog von Geschäftsbedingungen, einschließlich der Festlegung von Mindeststandards auf den Schiffen, bildeten zentrale Elemente der Neuregelung.

Die Auswanderung galt im 19. Jahrhundert weithin als Lösung schwerer sozialer Probleme; deshalb blieb das Ausmaß der staatlichen Vorgaben und Regelungen begrenzt. Sie gestalteten die Rahmenbedingungen, nahmen aber nur geringen Einfluss auf Pfade, Zusammensetzung und Formen der Überseewanderung. Eine Steuerung der Bewegungen lag nicht im staatlichen Interesse; für eine solche Praxis hätte es auch keine Instrumente gegeben.

Das Bemühen, die Auswanderung aus deutschsprachigen Gebieten zu beeinflussen, nahm in den 1850er- und 1860er-Jahren ab. Das entsprach einem internationalen Trend: Immer mehr Staaten in West-, Mittel- und Nordeuropa schafften dem US-amerikanischen (seit 1802) und britischen Vorbild (seit 1836) entsprechend die Pass- und Visumpflicht ab, bis am Ende der 1860er-Jahre in Europa nur noch für das Überschreiten der Grenze zum Zarenreich ein Einreisevisum erforderlich war. Die Abschaffung der Kontrollen entsprach der weithin akzeptierten Vorstellung, dass es die großen Reformprojekte vollständig durchzusetzen gelte, die seit dem Ende des 18. Jahrhunderts Agrarmodernisierung, Industrialisierung und Urbanisierung erst ermöglicht hatten.[97] Die Wirtschaft wuchs in den 1850er- und 1860er-Jahren in West- und Mitteleuropa mit einer Dynamik, die ihresgleichen suchte. Der Wirtschaftsliberalismus dieser Jahrzehnte betrachtete Pässe und Grenzkontrollen nicht nur als Behinderung des immens aufsteigenden internationalen Handels und der grenzüberschreitenden Expansion der Kapitalmärkte, sondern auch als Blockade der für das Wachstum der Produktion als unabdingbar geltenden uneingeschränkten Freizügigkeit aller Arbeitskräfte. Die Verflechtung der Märkte war den politischen Eliten nunmehr wichtiger als sicherheitspolitische Interessen.

Das Rotteck-Welcker'sche Staatslexikon kommentierte 1864 in seiner dritten Auflage die Neuentwicklung im Artikel zum Passwesen mit der Bemerkung: »Neuerlich haben denn auch die Regierungen des Continents eingesehen, daß die Paßgesetze mit der bürgerlichen und wirthschaftlichen Freiheit nicht ferner vereinbar sind.«[98] Interne und grenzüberschreitende Migration galt in dieser Phase wirtschaftlicher Prosperität vor allem als Ausweis von Modernität, von Dynamik. Im Deutschen Reich von 1871 setzte sich diese europäische Tendenz der 1850er- und 1860er-Jahre zunächst fort: Sieht man von den Grenzen nach Russland ab, gab es weder regelmäßige Grenzkontrollen noch einen Visumzwang für Ausländer.

4. Massenmigration im »langen« 19. Jahrhundert

Der Anstoß zur Intensivierung der europäischen Migrations- und Grenzkontrollen kam aus den Vereinigten Staaten von Amerika: Nativistischen Bewegungen gelang es dort, die Verschärfung der Einwanderungsrichtlinien zu forcieren. Armut, spezifische Krankheiten, aber auch die Herkunft aus bestimmten Weltgegenden bildeten seit den US-amerikanischen Einwanderungsgesetzen von 1882 und 1891 Argumente, potenzielle Einwanderer abzuweisen und sie auf Kosten der Reedereien zurückzuschicken.

Ellis Island, die 1891 eingerichtete zentrale US-amerikanische Einwandererstation, repräsentiert heute als Teil des »Statue of Liberty National Monument« den US-amerikanischen Gründungsmythos. Als Einrichtung zur Umsetzung der neuen Einwanderungsgesetze war das am Hudson River gelegene Ellis Island jedoch weniger Ausdruck einer offenen Aufnahmepolitik, die sich der »huddled masses yearning to breathe free« annahm[99], sondern vor allem verschärfter Grenzkontrollen. Sie bildete nunmehr und bis 1954 die einzige Schleuse für die Zuwanderung über den Atlantik, während bis dahin die USA über die Häfen und über die Landwege im Süden und Norden zugänglich gewesen waren. Die Zahl der Ankömmlinge wird für den Zeitraum von 1892 bis 1954 auf 12 bis 17 Millionen geschätzt[100], die höchste Zahl an Einwanderern an einem Tag wurde am 17. April 1907 mit 11 747 erreicht.[101]

Nach der Ankunft in Ellis Island mussten sich alle Einwanderer registrieren und ärztlich untersuchen lassen. Der Aufenthalt dauerte für gewöhnlich nur einige Stunden bis hin zu fünf Tagen. Physisch oder psychisch Kranke mussten sich allerdings manchmal für Monate in Ellis Island aufhalten, wenn sie in der Lage waren, ihre Behandlung zu bezahlen. Eine italienische Einwanderin, die an der Augenkrankheit Trachom litt und neun Monate in der Krankenstation auf Ellis Island verbrachte, berichtete: »Sie nahmen uns die Kleider weg und steckten uns in spezielle Bekleidung, die in der Krankenstation von Ellis Island stets getragen werden musste. Auf diese Weise ließen sich die Kranken identifizieren. Wir durften die Krankenstation nicht verlassen. Bewaffnete bewachten das Gebäude.«[102]

Die Zentralisierung und Verschärfung der US-amerikanischen Grenzkontrollen forcierte die Einrichtung neuer Kontrollsysteme in

Europa. Das galt vor allem für Preußen-Deutschland, dem wichtigsten Durchgangsland für ost-, ostmittel- und südosteuropäische Überseeauswanderer, dessen Schifffahrtslinien den Auswandererverkehr über den Atlantik dominierten: Je mehr die deutsche Auswanderung seit Anfang der 1890er-Jahre zurückging, desto wichtiger wurde diese Durchwanderung für die hanseatischen Schifffahrtsgesellschaften. Zwischen 1894 und 1910 stellten Deutsche nur mehr elf Prozent (380 907), Ausländer hingegen 89 Prozent (2 752 256) der Auswanderer über deutsche Häfen. 1880 bis 1914 passierten mehr als fünf Millionen Auswanderer aus Russland (besonders aus Russisch-Polen) und aus dem Habsburgerreich Deutschland auf dem Weg zu den Seehäfen. Die US-Einwanderungsbehörden in Ellis Island wiederum schickten entsprechend den Einwanderungsgesetzen von 1882 und 1891 alle als mittellos oder als Träger ansteckender Krankheiten geltenden Grenzgänger auf Kosten der Reedereien in die Ausgangshäfen zurück. Daher war es im Interesse der deutschen Schifffahrtsgesellschaften, bereits in Hamburg und Bremerhaven niemanden an Bord zu nehmen, der nicht den Vorgaben entsprach. Die deutschen Schifffahrtsgesellschaften und die an deren wirtschaftlichem Erfolg interessierten deutschen Staaten gingen deshalb dazu über, den Grenzübertritt potenzieller europäischer Auswanderer bereits in den neu errichteten Kontrollstationen an den Grenzen nach Ost- und Südosteuropa sowie in den Durchwandererstationen im Binnenland (vor allem dem eigens gebauten »Auswandererbahnhof« Ruhleben in Berlin) bis nach Hamburg und Bremerhaven zu überwachen. Im Rahmen dieser »Durchwandererkontrolle« wurden Grenzkontrollen verschärft, der Zugang an bestimmte Bedingungen geknüpft, Migrationspfade auf Grenzstationen und auf einzelne Eisenbahnstrecken festgelegt.[103]

Ganz ähnlich operierten andere Staaten, die ebenfalls ein wirtschaftliches Interesse daran hatten, dass die Schifffahrtsgesellschaften das Geschäft mit der überseeischen Auswanderung aufrechterhalten konnten – ob es in Italien um Genua ging oder in den Niederlanden um Rotterdam, in Großbritannien um Hull, Liverpool oder Southampton sowie in Norwegen um Bergen.[104] Dass sich das staatliche Interesse seit den 1880er-Jahren nicht allein auf die Kontrolle dieser

4. Massenmigration im »langen« 19. Jahrhundert

»Durchwanderung« beschränkte, resultierte auch daraus, dass Migration über den Atlantik nicht selten eine Wanderung über Etappen war und folglich jeder Grenzgänger letztlich zum Amerika-Auswanderer werden konnte.

Zur Einführung der Einwanderungsgesetze in den Vereinigten Staaten der 1880er- und 1890er-Jahre trug die Einflussnahme der US-amerikanischen Arbeiterbewegung bei, die in einer kontinuierlich wachsenden Zuwanderung eine Gefahr für die Stabilität der Löhne und Arbeitsverhältnisse sowie für die Entwicklung der eigenen Organisationen sah.[105] Ähnliche Phänomene lassen sich in europäischen Staaten beobachten. Dort führte im späten 19. Jahrhundert die voranschreitende Integration der Arbeiterbewegungen in den Staat zu einer stärkeren Kontrolle der Zuwanderung. Der sogenannte »Schutz des nationalen Arbeitsmarktes«, wie ihn auch deutsche Gewerkschaften diskutierten[106], bot beispielsweise in den Niederlanden, aber auch in Frankreich einen zentralen migrationspolitischen Anknüpfungspunkt für die Verschärfung der Kontrollen.[107]

In der Perspektive einer langen Entwicklungslinie im 19. Jahrhundert könnte man mithin pointierend davon sprechen, dass die US-amerikanische Pass- und Visumfreiheit von 1802 ein Modell für die Abschaffung des Pass- und Visumzwangs in Europa ab Mitte des 19. Jahrhunderts wurde. Die Restriktionen in der Einreisepraxis in den Vereinigten Staaten seit den 1880er-Jahren schlugen auf der europäischen Seite ebenfalls durch, jetzt aber wesentlich rascher.

Industrialisierung und Agrarmodernisierung

Die neue Topographie der deutschen und europäischen Arbeitsmigration

5

5. Industrialisierung und Agrarmodernisierung

Arbeitswanderungen blieben im Europa des 19. Jahrhunderts meist kleinräumig und überschritten selten territoriale oder staatliche Grenzen. Allerdings lässt sich ausmachen, dass mit Industrialisierung, Agrarmodernisierung und Urbanisierung das Wanderungsvolumen und die Wanderungsdistanzen wuchsen: Der Umfang der jährlichen Arbeitswanderungen mit dem Ziel Paris soll im 19. Jahrhundert bei einer deutlichen Zunahme der zurückgelegten Strecken um das Vierzehnfache angestiegen sein, von rund 30 000 oder 40 000 um 1800 bis auf etwa eine halbe Million um 1900.[108]

Voraussetzung war dafür die Durchsetzung marktwirtschaftlicher Prinzipien, die zur Beseitigung feudaler Bindungen der Arbeitskräfte und zur Herausbildung von Arbeitsmärkten führten, auf denen der Ausgleich von Angebot und Nachfrage wesentlich auch über die Bewegung der Arbeitskräfte im Raum funktionierte. Die Ablösung persönlicher Bindungen, die zumindest in einigen europäischen Regionen auch eine Bindung an einen Ort bedeutet hatten, setzte neue Migrationspotenziale frei. Weitere Voraussetzung für die sich abzeichnenden Veränderungen war der sehr rasche Ausbau der europäischen Infrastruktur, der in eine Verdichtung und bald auch Vernetzung vor allem des Eisenbahn- und des Schiffsverkehrs mündete. Nicht nur der zeitliche Aufwand für eine Reise, sondern auch die Kosten sanken erheblich: 1850 benötigte die Pferdekutsche zwischen Paris und dem schweizerischen Luzern drei Tage, 1870 brauchte die Eisenbahn für diese Strecke nur mehr 20 Stunden, und die Reise kostete ein Drittel weniger.

Intra- und interregionale Arbeitswanderungen im 19. Jahrhundert

Vor allem seit den 1870er- und 1880er-Jahren überwanden die Arbeitswanderungen in Europa immer häufiger auch Landesgrenzen. Industrialisierung, Agrarmodernisierung und Urbanisierung führten mithin im 19. Jahrhundert nicht nur zu einer weitergehenden Interregionali-

Bild Seite 75: Landarbeiterinnen bei der Kartoffelernte auf einem Gut unter Aufsicht des Großgrundbesitzers. Deutschland, um 1930.

sierung, sondern auch zu einer Internationalisierung der industriellen und agrarischen Arbeitsmärkte – mit einer klaren Beschleunigung in den letzten drei, vier Jahrzehnten vor dem Ersten Weltkrieg. Angesichts der unterschiedlichen ökonomischen Entwicklungsdynamik bildete sich eine neue europäische Topographie der Arbeitsmigrationen heraus: Wirtschaftliche Zentren mit hoher Zuwanderung – und zum Teil auch starker Beschäftigung von Migranten aus dem Ausland – in West- und Mitteleuropa standen wirtschaftlichen Peripherien in Süd-, Ost- und Südosteuropa gegenüber. Letztere bildeten die Ausgangsräume europäischer, aber auch transatlantischer Arbeitswanderungen.

Diese, den Kontinent übergreifende Topographie der europäischen Arbeitsmigration war in vielerlei Hinsicht gebrochen: Industrialisierung, Agrarmodernisierung und Urbanisierung bildeten keine nationalen, sondern regionale Phänomene. Den Zentren der internen und grenzüberschreitenden Zuwanderung in West- und Mitteleuropa standen vornehmlich ökonomisch geringer entwickelten Ausgangsräumen im Nahbereich gegenüber. Manche industriell-urbane Räume in Süd-, Ost- und Südosteuropa bildeten zudem aufgrund von Industrialisierung, Agrarmodernisierung und Urbanisierung Zentren der – auch grenzüberschreitenden – Zuwanderung.

Viele Traditionen und Bewegungsmuster im Arbeitswanderungsgeschehen, die sich in der Frühen Neuzeit ausgeprägt hatten, wirkten in Europa bis weit in das 19. und zum Teil bis in das 20. Jahrhundert fort. Das galt zum Beispiel für seit Jahrhunderten existierende Wanderhandelssysteme, für traditionsreiche Arbeitswanderungen im agrarischen Bereich oder für Muster der Verknüpfung von Ausbildungs- und Arbeitswanderungen, die vor allem als Gesellenwanderungen in Teilen Europas im 19. Jahrhundert weiterliefen. Industrialisierung, Agrarmodernisierung und Urbanisierung überformten diese Bewegungen, veränderten deren Richtung und führten, zumeist nach einer mehrere Jahrzehnte umfassenden migratorischen Sattelzeit, zum Auslaufen langwährender Migrationstraditionen.

So behielten die traditionsreichen Gesellenwanderungen im 19. Jahrhundert zunächst ein ungebrochen hohes Gewicht im Migrationsgeschehen im deutschsprachigen Raum.[109] Nach Wien kamen im

Vormärz beispielsweise weiterhin auf eine Gesamtbevölkerung von 350 000 Menschen jährlich 140 000 bis 160 000 Handwerksgesellen.[110] Seit Beginn der Frühen Neuzeit war der insbesondere im deutschsprachigen Raum von den Zünften vorgegebene Wanderzwang in den Wanderordnungen konkret ausgestaltet worden. Sie zielten je nach Gewerk in unterschiedlichem Ausmaß auf Wissens- und Technologietransfer durch Migration. Außerdem bildeten sie Steuerungsinstrumente in Arbeitsmärkten: Der Wanderzwang lag im Interesse der Meister, die die Beschäftigung der Gesellen möglichst flexibel halten wollten, weil sich der Arbeitskräftebedarf aufgrund von saisonalen Schwankungen permanent änderte und ausgesprochen sensibel auf konjunkturelle, demographische (zum Beispiel ausgelöst durch Seuchen) oder politische Krisen (zum Beispiel Kriege) reagierte.[111]

Das strukturstabile zirkuläre Wanderungssystem eröffnete den Gesellen aber auch Chancen auf einem tendenziell gesättigten Arbeitsmarkt, auf dem mehr Lehrlinge und Gesellen ausgebildet wurden, als Arbeitskräfte erforderlich waren. Die Gesellenwanderungen können mithin auch als migratorische Suche nach Arbeitsmarktchancen, Familienbildung und Sesshaftigkeit verstanden werden. Weil sich an dieser ökonomischen Logik, trotz der Gewerbereformen, der Aufhebung des Wanderzwangs und des Bedeutungsverlusts der Zünfte, nach der Wende vom 18. zum 19. Jahrhundert zunächst wenig änderte, blieben die traditionellen räumlichen Bewegungsmuster der Handwerksgesellen auch ohne Wanderzwang bis über die Mitte des 19. Jahrhunderts hinaus weithin unverändert bestehen.

Die Gesellenwanderung umfasste in der Regel mehrere Jahre. Zum Teil europaweite Bewegungen zwischen verschiedenen Städten führten zu Arbeitsaufenthalten, die Tage, aber auch Monate oder sogar Jahre umfassen konnten. Phasen der Erwerbslosigkeit und der Wanderung lagen dazwischen. Der nicht selten saisongebundenen Produktion passten sich Wanderung und Beschäftigung der Gesellen an. Starre Segmentation war ein zentrales Kennzeichen ihrer Arbeitsmärkte: Jedes einzelne Gewerk hatte einen eigenen Arbeitsmarkt und eigene Reglements für die Wanderung. Darüber hinaus waren die Arbeitsmärkte regional segmentiert, Wanderungsrouten ergaben sich mithin nicht zufällig, sondern orientierten sich an den Verkehrsmöglichkeiten und den Erwerbschancen. Große Anziehungskraft für Gesellen einiger Handwerke aus dem deutschsprachigen Raum übten zum Beispiel Paris (Möbelschreiner, Schneider)[112] und Amsterdam (Bäcker, Fassbinder/Böttcher)[113] aus. Hochspezialisierte Handwerker mit überregionalen Absatzmärkten gab es in der Regel nur in großen Städten. Hier blieben die Zahl der Meister und Gesellen überschaubar und deren Kontakte untereinander eng. Aufgrund ausgedehnter Wanderungsrouten war der Anteil der zugewanderten gegenüber demjenigen der einheimischen Gesellen hoch. Das galt zum Beispiel für Buchbinder, Kammmacher, Kürschner oder Zirkelschmiede. Demgegenüber erwiesen sich bei den Massengewerken, die über einen deutlich geringeren Spezialisierungsgrad verfügten, die Wanderungsrouten als kleinräumiger. Außerdem blieb hier der Anteil jener Gesellen höher, die in der Stadt geboren waren, in der sie arbeiteten oder aus deren ländlichem Umland sie kamen. Diese Massengewerke dominierten besonders im Nahrungsmittelgewerbe (Metzger beziehungsweise Fleischhauer, Bäcker, Brauer).

Der Einfluss von Industrialisierung und Urbanisierung auf die Gesellenwanderungssysteme war vielgestaltig. In einigen, zumeist hochspezialisierten Handwerken mit begehrten Produkten gewannen wegen des steigenden Arbeitskräftebedarfs Gesellenwanderungen zunächst noch an Bedeutung. Vor allem in den Massengewerken aber führte das forcierte Aufweichen der Monopole der Zünfte dazu, dass sie die Beschränkungen des Arbeitsmarktzugangs nicht mehr aufrechterhalten konnten. Die rasche Herausbildung neuer Gewerbelandschaften im deutschsprachigen Raum und der ebenso rasche Niedergang alter Standorte mussten schon deshalb zu fundamentalen Veränderungen führen, weil die für die Gesellenwanderungen konstitutiven sozialen Netzwerke aufbrachen. Gleichzeitig traten industrielle Betriebe als neue Arbeitgeber auf, die kein Interesse an der zünftigen Monopolisierung von Arbeitsmärkten hatten. Der Wandel der ökonomischen und politischen Rahmenbedingungen der Gesellenwanderungen führte mithin zwar nicht zu deren Ende. Er ließ aber beschleunigt in der zweiten Hälfte des 19. Jahrhunderts die traditionsreichen zirkulären

5. Industrialisierung und Agrarmodernisierung

Muster so sehr an Bedeutung verlieren, dass diese nur mehr in Spezialgewerben mit überschaubaren, auf wenige Standorte verteilten Arbeitsmärkten weiterleben konnten.

Einer der Gewerbezweige, die durch Industrialisierung und Urbanisierung massiv expandierten, war das Bauhandwerk. Dennoch blieb hier der Wandel der räumlichen Mobilitätsmuster in der migratorischen Sattelzeit vom späten 18. bis über die Mitte des 19. Jahrhunderts hinaus relativ gering. Schon in der Frühen Neuzeit hatten recht große Betriebe das Baugewerbe gekennzeichnet. Wenigen Meistern und auf Dauer beschäftigten (verheirateten) Gesellen standen viele Lehrlinge, Wandergesellen und kurzfristig für einzelne Bauprojekte rekrutierte Arbeitskräfte gegenüber. Während die Meister, Gesellen und Lehrlinge zumeist aus dem Nahbereich kamen, stammten die saisonal beschäftigten Arbeitskräfte oft aus weiter entfernten Regionen. Das galt zum Beispiel für die zwischen dem Dreißigjährigen Krieg und dem Ersten Weltkrieg vor allem im süd-, vereinzelt sogar im nordwestdeutschen Raum beschäftigten Tiroler Bauhandwerker.[114]

Über Jahrhunderte wirkende Arbeitswanderungssysteme lassen sich auch bei den Zieglern beobachten, unter denen die bereits erwähnten lippischen Ziegler die am besten dokumentierte Gruppe sind: Die Spezialisierung ursprünglich agrarischer Saisonwanderer aus Lippe auf die Produktion von Ziegeln und Dachpfannen erfolgte im 17. Jahrhundert. Innerhalb weniger Jahrzehnte monopolisierten sie den Arbeitsmarkt für Ziegler in Ostfriesland und im niederländischen Friesland, im 19. Jahrhundert dann in Schleswig-Holstein und in Jütland. Lippische Ziegler gab es bis zum Ersten Weltkrieg in ganz Nordwesteuropa und im südlichen Skandinavien.[115]

Industrialisierung und Urbanisierung veränderten das Arbeitswanderungssystem der lippischen Ziegler. Aufgrund der enorm gestiegenen Nachfrage nach den Produkten wuchs ihre Zahl, dehnte sich ihr Arbeitsmarkt aus und veränderten sich die Bewegungsrichtungen. Auch wenn die alten Zielgebiete an der Nordseeküste weiter besucht wurden, entwickelte sich vor allem Rheinland-Westfalen mit seinem steigenden Bedarf an Industrie- und Wohnungsbauten zum neuen Hauptziel. Eine Monopolbildung gab es hier allerdings nicht mehr, dafür war die Gruppe mit rund 14000 Angehörigen um 1900 zu klein. Dennoch blieb das Gewerbe für die Herkunftsregion wichtig: Noch um 1900 war ein Viertel aller erwachsenen lippischen Männer als Saisonarbeiter im Ziegeleigewerbe tätig. Eine zunehmende Mechanisierung und Maschinisierung der Produktion brachte eine De-Saisonalisierung mit sich. Die Nachfrage nach Saisonarbeitern sank, viele lippische Ziegler siedelten sich dauerhaft vor allem in Rheinland-Westfalen an oder gaben die Saisonarbeit spätestens in der Zwischenkriegszeit ganz auf.

Vergleichbare Beobachtungen lassen sich für den Wanderhandel machen, der vor allem im ländlichen Europa in der migratorischen Sattelzeit einen Großteil des Warentransports und -verkaufs abwickelte. Mit Rucksäcken, Tragekörben oder -kisten wurden zumeist Güter des täglichen Bedarfs (Textilien, Kleineisenwaren, Gegenstände aus Holz oder Ton) auf die Märkte oder unmittelbar zum Abnehmer gebracht.[116]

Die Wanderhändler waren meist auf einzelne Waren oder Warengruppen spezialisiert, stammten aus klar abgrenzbaren Regionen und blieben durch verwandtschaftlich-bekanntschaftliche Netzwerke eng verbunden. Sie trafen Absprachen über die Aufteilung der Märkte, vergaben untereinander Kredite und bildeten den kaufmännischen Nachwuchs im Zuge der Wanderung aus. Beispiele bieten die gut dokumentierten Tödden aus dem nördlichen Münsterland, die vor allem Textil- und Kleineisenwaren von Nordfrankreich bis zum Baltikum vertrieben[117], sowie die Zillertaler Handschuhhändler oder die Kanarienvogelhändler aus dem Eichsfeld.[118]

Die mit den Prozessen von Urbanisierung und Industrialisierung verbundenen tiefgreifenden kommerziellen Umwälzungen führten im 19. Jahrhundert zu einer Transformation im Wanderhandel. Ansteigende Produktion und Konsumtion, verbesserte Verkehrssysteme und verringerter Selbstversorgungsgrad vor allem der wachsenden urbanen Bevölkerung führten zu einem flächendeckenden Netz stationärer Ladengeschäfte in den Städten. Nicht wenige der dortigen Einzelhändler mit festem Standort waren ehemalige Wanderhändler, die die urbanen Marktchancen erkannt hatten.

In einzelnen Arbeitsmarktsegmenten und Branchen diente Migration dem Transfer von Spezialkenntnissen. Zugewanderte Spezialisten waren Pioniere in der gewerblichen Entwicklung und wurden oft gezielt angeworben. Experten aus dem deutschsprachigen Raum gab es zum Beispiel in der Frühen Neuzeit in vielen Teilen Europas im Montan- und Hüttenwesen, besonders dort, wo es um die Erschließung neuer Lagerstätten und den Auf- und Ausbau verarbeitender Gewerbe ging.[119] Auch im Kontext der Industrialisierung war der Transfer von Wissen durch wandernde Spezialisten für die Einführung neuer Techniken in Maschinenbau, Textil-, Montan- oder Schwerindustrie konstitutiv.[120] Das galt vor allem für die Frühphase, in der sich Muster formalisierter Ausbildung von Technikern und Ingenieuren erst langsam ausprägten. In Frankreich beispielsweise konzentrierte sich die Zuwanderung britischer Experten auf den Zeitraum von den 1820er- bis zu den 1840er-Jahren. Die Migranten von der britischen Insel blieben in der Regel nur für wenige Monate oder Jahre und fanden sich vor allem dort, wo der technologische Vorsprung der britischen Wirtschaft eine Modernisierung traditioneller Verfahren versprach. Das galt für die Eisen- und Stahlindustrie, das Textilgewerbe oder für Bereiche, in denen eine Umstellung auf Dampfmaschinen erfolgte.[121]

Die englischen Puddler zum Beispiel stellten in der ersten Hälfte des 19. Jahrhunderts hochwertiges schmiedbares Eisen und Stahl her. Durch das Puddeln wurde das Roheisen mit Sauerstoff in Verbindung gebracht, der porös machende Kohlenstoff verbrannte. In England entwickelt, brachten Puddler das Verfahren zwischen 1820 und 1850 nach Belgien und Frankreich, schließlich nach Deutschland, wo es ab 1824 Anwendung fand. Die Ausbildung der Puddler erfolgte innerhalb von wandernden Gruppen, die auf der Suche nach hohen Löhnen von einem Arbeitsort zum anderen zogen.[122] Am Beispiel der Puddler zeigt sich, dass der Wissenstransfer durch wandernde Spezialisten deren Migration überflüssig machen konnte. Mitte des 19. Jahrhunderts gab es auf dem Kontinent genügend einheimische Puddler. Spätestens seit der Einführung neuer Verfahren zur Stahlherstellung (Thomas-, Bessemer- und Siemens-Martin-Verfahren) in der zweiten Hälfte des 19. Jahrhunderts war diese hochspezialisierte Berufsgruppe dann nicht mehr gefragt.

Der Export von Arbeitskräften aus der britischen »Werkstatt der Welt« mochte damit zwar an Bedeutung verlieren. Dennoch entfaltete

Großbritannien noch lange Anziehungskraft auf Techniker, Ingenieure oder Unternehmer vom Kontinent, die dort ihre Kenntnisse über moderne Herstellungsverfahren und Distributionsformen zu verbessern suchten.[123] Der Grenzbereich zur Industriespionage konnte dabei fließend sein, auch dann, wenn deutsche Staaten Reisestipendien finanzierten, um Gewerbeförderung zu betreiben.[124] Das galt zum Beispiel für die staatliche Förderung der Englandaufenthalte von Absolventen des 1821 gegründeten Berliner Gewerbeinstituts, eine der Vorläuferinstitutionen der Technischen Hochschule beziehungsweise Technischen Universität Berlin.

In der zweiten Hälfte des 19. Jahrhunderts verschoben sich angesichts des Aufstiegs der deutschen Industrie die Gewichte: Immer häufiger kamen nun angehende Spezialisten nach Deutschland. In diesen Kontext gehört auch die wachsende Anziehungskraft von Universitäten und besonders Technischer Hochschulen für ausländische Studierende, die aus dem Aufstieg der ingenieur- und naturwissenschaftlichen Ausbildung im kaiserlichen Deutschland resultierte. Ähnliches galt für Landwirtschafts- und Handelshochschulen, Bergakademien und andere höhere technische Lehranstalten. 1912 gab es unter den rund 13 000 Studierenden der Technischen Hochschulen ca. 4400 ausländische Staatsangehörige, darunter als größte einzelne Gruppe fast 2000 Untertanen des russischen Zaren.[125]

Urbanisierung

Als Rahmenbedingung und zugleich auch Folge gewaltiger Prozesse räumlicher Mobilität wandelten sich die demographischen Kennziffern im Europa des 19. Jahrhunderts fundamental: Die europäische Bevölkerung wuchs, wie erwähnt, zwischen 1800 und 1913 um das Zweieinhalbfache auf rund 468 Millionen an. Vor allem in West- und Mitteleuropa mit seiner beschleunigten Industrialisierung verschob sich das Gewicht des städtischen gegenüber dem ländlichen Bevölkerungsanteil. In England und Wales lebten im Jahr 1801 rund 31 Prozent der Bevölkerung in Gemeinden mit mehr als 2000 Einwohnern, darunter fast zehn Prozent in Städten mit mehr als 100 000 Einwohnern. Bis 1911 hatte sich die Bevölkerung insgesamt auf 36 Millionen vervierfacht, zugleich umfassten die Gemeinden mit über 2000 Einwohnern nun bereits 78 Prozent aller Engländer und Waliser. In Großstädten mit über 100 000 Einwohnern lebten ca. 37 Prozent der Bevölkerung.

In Preußen-Deutschland lässt sich eine ähnliche Entwicklung beobachten: In den Gebieten, die seit 1871 das Deutsche Reich bildeten, wuchs die Bevölkerung von 23 Millionen um 1800 auf 67 Millionen zu Beginn des Ersten Weltkriegs. 1815 lebten in Preußen 24 Prozent der Bevölkerung in Gemeinden mit mehr als 2000 Einwohnern, 1910 waren es im Deutschen Reich insgesamt bereits 60 Prozent, wobei vor allem der Aufstieg der Großstädte ins Auge fällt: Großstadtbewohner stellten 1816 in Preußen mit zwei Prozent eine randständige Minderheit, im Deutschen Reich des Jahres 1910 aber lag ihr Anteil bereits bei mehr als 21 Prozent.[126] In jenem Jahr gab es 45 Großstädte, während es 1800 nur zwei gegeben hatte, nämlich Berlin und Hamburg.[127] Die preußische Metropole, deren Einwohnerzahl um 1800 bei 172 000 gelegen hatte, erreichte 1910 2,3 Millionen. Hamburgs Bevölkerung stieg im gleichen Zeitraum von ca. 128 000 auf rund 930 000. Weitere Beispiele sind nicht minder spektakulär (s. Tabelle 5). Kaum andere Ergebnisse bringt der Blick auf Europa: Im Jahr 1800 zählten die Statistiker 23 Großstädte in Europa mit mehr als 100 000 Einwohnern, in denen insgesamt 5,5 Millionen Menschen wohnten. 100 Jahre später lebten in den nun 135 Großstädten 46 Millionen Menschen. Die Bevölkerungszahl Berlins wuchs im 19. Jahrhundert um 872 Prozent, jene Wiens um 490 Prozent, Londons um 340 Prozent und jene von Paris um 345 Prozent.[128]

Die fundamentale Verschiebung der Gewichte der einzelnen Wirtschaftssektoren und das rapide Wachstum der Städte standen in enger Wechselbeziehung: Städtische Verdichtungszonen nahmen zentralörtliche Funktionen wahr. Hier konzentrierten sich die industriell-gewerbliche Produktion, die Distribution der hergestellten Güter und das Angebot an Dienstleistungen. Gemeinsam mit den Städten nahmen sowohl die Beschäftigtenanteile als auch die Wertschöpfung des gewerblich-industriellen sowie des Dienstleistungssektors zu.

Urbanisierung

Tabelle 5: Entwicklung der Bevölkerungszahl ausgewählter deutscher Großstädte 1875–1910.

	1875	1890	1910
Berlin	966 859	1 587 794	2 071 257
Bremen	102 532	125 684	217 437
Breslau	239 050	335 186	512 105
Charlottenburg	25 847	76 859	305 978
Chemnitz	78 209	138 954	287 807
Dortmund	57 742	89 663	214 226
Dresden	197 295	276 522	548 308
Düsseldorf	80 695	144 642	358 728
Duisburg	37 380	59 285	229 438
Essen	54 790	78 706	294 653
Frankfurt a. M.	103 136	179 985	414 576
Hamburg	264 675	323 923	931 035
Hannover	106 677	163 593	302 375
Kiel	37 246	69 172	211 627
Köln	135 371	281 681	516 527
Königsberg	122 636	161 666	245 994
Leipzig	127 387	295 025	589 850
Magdeburg	87 925	202 234	279 629
München	193 024	349 024	596 467
Nürnberg	91 018	142 590	333 142
Stettin	80 972	116 228	236 113
Stuttgart	107 273	139 817	286 218

Quelle: Gerd Hohorst/Jürgen Kocka/Gerhard A. Ritter, Sozialgeschichtliches Arbeitsbuch, Bd. 2: Materialien zur Statistik des Kaiserreichs 1870–1914, 2. Aufl. München 1978, S. 45.

5. Industrialisierung und Agrarmodernisierung

Urbanisierung verweist auf den Anstieg der Einwohnerzahl von Städten. Urbanisierung meint aber auch das städtische Flächenwachstum und damit die Ausdehnung über meist seit Langem bestehende und durch Stadtmauern befestigte alte Grenzen hinaus. Und Urbanisierung bezeichnet die Vernetzung, Verdichtung und Verknüpfung wachsender Agglomerationen zu Ballungsräumen, wie man sie in Deutschland im Ruhrgebiet oder im Raum Berlin-Brandenburg fand, in England in den großstädtischen Verdichtungen London, Manchester oder Birmingham sowie in Frankreich in Paris, Marseille oder Lyon. Das Wachstum der einzelnen Städte war nur zu einem kleineren Teil Ergebnis eines Geburtenüberschusses. In den Großstädten des Deutschen Reichs erreichte der Anteil der Zuwanderung am Bevölkerungswachstum 1907 insgesamt 56,5 Prozent.[129] Der Bevölkerungsanstieg Berlins zum Beispiel lässt sich nur zu einem Viertel auf die höhere Zahl der Geborenen gegenüber den Gestorbenen in der Stadt zurückführen. Ähnliches galt für Paris: Zwischen 1821 und 1890 war der Anstieg der Zahl der Einwohner nur zu 15 Prozent darauf zu beziehen. Urbanisierung als Verlagerung der siedlungsstrukturellen Gewichte erweist sich mithin wesentlich als Ergebnis umfangreicher interregionaler Arbeitswanderungen, die aus dem rapiden ökonomischen Strukturwandel durch die Industrialisierung resultierten. Von den rund 62 Millionen Menschen im Deutschen Reich 1907 lebte rund die Hälfte nicht am Ort ihrer Geburt.[130] Das Wachsen der Städte kann nicht als eindimensionale Bewegung vom Land in die Stadt verstanden werden. Interregionale Arbeitswanderungen trugen zum Wachstum der städtischen Verdichtungszonen bei, führten aber nur zum Teil zu dauerhafter Wohnsitznahme. Charakteristisch war vielmehr der »pulsierende Wechsel von Zu- und Abstrom zwischen Land und Stadt«[131] als saisonale Wanderung aus ländlichen Gemeinden in regionale städtische Zentren. Diese wurden Jahr um Jahr wiederholt, etwa bei einer Beschäftigung in der Bauindustrie oder anderen witterungsabhängigen Gewerben. Solche Pendelbewegungen konnten in eine dauerhafte Übersiedlung in die Stadt münden. Andere Arbeitswanderer beiderlei Geschlechts näherten sich in Etappen den Großstädten an, indem sie die anfangs erreichte Kleinstadt im ländlichen Umfeld zugunsten attraktiver Arbeitsmarktchancen in einer größeren, weiter entfernten Stadt verließen, um später nach möglicherweise vielen Rück- und Weiterwanderungen eine Großstadt zu erreichen, die auf Dauer Wohnort wurde.[132] Charakteristisch für die Urbanisierung des »langen« 19. Jahrhunderts war vor diesem Hintergrund ein hohes Mobilitätsvolumen. Eine Zahl von 200 oder 300 Wanderungsfällen, also die Summe der Zu- und Abwanderungen, auf 1000 Einwohner und Jahr war keine Seltenheit.[133] Einem solchen Wanderungsumschlag von 20 oder 30 Prozent der Bevölkerung standen wesentlich geringere Wachstumsraten der jeweiligen städtischen Bevölkerung gegenüber: Im Chemnitz der 1880er-Jahre setzte eine Zunahme der Bevölkerung um 1000 jeweils durchschnittlich 11 089 Wanderungsfälle voraus. Der Anstieg der Bevölkerung Berlins zwischen 1880 und 1890 um ca. 456 500 war Ergebnis des Zuzugs von 1,59 Millionen und der Abwanderung von 1,16 Millionen Menschen. Von 1900 bis 1910 kamen 2,6 Millionen Menschen nach Berlin, 2,25 Millionen wanderten wieder ab. Hinter dem Bevölkerungswachstum um rund 182.500 standen also 4,85 Millionen Wanderungsfälle.

Derart hohe Mobilitätsraten bedeuteten aber keinen permanenten Umschlag der gesamten städtischen Bevölkerung. Auch in den Großstädten blieb der größte Teil der Bewohner für viele Jahre oder dauerhaft ansässig. Nur ein kleinerer Teil war hochmobil, blieb nicht selten nur wenige Tage oder einzelne Wochen an einem Ort, zog innerhalb eines Jahres mehrfach zu und wieder ab und trug damit entscheidend zu der hohen Zahl städtischer Wanderungsfälle bei: Zwei Drittel aller Zuwanderer, die sich zum Beispiel 1891 in Frankfurt am Main anmeldeten, verließen im selben Jahr die Stadt wieder. Möglicherweise ein Drittel aller Wanderungsfälle in den deutschen Großstädten war auf mehrfache An- und Abmeldungen derselben Personen zurückzuführen.

Die höchsten Mobilitätsraten lassen sich für die Altersgruppe der 15- bis 30-Jährigen belegen.[134] Auf den Abschluss der Schulausbildung folgte häufig ein Ortswechsel vom Land in die Stadt oder zwischen städtischen Zentren wegen der Aufnahme einer Beschäftigung, des Eintritts in ein Ausbildungsverhältnis, des Übergangs in eine höhere

Schule beziehungsweise Universität oder des Militärdienstes. Neben diese Arbeits- und Ausbildungswanderungen trat eine hohe Zahl von Heiratswanderungen, vor allem von Frauen im Alter von 20 bis 30 Jahren. Nach dieser hochmobilen Phase wurde der Großteil der 25- bis 30-Jährigen wesentlich sesshafter. Zahlen zu Berlin für 1890 verdeutlichen das: 34 Prozent aller Zuwanderer waren 20 bis 25 Jahre alt, 19 Prozent 25 bis 30 sowie 17 Prozent 15 bis 20. Die 15- bis 30-Jährigen machten also 70 Prozent aller Zuwanderer aus. Demgegenüber lag der Anteil der 30- bis 40-Jährigen bei nur 13 Prozent und jener der über 40-jährigen Zuwanderer bei neun Prozent. Kinder im Alter von unter 15 Jahren stellten 1890 rund acht Prozent aller Berliner Zuwanderer.

Bestimmend für die stark ausgeprägte räumliche Mobilität im Kontext der Urbanisierung war also eine fluktuierende Masse jugendlicher Zuwanderer und junger Erwachsener auf der Suche nach Arbeit, höherem Verdienst, besseren und kostengünstigeren Unterkünften oder einem Heiratspartner. Hinzu kamen die vielen – zumeist ebenfalls jungen – Saisonwanderer zum Beispiel im Baugewerbe oder, bei Frauen, im Gastgewerbe beziehungsweise im Bereich der haushaltsnahen Dienstleistungen (Dienstmädchen), zum Teil aber auch in den Fabriken.

Der Segmentation der städtischen Bevölkerung mit ihrer größeren Zahl sesshafter Bewohner und einer kleineren Zahl hochmobiler junger Menschen entsprach die Beschäftigtenstruktur in vielen Industriebetrieben, zum Beispiel in der Metallindustrie und in den Bergwerken: Der größeren Stammbelegschaft stand eine kleinere fluktuierende Gruppe von kurzzeitig oder saisonal beschäftigten Arbeitskräften gegenüber, die zumeist jung und ledig waren. Damit ergab sich insgesamt zugleich eine enge Wechselwirkung von Heirat, Aufnahme einer dauerhaften Beschäftigung, Einzug in eine abgeschlossene Wohnung und einem deutlich höheren Maß an Sesshaftigkeit.

»Stockungen und Aufschwünge der städtischen Wanderungsbewegungen folgten den Konjunkturzyklen.« Die Wanderungsgewinne waren vor 1914 »in Depressionszeiten geringer [...] als in Phasen des Aufschwungs«.[135] Urbanisierung war als Ergebnis interregionaler Arbeitswanderungen ein »Konjunktursymptom«.[136] Aufschwünge und Krisen trafen einzelne Segmente, Sektoren und Beschäftigungsbereiche, aber auch Regionen und Gemeinden unterschiedlich. Das hatte Folgen für die Zielrichtung der interregionalen Arbeitswanderungen und für die jeweilige Wachstumsdynamik verschiedener Städtetypen und Städte. Industriestädte, deren Ökonomien in erster Linie durch rasch expandierende Leitsektoren der Industrialisierung bestimmt wurden (zunächst Textilindustrie, dann vor allem Bergbau und Schwerindustrie, später Chemie- und Elektroindustrie), verzeichneten das stärkste Bevölkerungswachstum. Andere Städte, deren ökonomische Struktur wesentlich stärker diversifiziert war, weil sie beispielsweise zugleich Industrieansiedlung, Handels- und Dienstleistungsstandort, Verwaltungssitz und Universitätsstadt waren, wuchsen langsamer und gemäßigter. Der Vielfalt der Städte mit ihrer je spezifischen ökonomischen Struktur entspricht die Vielfalt der Muster im Prozess des Städtewachstums.[137]

Die Zuwanderer bauten die rasch wachsenden Städte meist selbst; denn das Bauwesen zählte traditionell zu den Erwerbsbereichen, die besonders viele saisonale Arbeitswanderer beschäftigten, die für einige Wochen und Monate von außerhalb der Städte zuzogen. Das resultierte erstens aus dem Saisoncharakter der Bautätigkeit, die häufig im Winter ganz ruhte, zweitens auf dem Erfordernis, insbesondere bei umfangreichen Bauprojekten in kurzer Frist zahlreiche Arbeitskräfte rekrutieren zu müssen sowie drittens aus der Tatsache, dass Baustellen nicht selten selbst wanderten, so dass auch die Arbeitskräfte hochmobil sein mussten. Zuwanderer – in den europäischen industriell-urbanen Zentren seit dem späten 19. Jahrhundert zunehmend auch Fernwanderer aus dem Ausland – bauten Wohnhäuser und Fabrikgebäude, trieben den Bau von Straßen, Wasserversorgung und Abwasserentsorgung voran, sorgten aber auch als Ziegler oder als Arbeitskräfte in Kalk- und Steinbrüchen für den steten Nachschub an Baumaterial. Nicht selten waren die zugewanderten Bauarbeiter in Kolonnen organisiert, deren Mitglieder sich durch enge verwandtschaftliche-bekanntschaftliche Verbindungen auszeichneten.

Im späten 19. und frühen 20. Jahrhundert fanden sich auf vielen Baustellen Frankreichs, Österreichs, Deutschlands und der Schweiz italienische Bauarbeiter in großer Zahl. 85 Prozent aller Maurer kamen in den großen Städten der Schweiz im Jahr 1910 aus dem Aus-

5. Industrialisierung und Agrarmodernisierung

land, überwiegend aus Italien. In Frankreich stellten Norditaliener 1900 ein Zehntel aller Beschäftigten im Baugewerbe, bei allerdings klaren regionalen Unterschieden: Im französischen Südosten war ihr Anteil wesentlich höher, so waren in Marseille 40 Prozent aller Maurer Italiener.[138] In vielen Städten Englands und Schottlands dominierten irische Bauarbeiter.[139]

Wandernde Baustellen gab es vor allem beim Eisenbahn- und Kanalbau, den großen Infrastrukturprojekten des 19. Jahrhunderts. Meist ohne maschinelle Hilfe bauten Millionen von – in aller Regel – männlichen Arbeitswanderern ein Eisenbahnstreckennetz in Europa aus, das bis 1913 einen Umfang von 350 000 Kilometern erreichte und allein zwischen 1850 und 1870 von 20 000 auf 170 000 Kilometer angewachsen war. Im Deutschen Bund waren allein zwischen 1835 und 1870 rund 25 000 Kilometer Eisenbahnstrecke gebaut worden, im Deutschen Reich kamen in der Hochphase des Eisenbahnbaus zwischen 1871 und 1875 rund 6500 Kilometer hinzu. Die Zahl der Bauarbeiter schwankte zwar von Jahr zu Jahr sehr stark, erreichte aber enorme Dimensionen: 1851 sollen im Gebiet des späteren Deutschen Reichs 90 000 Arbeiter den Ausbau des Schienennetzes vorangetrieben haben, 1860 waren es 171 000 und 1875, dem Spitzenjahr, 541 000 – mehr Arbeitskräfte, als in der gesamten Montanindustrie beschäftigt waren. Die Tätigkeit auf den Eisenbahn- oder auch auf den Kanalbaustellen war als Schwerstarbeit im Akkord gesundheitsgefährlich und unfallträchtig, aber relativ gut bezahlt.[140]

Vor allem in der europäischen Hochkonjunkturphase der letzten drei Jahrzehnte vor dem Ersten Weltkrieg, die in West- und Mitteleuropa der Arbeiterschaft viele Erwerbsalternativen bot, nahm bei Eisenbahn- und Kanalbauten die Zahl der Fernwanderer aus dem Ausland enorm zu. Das galt in Frankreich für italienische oder belgische, in Deutschland für niederländische, polnische oder italienische und in England für irische Arbeitskräfte. Bei den über 3000 Arbeitern, die seit 1906 den Bau des Lötschbergtunnels in der Schweiz vorantrieben, handelte es sich weit überwiegend um Italiener, 40 Prozent stammten aus Süditalien, 30 Prozent aus Mittelitalien und 27 Prozent aus Norditalien. Schweizerische Arbeitskräfte bildeten mit drei Prozent eine Minderheit.[141]

Urbanisierung

Die städtischen Neuzuwanderer gehörten nicht nur unterbürgerlichen Schichten an. Auch Umfang und regionale Herkunft der städtischen Mittel- und Oberschichten wandelten sich im Zuge der Urbanisierung gravierend. In diesen Kontext gehört der als Verbürgerlichung beschriebene tiefgreifende Prozess des sozialen Aufstiegs der deutschen Juden im 19. Jahrhundert, die rund ein Prozent der Bevölkerung ausmachten. Als Ergebnis der Vertreibung der Juden aus Städten und deutschen Territorien im Übergang vom Mittelalter zur Frühen Neuzeit lebten um 1800 wahrscheinlich 75 Prozent aller Juden in Deutschland in ländlichen Distrikten mit Schwerpunkten in hessischen, badischen und bayerischen Gebieten sowie vor allem in Posen und Westpreußen.[142]

In Preußen zeigte sich die Tendenz der Abwanderung der Juden vom Land bereits in der ersten Hälfte des 19. Jahrhunderts, nachdem einige der zahlreichen antijüdischen Bestimmungen, die auch die Freizügigkeit betrafen, im Zuge der Reformgesetzgebung zu Beginn des Jahrhunderts aufgehoben oder gelockert worden waren. Obwohl die Zahl der Juden in Deutschland zwischen 1816 und 1848 stärker wuchs als die Bevölkerung insgesamt, verloren traditionsreiche jüdische Siedlungszentren in Westpreußen, Posen und in einzelnen Gebieten Schlesiens erhebliche Teile der Einwohnerschaft.

Demgegenüber wuchs der jüdische Bevölkerungsanteil in dieser ersten Phase der Urbanisierung in Deutschland in den regionalen Wirtschaftszentren im preußischen Osten sowie im rasant wachsenden Berlin, wo die Zahl der Juden zwischen 1800 und 1848 von 3300 auf 9600 und deren Bevölkerungsanteil von 1,9 auf 2,3 Prozent stieg. In der zweiten Phase der Urbanisierung im dritten Viertel des 19. Jahrhunderts wuchs ihre Zahl im Zuge der Emanzipation auch in jenen süd- und südwestdeutschen Städten, in denen Juden das Wohnrecht über Jahrhunderte verweigert worden war. In Nürnberg, wo zwischen 1499 und 1850 keine Juden wohnen durften, stieg sie beispielsweise von 74 (1852) bis auf 1813 (1871), in Stuttgart von 234 (1846) auf über 2000 (1871).

Zugleich setzte sich die Abwanderung aus den preußischen Provinzen mit relativ starken jüdischen Bevölkerungsanteilen fort, während die älteren Zentren der jüdischen Zuwanderung in Preußen weiterwuchsen. Breslaus Judenheit verdoppelte sich von rund 7500 um 1850 auf ca. 14 000 im Jahr 1871. Breslau bildete auch eine wichtige Durchgangsstation auf dem Weg vieler Juden nach Berlin. 1871 lebten in der preußischen Hauptstadt bereits 36 000 Juden. In der folgenden dritten Phase der Urbanisierung gewann dieser Prozess an Fahrt: 1871 lebten elf Prozent aller preußischen Juden in Berlin, 1910 waren es mit 144 000 bereits 35 Prozent, die hier 4,3 Prozent der Bevölkerung stellten. Zeitgleich sank die Zahl der Juden in Westpreußen und Posen, trotz anhaltend hoher Geburten- und niedriger Sterberaten, immer stärker ab: Die Provinz Posen hatte 1871 rund 62 000 Juden gezählt, 1910 dann nur mehr ca. 27 000.

Die Verstädterung der jüdischen Bevölkerung entwickelte sich entlang der für die Gesamtbevölkerung auszumachenden Muster und blieb doch eine Ausnahme: Das gilt zum einen, weil im 19. Jahrhundert viele Regionen und Städte vor dem Hintergrund der Emanzipation nun erst von Juden besiedelt werden konnten, zum anderen, weil sich deren Verstädterung mit wesentlich höherer Geschwindigkeit vollzog: Um 1800 spiegelte der Anteil der Städter unter den Juden das Niveau der Stadt-Land-Verteilung in der Gesamtbevölkerung. 1871 lebten dann bereits fast 15 Prozent aller Juden in Deutschland in Städten mit über 100 000 Einwohnern, die zu diesem Zeitpunkt aber erst fünf Prozent der Gesamtbevölkerung beherbergten. 1910 wohnten 53 Prozent aller Juden in Großstädten, aber nur 21 Prozent der Gesamtbevölkerung.

Ein Element der vor allem in der dritten Phase der Urbanisierung weit verbreiteten Ost-West-Fernwanderungen aus ländlich geprägten Distrikten in die dynamischen Wirtschaftszentren des Reichs bildete die Bewegung preußischer Staatsangehöriger polnischer Sprache aus Posen, Ost- und Westpreußen sowie Schlesien nach Westen. Das Ruhrgebiet wurde zum wichtigsten Ziel, aber auch Berlin, Hamburg und Bremen sowie das mitteldeutsche Industriegebiet nahmen viele polnischsprachige Zuwanderer auf. Die Zuwanderung der »Ruhrpolen« setzte Anfang der 1870er-Jahre mit der Anwerbung einiger Hundert oberschlesischer Bergarbeiter nach Bottrop ein. Diese Anwerbungen waren typisch für die erste Phase der Zuwanderung: Neu erschlossene Bergwerke im ländlich geprägten nördlichen Ruhrgebiet rekrutierten Arbeitskräfte auch aus weiter entfernten Gebieten des Reichs, zunächst vornehmlich Fachkräfte aus Oberschlesien, später immer häufiger unqualifizierte Arbeiter aus landwirtschaftlichen Regionen Ost- und Westpreußens sowie Posens.[143]

Die Pioniermigranten erschlossen Pfade für die über Kettenwanderungen rasch ansteigende Zahl weiterer Zuwanderer. Die Dynamik dieses Prozesses verdeutlicht die Entwicklung der Zahl der »Ruhrpolen«: 1914, rund 40 Jahre nach dem Beginn der Zuwanderung, erreichte der Umfang der polnischsprachigen Bevölkerung an der Ruhr etwa 400 000. Anfänglich handelte es sich überwiegend um Männer, aber viele der Pioniermigranten, die wegen höherer Verdienstmöglichkeiten gekommen waren und zunächst nur einen befristeten Aufenthalt geplant hatten, holten bald ihre Familien nach. Als in den 1890er-Jahren die Zahl der »Ruhrpolen« rapide stieg, wuchs auch der Anteil der Frauen; er lag dennoch unmittelbar vor dem Ersten Weltkrieg weiterhin leicht unter dem der Männer.

Die »Ruhrpolen« blieben lange ein relativ eng geschlossenes Herkunftskollektiv. Dazu trugen mehrere Faktoren bei: Die Gruppe war sehr groß und sozial nur begrenzt ausdifferenziert – vor dem Ersten Weltkrieg arbeiteten wahrscheinlich rund 60 Prozent der männlichen polnischen Erwerbstätigen im Bergbau, der überwiegende Rest gehörte ebenfalls der Arbeiterschaft an. Im Alltag trat sie aufgrund von Sprache und Namensformen sichtbar hervor. Zudem gab es vielfältige gesellschaftliche und staatliche Diskriminierungen, die das Herkunftskollektiv als Schutzraum weiter stärkten. Sein Kennzeichen war ein dynamisches, zunächst eng an die katholische Kirche gebundenes Vereinswesen mit mehr als 1000 Vereinigungen und vielen eigenen Presseorganen. Die »Ruhrpolen« verfügten darüber hinaus mit der 1902 gegründeten ZZP (Zjednoczenie Zawodwe Polskie) über die drittstärkste Bergarbeitergewerkschaft an der Ruhr.

Wie eng das ruhrpolnische Herkunftskollektiv geschlossen war, belegt die geringe Neigung und Möglichkeit, eine Ehe mit Mitgliedern anderer Gruppen zu schließen: Nicht mehr als 3,2 Prozent der Männer und nur 2,2 Prozent der Frauen heirateten 1912 außerhalb der Gruppe. Erst in der zweiten und dritten Generation zeigten sich verstärkte Teilhabechancen und Muster sozialer Differenzierung. Vor allem der rapide Schwund der Gruppe auf ca. 100 000 nach dem Ersten Weltkrieg – infolge der starken Rückwanderungen in das neue Polen sowie der Weiterwanderungen in die expandierenden Bergbau- und Industriebezirke Frankreichs – beschleunigte den Prozess. Der erhebliche Bedeutungsverlust ruhrpolnischer Vereinigungen aufgrund von Mitgliederschwund, sprachlicher Anpassung, starkem Anpassungsdruck (vor allem nach der NS-Machtübernahme) sowie beruflicher Diversifizierung bildeten Hintergründe und zugleich Kennzeichen dieser Integration, die ihren Abschluss erst nach dem Zweiten Weltkrieg fand.

Agrarmodernisierung und Migration

»Massen von Migranten bewegten sich auf der Suche nach Arbeit in der Landwirtschaft, im Handel und in der Industrie innerhalb des Netzes kleinerer Gemeinden, ohne je einen Fuß in die großen Städte zu setzen.«[144] Diese Beobachtung für das 19. Jahrhundert trifft auch deshalb zu, weil die Agrarmodernisierung das Wanderungsgeschehen im ländlichen Raum tiefgreifend veränderte – und zwar überall in Europa: Kennzeichen waren die erhebliche Ausweitung der Produktionsflächen, die Intensivierung der Produktion, die zunehmende Marktorientierung und das Streben nach Marktbildung, die Erhöhung der Arbeitsproduktivität und des Kapitaleinsatzes, die interregionale, zum Teil auch internationale Arbeitsteilung aufgrund von Spezialisierung durch Nutzung von umweltbedingten, verkehrlichen und institutionellen Standortvorteilen. Vor allem die Einführung neuer Feldfrüchte und die Umstellung auf Monokulturen konnten zu einer verstärkten Saisonalisierung führen. Hohe Arbeitsspitzen in der Agrarproduktion wirkten wanderungsfördernd. Die saisonale Migration von im Akkord tätigen Arbeitskräften bei der Getreideernte war dort weit verbreitet, wo die großbetriebliche Getreideproduktion nicht mit eigenen Arbeitskräften erledigt werden konnte.

In England kamen die Saisonarbeitskräfte für die Getreideernte meist aus dem Nahbereich, Mitte des 19. Jahrhunderts traten aber jährlich rund 100 000 Fernwanderer vornehmlich aus Irland hinzu. Ende des 19. Jahrhunderts sank ihre Zahl mit dem vermehrten Einsatz von Mäh- und Dreschmaschinen stetig ab. Im Zarenreich, in dem die Agrarmodernisierung später einsetzte, konzentrierten sich die Saisonwanderungen im späten 19. und frühen 20. Jahrhundert auf die Getreidefelder der stark exportorientierten Großlandwirtschaft in Neurussland, also den Steppengebieten nördlich des Schwarzen Meeres. Die Saisonarbeitskräfte kamen vor allem aus den nördlich und nordöstlich angrenzenden Gebieten Zentralrusslands. Diese saisonale Wanderung umfasste in der Hochphase in den 1880er- und 1890er-Jahren rund eine Million Arbeitskräfte jährlich. Auch bei anderen Spezialisierungen lassen sich diese Prozesse beobachten: Kürzere Saison, höhere Arbeitsspitzen, verstärkte Beschäftigung von Arbeitswanderern, die aus immer weiter entfernten Gebieten, im späten 19. Jahrhundert auch zunehmend aus dem Ausland stammten.[145]

Für den deutschsprachigen Raum lassen sich die Folgen der Agrarmodernisierung für die Wanderungsverhältnisse anhand verschiedener Beispiele gut dokumentieren: Dazu zählt das seit dem frühen 17. Jahrhundert ausgeformte landwirtschaftliche Arbeitswanderungssystem der »Hollandgängerei« in Nordwestdeutschland, das wegen der Folgen der Agrarmodernisierung erheblich an Bedeutung verlor: Die »Hollandgänger« stammten vorwiegend aus einem Kerngebiet, das das nördliche Westfalen, das Osnabrücker Land, das Oldenburger Münsterland und das Emsland umschloss. Sie verdingten sich alljährlich für einige Wochen oder Monate in den Niederlanden und in Ostfriesland als Grasmäher und Heumacher in der intensiven Viehwirtschaft oder als Torfstecher, die die steigende Nachfrage nach Brennstoffen für die gewerbliche Produktion und für den privaten Bedarf befriedigten.[146]

Während in den Niederlanden dafür wegen des florierenden Handels und der starken gewerblichen Produktion kaum Arbeitskräfte zur Verfügung standen, gab es im nordwestdeutschen Abwanderungsraum mit seinen hohen Geburtenraten viele landwirtschaftliche Kleinstellenbesitzer und Pächter (Heuerlinge), die die Wochen, in denen sie in den auf Getreideproduktion ausgerichteten Betrieben entbehrlich waren, nutzten, um an der Nordseeküste Bargeld zu verdienen. Im 18. Jahrhundert lag die Zahl der Hollandgänger bei rund 30 000 pro Jahr. Ihr Verdienst hatte für die regionale Ökonomie eine hohe Bedeutung. In einigen Herkunftsgemeinden erreichte der Anteil der Hollandgänger an der männlichen Erwerbsbevölkerung ein Viertel. Die napoleonischen Kriege führten zu einem Einbruch. Nach der Re-Etablierung des Systems blieb die Hollandgängerei bis über die Mitte des 19. Jahrhunderts hinaus stabil, wenn auch auf niedrigerem Niveau. Die Konkurrenz attraktiver industrieller und urbaner Ziele (Hamburg, Bremen, Ruhrgebiet) und die Zunahme der transatlantischen Auswanderung führten zu einem deutlichen Rückgang. Vor allem aber machte sich der steigende Bedarf an Arbeitskräften in einer Landwirtschaft bemerkbar, die seit den 1830er-Jahren mit sehr hohem Handarbeitsaufwand immer größere Ödlandflächen kultivierte und die aufgrund der viehwirtschaftlichen Spezialisierung einem Prozess der De-Saisonalisierung unterlag. 1811 hatte zum Beispiel die Landdrostei Osnabrück 8000 Hollandgänger gezählt, 1871 waren es noch rund 3500, an der Wende zum 20. Jahrhundert nur noch einige Hundert.

Die De-Saisonalisierung der Agrarproduktion führte zugleich zur Umkehr der Wanderungsrichtungen: Ausgangsräume der Grasmäher, Heumacher und Torfstecher bildeten von Beginn an auch küstenferne ost- und südostniederländische Regionen. Immer mehr dieser Arbeitskräfte arbeiteten seit Ende des 19. Jahrhunderts in der modernisierten nordwestdeutschen Landwirtschaft, vornehmlich Knechte und Mägde in der klein- und mittelbetrieblich organisierten Viehwirtschaft, deren Bedarf an solchen Dauerarbeitskräften im 19. Jahrhundert stetig wuchs.[147]

Diese Zuwanderung niederländischer Knechte und Mägde überschritt zwar staatliche Grenzen, blieb aber in aller Regel Nahwanderung. Sie gingen ein Dienstverhältnis für ein Jahr ein und wechselten im Anschluss zumeist die Arbeitsstelle.[148] Der traditionelle Wechseltermin des Gesindes war regional verschieden, oft aber der 1. April oder Martini, also der 11. November. Da die Gesindewanderungen einen Großteil der ländlichen Migrationen ausmachten, bildeten diese Wechseltermine Zentralereignisse des ländlich-landwirtschaftlichen Wanderungsgeschehens. Diese Termine waren nicht willkürlich festgesetzt, sondern folgten wirtschaftlichen Bedürfnissen: Der Wechsel der Arbeitskräfte wurde zu Frühjahrsbeginn oder im Mittherbst wegen des Übergangs der Arbeitsprozesse von Hof- und Stall- zu Außenarbeiten beziehungsweise umgekehrt abgewickelt. Auch Lehrlinge oder Gesellen im Landhandwerk wechselten traditionell zu diesen Terminen. Noch zu Beginn des 20. Jahrhunderts lag zum Beispiel der Anteil jener, die im landwirtschaftlich geprägten nordwestdeutschen Emsland am 1. April eine neue Arbeit annahmen und die Gemeinde verließen, bei nicht weniger als zehn Prozent der Gesamtbevölkerung.

Knechte und Mägde traten im 19. und frühen 20. Jahrhundert ihren Dienst zumeist im Alter von 13 bis 15 Jahren an. Noch jüngere Mitarbeiter spielten in der Landwirtschaft zwar traditionell eine große Rolle, sie traten aber nur selten Wanderungen an. Eine Ausnahme bildete das seit dem 17. Jahrhundert entwickelte, im 18. und frühen 19. Jahrhundert voll ausgeprägte und im frühen 20. Jahrhundert auslaufende Arbeitswanderungssystem der »Schwabenkinder«: Tausende Kinder im Alter von acht bis 14 Jahren aus Vorarlberg, Tirol und Graubünden zogen den Sommer über nach Schwaben und Baden, um als Billigarbeitskräfte Vieh zu hüten oder Zugtiere beim Ackern zu lenken. Mädchen, die 20 bis 30 Prozent der »Schwabenkinder« stellten, wurden zumeist im Haushalt eingesetzt. Die Heranwachsenden entstammten für gewöhnlich kleinen Subsistenzwirtschaften, die auf das von den Kindern verdiente Bargeld zur Begleichung von Steuern, Schulden oder zum Anlegen von Wintervorräten angewiesen waren. Um 1800 soll die Zahl der »Schwabenkinder«, die zwischen der zweiten Märzhälfte und Ende Oktober/Anfang November in Südwestdeutschland arbeiteten, bei 3000 gelegen haben, um 1830 könnte sie sogar rund 4000 erreicht haben. Danach sank ihre Zahl, um 1900 waren es aber immer noch einige Hundert.[149]

Während es in den Regionen mit viehwirtschaftlicher Spezialisierung zur De-Saisonalisierung von Produktion und Arbeitskräftebedarf kam, konnte die Einführung neuer Feldfrüchte oder die Umstellung auf Monokulturen zu einer verstärkten Saisonalisierung führen.[150] Die saisonale Migration von Schnittern, also von im Akkord tätigen Arbeitskräften bei der Getreideernte, war dort weit verbreitet, wo die

5. Industrialisierung und Agrarmodernisierung

Landwirtschaftliche Arbeitsmigrantinnen im Jahr 1908 auf dem Weg zu einem Berliner Bahnhof.

großbetriebliche Getreideproduktion nicht mit eigenen Arbeitskräften erledigt werden konnte. Schnitter aus dem Warthe- und Netzebruch zum Beispiel fanden sich seit den 1820er-Jahren auf allen größeren Gütern in Brandenburg und Pommern. Um 1890 sollen 145 000 Saisonarbeiter die Provinz Brandenburg Jahr um Jahr verlassen haben, Schlesien rund 26 000 und Posen 15 000.[151]

Ein wichtiges Beispiel für die Wirkung der Agrarmodernisierung auf die Migrationsverhältnisse bietet die Umstellung auf den Anbau von Hackfrüchten, also Kartoffeln, vor allem aber Zuckerrüben. In den fruchtbaren Kernregionen des Rübenbaus, also in den preußischen Provinzen Sachsen, Schlesien und (nach der Annexion 1866) Hannover sowie in den Staaten Anhalt und Braunschweig (Magdeburger beziehungsweise Hildesheimer Börde), führte die agrarwirtschaftliche Intensivierung und Spezialisierung seit den 1830er-Jahren zu einem rapiden Umbau der regionalen Ökonomie. Mitte des 19. Jahrhunderts lag die Anbaufläche der Zuckerrüben bei rund 65 000 Hektar, bis zum Ersten Weltkrieg betrug sie mehr als 500 000 Hektar. Die arbeitsintensive Zuckerrübenkultur ließ die Nachfrage nach Saisonarbeitskräften rapide steigen. Sie wuchs in den außenarbeitsreichen Monaten (Mai bis Oktober) auf das Vierfache der Monate mit geringem Arbeitsanfall (November bis April) und lag damit doppelt so hoch wie bei anderen Ackerbaukulturen. Die Gebiete mit intensiver Rübenkultur zogen anfänglich vor allem Arbeitskräfte aus dem Nahbereich an. Relativ schnell aber kam es zur Entwicklung saisonaler Fernwanderungen, die zeitgenössisch unter dem Begriff »Sachsengängerei« firmierten, weil sächsische Gebiete im Zuckerrübenbau dominierten.[152]

Landwirtschaftliche Saisonarbeitskräfte aus dem nahegelegenen Obereichsfeld wanderten bereits im frühen 19. Jahrhundert in großer Zahl in die Zuckerrübengebiete der Magdeburger Börde, Untereichsfelder in die Hildesheimer Börde. Mitte des 19. Jahrhunderts lag Schätzungen zufolge die Zahl der Arbeitskräfte im Zuckerrübenanbau in Preußen bei rund 50 000. Etwa 18 000 Menschen fanden Beschäftigung in den Zuckerfabriken, deren Produktion ebenfalls stark saisonalisiert war. Mit der raschen Ausweitung des Rübenbaus in der zweiten Hälfte des Jahrhunderts wurden vermehrt Arbeitskräfte aus entfernteren Gebieten beschäftigt. Zunächst kamen sie aus dem Oder- und Warthebruch, dann aus Posen, Pommern, West- und Ostpreußen sowie Schlesien.

Seit den 1880er-Jahren stieg die Zahl der Saisonkräfte aus dem Ausland (Österreich-Ungarn, Russland) rasch an. Kurz vor dem Ersten Weltkrieg soll ein Drittel aller landwirtschaftlichen Saisonarbeitskräfte aus dem Ausland gekommen sein. Eine ähnliche Entwicklung zeigte sich auch in Nordfrankreich, dem europäischen Vorreiter des Zuckerrübenanbaus. Hier nahm seit den 1840er-Jahren die Zahl der belgischen Arbeitskräfte immer weiter zu. Anfang des 20. Jahrhunderts wurden die ersten polnischen landwirtschaftlichen Arbeitskräfte angeworben.[153]

Internationalisierung der Arbeitsmärkte und restriktive Zuwanderungspolitik in Preußen-Deutschland

In der Periode der Hochindustrialisierung Ende des 19. und Anfang des 20. Jahrhunderts wuchs die Bevölkerung im Deutschen Reich weiterhin stark an. Das dadurch steigende Potenzial an Erwerbspersonen wurde allerdings zunehmend durch ein sprunghaft anschwellendes Erwerbsangebot im Reich absorbiert. Die Anziehungskraft des überseeischen Hauptzuwanderungslandes USA ließ nach. Preußen-Deutschland entwickelte sich in diesem Kontext weltweit nun selbst zum Zuwanderungsland.

Im letzten Jahrzehnt vor dem Ersten Weltkrieg erhöhte sich die Zahl der aus dem Ausland zugewanderten Arbeitskräfte in Preußen von rund 605 000 auf 901 000. In der Landwirtschaft arbeiteten 40 Prozent von ihnen, in der Industrie 60 Prozent (s. Schaubild 3). Rechnet man die preußischen Angaben für das gesamte Reich hoch, kann von 1,2 Millionen beschäftigten Ausländern im Jahr 1914 ausgegangen werden. Es dominierten in Preußen in der Landwirtschaft beschäftigte Polen sowie Italiener, die besonders in Ziegeleibetrieben und im Tiefbau, aber auch im Bergbau und in der industriellen Produktion Beschäftigung fanden. Drei Viertel der 365 000 Ausländer in Preußens Landwirtschaft waren Polen: Frauen stellten knapp über die Hälfte von ihnen. Hauptzielgebiete waren die vier preußischen Provinzen Sachsen, Schlesien, Pommern und Brandenburg, deren Landwirtschaft beinahe zwei Drittel aller polnischen Arbeitskräfte in diesem Sektor auf sich vereinte.[154]

Hauptherkunftsgebiete der polnischen Arbeitswanderer bildeten das grenznahe westliche Zentralpolen als Teil des Zarenreichs sowie Westgalizien, das zur Habsburgermonarchie zählte – agrarisch geprägte Regionen mit einem im europäischen Vergleich extrem hohen Bevölkerungszuwachs, einem sehr großen Anteil von Landlosen be-

Internationalisierung und restriktive Zuwanderungspolitik in Preußen-Deutschland

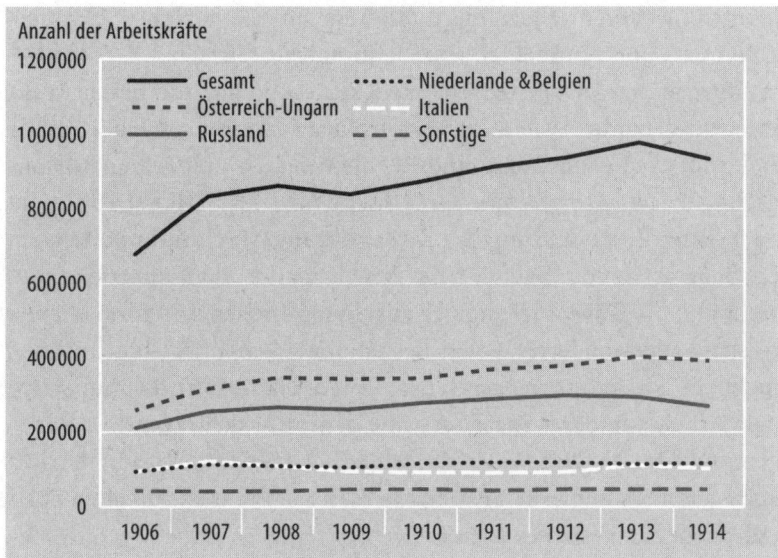

Schaubild 3: Ausländische Arbeitskräfte in Preußen nach Staatsangehörigkeit 1906–1914. Datenquelle: Klaus J. Bade (Hg.), Arbeiterstatistik zur Ausländerkontrolle: Die »Nachweisungen« der preußischen Landräte über den »Zugang, Abgang und Bestand der ausländischen Arbeiter im preußischen Staate« 1906–1914, in: Archiv für Sozialgeschichte 24. 1984, S. 163–283, hier S. 174–254.

ziehungsweise auf Nebenerwerb angewiesenen Kleinbauern. Nebenerwerb bot zwar auch der ökonomisch dominierende Großgrundbesitz, im Vergleich zum preußischen Osten war das Lohnniveau für Landarbeitskräfte allerdings sehr niedrig.

Im Preußen östlich der Elbe lagen die wichtigsten landwirtschaftlichen Arbeitsbereiche der Polen im Hackfruchtbau. Beim Kartoffelanbau waren die ausländischen Arbeitskräfte insbesondere bei der Aussaat und bei der Ernte gesucht. Bei der Zuckerrübenproduktion ging es nicht nur um das Pflanzen und um die »Erntekampagne«, sondern auch um die ständige Pflege (das Verziehen und Hacken) der Rüben. In allen Bereichen des Hackfruchtbaus dominierten weibliche Arbeitskräfte. Sie arbeiteten in der Regel in Kolonnen unter Führung eines männlichen, zumeist zweisprachigen Kolonnenführers. Daneben war die Getreideernte bis zur Einführung arbeitssparender Mäh- und Dreschmaschinen auch im preußischen Osten vor dem Ersten Welt-

5. Industrialisierung und Agrarmodernisierung

krieg ein weiterer – allerdings durchweg von Männern in »Schnitterkolonnen« übernommener – Beschäftigungsbereich.

Ein seit den 1890er-Jahren entwickeltes und bis zum Ersten Weltkrieg ausgebautes System der Kontrolle ausländischer Arbeitskräfte zielte auf die Beobachtung und Regulierung der polnischen Zuwanderung. Diese antipolnische »preußische Abwehrpolitik« strebte nicht nach einer Beschneidung der Zuwanderung; sie funktionierte auch unabhängig von der Situation des Arbeitsmarkts. Ihr Hauptziel war es vielmehr, die Zuwanderung der aus dem östlichen und südöstlichen Ausland zugewanderten Polen aus nationalitätenpolitischen Gründen nicht zur Niederlassung geraten zu lassen. Darum wurden nur saisonale Arbeitswanderer zugelassen, die dem »Rückkehrzwang« unterlagen und jährlich das Land in der winterlichen »Sperrfrist«, in der sich keine auslandspolnischen Arbeitswanderer in Preußen aufhalten durften, wieder zu verlassen hatten.

Dem »Rückkehrzwang« unterlagen nur die auslandspolnischen Arbeitswanderer, andere Nationalitäten durften in der Sperrfrist, auch »Karenzzeit« genannt, bleiben, auch wenn durchaus Bestrebungen erkennbar waren, ihre Anwesenheit im Inland ebenfalls auf saisonale Beschäftigungen zu beschränken. Ergebnis der Verschränkung von Legitimations- und Rückkehrzwang war ein charakteristischer Verlauf der polnischen Arbeitswanderung nach Preußen mit dem starken Anstieg im Frühjahr, dem Höhepunkt in der sommerlichen Hochsaison und dem steilen Abfall zu Beginn der winterlichen »Sperrfrist« (s. Schaubild 4).

Eine Niederlassung, also eine Einwanderung landwirtschaftlicher Arbeitskräfte schien die zu den »Reichsfeinden« gezählte preußisch-polnische Minderheit in Preußen stärken und damit die von der preußischen Staatsräson als Gefahr gesehene Wiederaufrichtung eines selbstständigen polnischen Staates befördern zu können. Im Visier stand nicht nur die polnische Minderheit im Osten, sondern auch die seit den 1880er-Jahren stark angewachsene Gruppe der »Ruhrpolen«. Um deren Verstärkung durch auslandspolnische Einwanderer zu verhindern, durften Polen aus Russland und Österreich-Ungarn außerhalb der östlichen preußischen Grenzprovinzen nur in der Land-

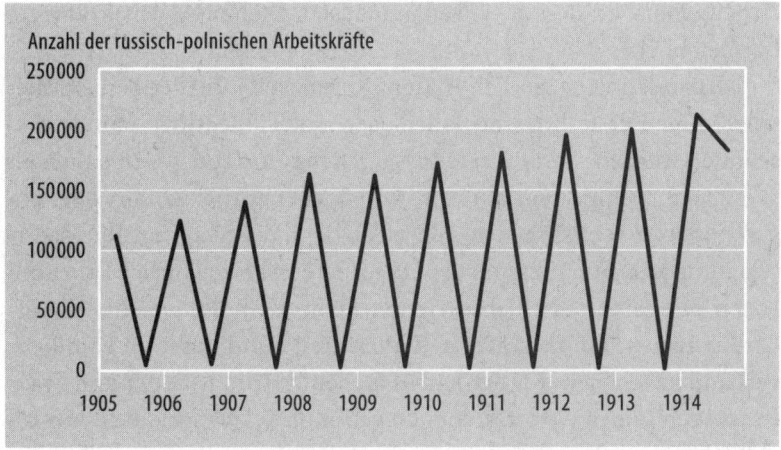

Schaubild 4: Jährliche Fluktuation der Ausländerbeschäftigung: Zu- und Abwanderung russisch-polnischer Arbeitskräfte in Preußen 1906–1914.
Datenquelle: Bade, Ausländerstatistik, S. 174–254; Maximum jeweils: Summe der Arbeitskräfte, Minimum: Summe der Arbeitskräfte, die aus dem Vorjahr in Preußen geblieben waren.

wirtschaft und in deren Nebenbetrieben, nicht aber in der Industrie beschäftigt werden.

Instrumente der »antipolnischen Abwehrpolitik« gab es viele. 1905 wurde auf Initiative des preußischen Landwirtschaftsministeriums die »Deutsche Feldarbeiter-Centralstelle« gegründet. Ihre Aufgabe sollte es sein, die gesamte Anwerbung ausländischer landwirtschaftlicher Arbeitskräfte zu übernehmen und kommerzielle Vermittler zu verdrängen. 1909 wurde in Preußen der »Legitimationszwang« eingeführt. Seither bestand für alle Arbeitskräfte aus anderen Staaten die Verpflichtung, bei der 1911 in »Deutsche Arbeiterzentrale« umbenannten Vermittlungsstelle eine »Arbeiter-Legitimationskarte« zu beantragen, die in den 39 Grenzämtern der Arbeiterzentrale ausgefertigt wurde. Die Grenzämter umfassten große Barackenlager, die zusammen täglich bis zu 10 000 Menschen aufnehmen konnten. Die Legitimationskarte stellte eine schnelle Identifikation aller ausländischen Arbeiter durch die Polizeibehörden sicher und markierte die Nationalität. Das diente wiederum der besonderen Kennzeichnung auslandspolnischer Arbeitskräfte. Sie verzeichnete außerdem den Namen des

Arbeitgebers, an den die jeweiligen ausländischen Arbeitskräfte gebunden blieben.

Auslandspolen, die sich in der »Karenzzeit« in Preußen aufhielten, konnten über ihre »rote Polenkarte« sofort identifiziert und abgeschoben werden. Ohne Karte aufgegriffene Auslandspolen galten als »kontraktbrüchig«, wurden zum Arbeitgeber zurückgeführt oder abgeschoben. Arbeitskräfte aus dem Ausland, die nicht der Rückkehrpflicht unterlagen, mussten die Legitimationskarte jährlich erneuern lassen. Die misstrauisch observierten auslandspolnischen Arbeitswanderer wurden nur als einzelne Arbeitskräfte und nicht im Familienverband zugelassen. Kinder hatten keinen Zutritt, Männer und Frauen wurden in den Arbeitskolonnen getrennt. Schwangerschaft war, als vertragswidrige Beeinträchtigung der Arbeitskraft, ein Grund für Ausweisung auf eigene Kosten durch Lohnabzug.

Zu den wenig ergebnisreichen Versuchen, auslandspolnische durch andere ausländische Arbeitskräfte zu ersetzen, gehörten Bemühungen um eine verstärkte Anwerbung von Ruthenen (Ukrainern) aus Galizien und von »Deutschstämmigen« aus den deutschen Siedlungsgebieten in Ost-, Südost- und Ostmitteleuropa. Das preußische Kontrollsystem verfügte über Instrumente, die die polizeiliche Überwachung erleichterten und eine Umsetzung der ethno-national geprägten Ausländerpolitik zuließen. Da es zudem gelang, das Kontrollsystem auf andere deutsche Staaten auszudehnen, erfasste es den größten Teil des Reichs.

In Preußen bildete sich in den beiden Jahrzehnten vor dem Ersten Weltkrieg in Landwirtschaft, Tiefbau und Montanindustrie ein doppelter Arbeitsmarkt heraus. Auf seiner internationalisierten unteren Ebene verrichteten aus anderen Staaten zugewanderte Arbeitskräfte häufig die am wenigsten geschätzten Schwerstarbeiten. Das galt im Tiefbau für den im Dauerakkord schaufelnden Kanalarbeiter, in der Landwirtschaft für die im Ernteakkord stehenden männlichen »Schnitter«, weiblichen »Rübenzieher« und »Kartoffelbuddler«. Es galt für den ebenfalls im Akkord Tonklumpen in Formen pressenden »Handformer« in der Ziegelei, aber auch in der Montanindustrie für den »Schlepper« zwischen Abbauort und Strecke unter Tage und den »Feuermann« in der Kokerei und am Hochofen. 1907 waren 54 Prozent der deutschen, aber nur 29 Prozent der ausländischen Arbeiterschaft aus Russland, Italien und Österreich-Ungarn in der deutschen Industrie in »gelernter« Stellung tätig. Der Anteil der »Ungelernten« lag bei ausländischen Arbeitskräften insgesamt um 42 Prozent, im Baugewerbe sogar um 81 Prozent höher als bei deutschen Arbeitskräften. Die beruflich-soziale Stellung war dabei dort am niedrigsten, wo Arbeitskräfte aus dem Ausland in großer Zahl Beschäftigung fanden. Die landwirtschaftliche und industrielle »Reservearmee« ausländischer Arbeitskräfte im Kaiserreich deckte also den Ersatz- und Zusatzbedarf auf dem Arbeitsmarkt. Außerdem erfüllte sie konjunkturelle Pufferfunktionen, wie sich beispielsweise am Rückgang der Ausländerbeschäftigung in den beiden Depressionsphasen von 1900/02 und 1907/08 ablesen lässt.

Die Internationalisierung einzelner Arbeitsmärkte beschränkte sich keineswegs auf europäische Arbeitskräfte, vielmehr gab es Ende des 19. Jahrhunderts erste Ansätze einer Globalisierung der Rekrutierung. Bereits in den 1890er-Jahren wurde in Preußen-Deutschland über den Import chinesischer Landarbeitskräfte diskutiert und Möglichkeiten der Anwerbung sondiert, dann aber wegen der hohen Transportkosten davon Abstand genommen.[155] Große deutsche Schifffahrtsgesellschaften wie der Norddeutsche Lloyd mit Sitz in Bremen, die Hamburger Hapag oder die zunächst bremische, dann hamburgische Reederei Rickmers warben allerdings durchaus chinesische Arbeitskräfte an, anfänglich vor allem für die körperlich überaus anstrengende Tätigkeit als Heizer.[156]

Ein zentrales Argument für den Einsatz von Chinesen bildete der Hinweis darauf, sie seien den körperlichen Anforderungen wegen der anderen klimatischen Bedingungen im Herkunftsgebiet wesentlich besser gewachsen. Im Vordergrund aber stand ein anderes Interesse: Die Lohnkostenersparnis war erheblich, erhielten die chinesischen Heizer zum Teil doch nur ein Drittel des Lohns deutscher Kollegen. Bereits 1902 waren 3000 der 50 000 auf deutschen Schiffen beschäftigten Seeleute Chinesen. Sie kamen überwiegend aus der südostchinesischen Provinz Guangdong und wurden in der Regel in der benachbarten britischen Kolonie Hongkong angeworben. Die chinesischen Seeleute hielten sich zwar in der Regel nur kurz in den deutschen Hafenstädten auf, nach 1900 aber stieg die Aufenthaltsdauer. Dass sie, trotz ihrer relativ geringen Zahl von wahrscheinlich einigen wenigen Hundert, den Zeitgenossen als besonders präsent erschienen, lag an der hohen Fluktuation in den schon bald als »Chinesenvierteln« apostrophierten kleinen Siedlungszonen und der Tatsache, dass sie als ausgesprochen »fremd« empfunden wurden.

Kolonialismus und die Folgen

6

Migration im späten 19. und frühen 20. Jahrhundert

6. Kolonialismus und die Folgen

Die koloniale Expansion der USA, Japans und vor allem europäischer Staaten erreichte in den drei bis vier Jahrzehnten vor dem Ersten Weltkrieg in der Phase des Hochimperialismus ihren Zenit. Die von den großen europäischen Imperien in den vorangegangenen Jahrzehnten zumeist bevorzugte informelle politische, wirtschaftliche und militärische Kontrolle über asiatische, pazifische, afrikanische oder lateinamerikanische Räume mündete nun in die fortschreitende Verdichtung formeller Kolonialherrschaft. Die Dynamik dieses Prozesses gipfelte in den 1880er-Jahren in den »Wettlauf um Afrika« als Erschließung des letzten, bis dahin kaum von kolonialer Herrschaft berührten Kontinents. Angetrieben vom hohen machtpolitischen Prestige kolonialen Besitzes traten neue europäische Rivalen (Deutschland, Belgien und Italien) und außereuropäische Konkurrenten (USA, Japan) gegen die europäischen Mächte Großbritannien, Frankreich, die Niederlande, Russland, Spanien und Portugal an, deren Kontinente übergreifende Imperien bereits seit Langem existierten.

Die Verdichtung formeller Kolonialherrschaft zeigte sich im beschleunigten Auf- und Ausbau staatlicher Strukturen in den abhängigen Gebieten. Der koloniale Verwaltungs- und Sicherheitsapparat wuchs häufig in Wechselwirkung mit Konflikten zwischen Kolonisatoren und Kolonisierten. Im Streben nach der Erschließung von Absatzmärkten für Erzeugnisse der eigenen Industrie, nach Rohstoffquellen und nach Siedlungsmöglichkeiten unternahmen die Kolonialmächte erhebliche Anstrengungen, Wirtschaft und Gesellschaft in den kolonialen Herrschaftsräumen nach ihren Vorstellungen auszurichten. Die Phase verstärkter kolonialer Expansion war zugleich eine Zeit beschleunigter internationaler ökonomischer Vernetzung mit weitreichenden Auswirkungen: Das Volumen des Welthandels stieg von den späten 1870er-Jahren bis 1913 um mehr als das Dreifache.[157] Agrarische und industrielle Produktion und Produktivität wuchsen rasch, neue Märkte wurden beschleunigt erschlossen, Rohstoffe, Nahrungsmittel, Halbfertig- und Fertigprodukte stark nachgefragt.

Bild Seite 107: Europäische, chinesische und afrikanische Bergleute unter Tage im südafrikanischen Goldbergbau, um 1900.

Die Verkehrs- und Kommunikationsrevolution des »langen« 19. Jahrhunderts führte im Übergang zum 20. Jahrhundert zu einem weiteren beachtlichen Rückgang der Transportkosten. Massengüter mit hohem Volumen konnten über zunehmend größere Distanzen transportiert werden. Den transozeanischen Verkehr mit Dampfschiffen betrieben die Reedereien immer häufiger als eng vernetzten Liniendienst, die kontinentalen Eisenbahnen verzeichneten spektakuläre Anstiege der Personen- und Tonnenkilometerzahlen bei immer kürzeren Fahrtzeiten. Immer mehr Menschen und Waren überwanden immer größere Distanzen.

Kommunikationsverbindungen wurden rasch ausgebaut (regelmäßiger Postverkehr; Telegraphie, Telefon ab 1878). Zeitungen entwickelten sich aufgrund der rasanten Zunahme von Zahl und Auflage zur billigen Nachrichtenquelle für jedermann.[158] Damit verbesserten sich auch die Möglichkeiten der Information über Chancen der Ansiedlung oder Erwerbstätigkeit andernorts. Der beschleunigte Ausbau von Verkehrs- und Kommunikationsverbindungen erleichterte zudem die Marktbildung im Migrationsbereich: Die global agierenden und untereinander konkurrierenden Schifffahrtsgesellschaften Europas und Nordamerikas erschlossen mit Hilfe modernster Werbemethoden und eines weit ausgebauten Systems von Agenten immer neue Abwanderungsregionen, um ihre Dampfschiffe mit Migranten zu füllen.

Argentinien und Sibirien als europäische Auswanderungsziele

Seit Mitte des 19. Jahrhunderts und verstärkt seit der Wende zum 20. Jahrhundert gewannen andere europäische Migrationsziele gegenüber Nordamerika an Gewicht, darunter vor allem Australien, Brasilien und Argentinien, aber auch Neuseeland, Uruguay oder Chile. Vor 1850 hatten die USA ca. vier Fünftel aller Europäer aufgenommen, in der zweiten Hälfte des 19. Jahrhunderts waren es ca. drei Viertel, seit der Jahrhundertwende noch rund die Hälfte. Der Bedeutungsgewinn der Ziele außerhalb Nordamerikas war vornehmlich ein Ergebnis der Öffnung großer neuer Siedlungszonen für europäische Landwirte und der Entdeckung von Rohstoffvorkommen, deren Erschließung viele Arbeitskräfte erforderte.

Argentinien: Seit dem frühen 19. Jahrhundert wuchs vor dem Hintergrund tiefgreifender Reformen und angesichts des industriellen Aufstiegs in West- und Mitteleuropa der Export von Fertigwaren und Kapital in andere Weltteile rapide. Das galt gleichermaßen für den Import von Rohstoffen und Nahrungsmitteln von außerhalb des Kontinents. Großbritannien war in dieser Phase beschleunigter Globalisierung Vorreiter. Überschlägige Berechnungen gehen davon aus, dass zwischen ca. 1500 und 1820 der Außenhandel im Durchschnitt um ein Prozent pro Jahr wuchs. Seit Anfang des 19. Jahrhunderts wurden mit etwa 3,5 Prozent deutlich höhere Wachstumsraten erreicht. Die europäische Nachfrage nach Rohstoffen und Nahrungsmitteln sowie der Investitionsschub durch den Kapitalexport aus Europa ließ neue Migrationsziele für Europäer dort entstehen, wo hoher Arbeitskräftebedarf herrschte. Die Zuwanderung von Europäern wiederum führte zur Etablierung von Massenmärkten für europäische Fertigwaren, die die wirtschaftlichen Interdependenzen weiter verstärkten.

Lateinamerika war seit der Eroberung durch die Spanier und Portugiesen Ziel europäischer Einwanderer. Die Masseneinwanderung setzte allerdings erst ab den 1880er-Jahren und damit deutlich später als in Nordamerika ein. Ziele waren vornehmlich die Länder, in denen standortgebundene Ressourcen für den Weltmarkt produziert wurden: Das galt für Südbrasilien (Kaffee) ebenso wie für Uruguay (Fleisch und Leder) und Argentinien (Getreide, Baumwolle). In Relation zur einheimischen Bevölkerung war das Ausmaß der Einwanderung in Uruguay am größten. Bereits 1860 soll der Anteil der Einwanderer an der Bevölkerung bei über 30 Prozent gelegen haben, in der Hauptstadt Montevideo laut einer Schätzung von 1868 sogar bei 56 Prozent.[159]

Landwirtschaftliche Modernisierung, Erschließung wertvoller Bergbauprodukte und vermehrte Beteiligung am Welthandel verstärkten in der zweiten Hälfte des 19. Jahrhunderts in weiten Teilen Lateinamerikas die Zuwanderung europäischer Siedler und Arbeitskräfte. Argentinien entwickelte sich seit den 1870er-Jahren zu einem der wichtigsten globalen Exporteure von Rindfleisch, Weizen, Mais, Wolle und Leder. Allein zwischen 1872 und 1895 wuchs die Getreideanbaufläche um das Fünfzehnfache. Realisiert werden konnten die Exporte durch den raschen Ausbau der Eisenbahnen, ausgerichtet auf Buenos Aires als wichtigstem Umschlagplatz. Kaum anders verlief die Entwicklung in Uruguay mit seiner expandierenden Viehwirtschaft; demgegenüber avancierte in Chile durch die Ausbeutung von Kupfer und Nitrat der Bergbau zum wirtschaftlichen Leitsektor.

Alle drei Länder erlebten in der zweiten Hälfte des 19. Jahrhunderts einen intensiven Prozess der Europäisierung, der den Anteil der Einwohner indianischen, afrikanischen und kreolischen Ursprungs an der Gesamtbevölkerung stark absinken ließ.[160] Argentinien ragte dabei heraus: 1870 zählte es 1,8 Millionen Bewohner. Bis zum Ersten Weltkrieg wanderten 5,5 Millionen Europäer zu, von denen sich rund drei Millionen dauerhaft ansiedelten. Im Jahr 1900 hatte Argentinien rund 4,7 Millionen und 1914 insgesamt 7,5 Millionen Einwohner, darunter waren wahrscheinlich rund 100 000 Personen, die aus deutschsprachigen Gebieten gekommen waren beziehungsweise deren Vorfahren von dort stammten.[161] Allein die Bevölkerung von Buenos Aires, dem Wirtschaftszentrum des Landes, wuchs in diesem Zeitraum von 180 000 auf 1,5 Millionen.

Insgesamt kamen von den 55 bis 60 Millionen Europäern, die ihren Kontinent zwischen 1815 und 1930 verließen, rund 6,5 Millionen nach Argentinien, das damit nach den USA das weltweit wichtigste Ziel europäischer Überseemigration bildete – allerdings überstieg die Zuwanderung in die Vereinigten Staaten jene nach Argentinien um mehr als das Fünffache.[162]

Wegen der hohen Nachfrage der argentinischen Landwirtschaft nach Saisonarbeitskräften und der deutlich höheren Löhne wuchs gleichzeitig die auf einige Wochen und Monate im Jahr begrenzte saisonale Zuwanderung. Geprägt vor allem von jungen Männern aus Italien (der Frauenanteil lag vermutlich nur bei einem Fünftel[163]), »Golondrinas« (»Schwalben«) genannt, entwickelte sich in den 1880er-Jahren ein neues System transatlantischer Saisonwanderungen: Bei sinkenden Preisen für die Transatlantikpassage und immer kürzeren Reisezeiten nutzten die »Golondrinas« die auf der Süd- und Nordhalbkugel der Erde jeweils entgegengesetzten Jahreszeiten: Die italienischen Arbeitswanderer verdienten ihr Geld bis in den Oktober/November hinein als Erntearbeiter in Italien, bestiegen anschließend ein Schiff nach Buenos Aires, wo sie rechtzeitig zum Beginn der landwirtschaftlichen Außenarbeiten im späten Frühjahr eintrafen. Den Sommer und den Herbst über arbeiteten sie in Südamerika und kehrten zur Feldbestellung im Februar/März nach Italien zurück.

Zwei argentinische Wochenlöhne waren nötig, um die Kosten für die Transatlantikreise zu bestreiten.[164] In der Hochphase zwischen 1908 und 1912 sollen jährlich 30 000 bis 35 000 »Golondrinas« in Argentinien gearbeitet haben, andere Angaben gehen sogar von einem Anstieg des Umfangs dieser Gruppe von 25 000 im Jahr 1880 auf ca. 100 000 im Jahr 1914 aus. Nachweislich pendelten einige »Golondrinas« 17 Jahre lang zwischen Argentinien und Italien hin und her. Oft mündete die interkontinentale Arbeitswanderung in eine dauerhafte Einwanderung.[165]

Sibirien: Ähnliche Hintergründe kennzeichneten die europäische Besiedlung Sibiriens. In diesem eurasischen Großraum vom Uralgebirge bis zum Pazifik war zwar bereits im späten 16. und frühen 17. Jahrhundert ein Netz kleiner Stützpunkte entlang der Flüsse zur militärischen Sicherung und zur Abwicklung des Handels mit Pelzen und Fellen entstanden. Sibirien blieb aber in der Folgezeit eine reine Ausbeutungskolonie. Es kamen nur wenige Europäer, meist Verwaltungsbeamte und Priester, Offiziere und Soldaten, Händler und Pelzjäger, die, zur Ausübung ihrer Tätigkeit entsandt, oft nur vorübergehend blieben.

Mithilfe der Gewährung von Privilegien versuchten die Behörden, Bauern in der Umgebung der städtischen Stützpunkte anzusiedeln, um deren Versorgung zu gewährleisten. Allerdings verdichteten sich bäuerliche Ansiedlungen nur am Baikalsee sowie im Süden des westsibirischen Tieflandes, das unmittelbar an die geographische Scheide zwischen Europa und Asien anschließt. Immerhin stieg die europäische Bevölkerung zwischen 1709 und 1815 wahrscheinlich von rund

230 000 auf 1,1 Millionen an und wuchs damit über den Umfang der indigenen Bevölkerung hinaus, die sich im selben Zeitraum nur von 200 000 auf 434 000 vermehrt haben soll. Innerhalb der folgenden vier Jahrzehnte verdoppelte sich die sibirische Gesamtbevölkerung bis auf 2,9 Millionen im Jahr 1858. Die Zäsur bildete das späte 19. Jahrhundert: Die erste Volkszählung im Zarenreich von 1897 erfasste bereits 4,9 Millionen Europäer in Sibirien, 1911 waren es schon 8,4 Millionen. Der Umfang der indigenen Bevölkerung wuchs demgegenüber nur von 870 000 auf 973 000.[166]

Zentraler Antriebsfaktor für den Wandel der Migrationsverhältnisse war der Bau der über 9000 Kilometer langen Transsibirischen Eisenbahn. Er brachte nicht nur zahllose Arbeitskräfte nach Osten, sondern schlug auch eine Besiedlungsschneise quer durch Sibirien. Das Bauprojekt versprach vielfältige ökonomische Perspektiven: die land- und forstwirtschaftliche Erschließung weiter Landstriche und damit den Ausgleich des Landmangels im europäischen Teil des Reichs, aber auch den erleichterten Abtransport der wertvollen Bodenschätze. Zwischen der Grundsteinlegung in Wladiwostok 1891 und der Fertigstellung der Gesamtstrecke 1916 verging ein Vierteljahrhundert; bereits 1903 allerdings waren die Verbindungen vom europäischen Teil des Zarenreichs bis zum Westufer des Baikalsees und von dessen Ostufer bis nach Wladiwostok errichtet.

Für die späten 1890er-Jahre, dem Höhepunkt der Bautätigkeit, kann von rund 100 000 Bauarbeitern ausgegangen werden, die zu mehr als zwei Dritteln nicht aus dem Großraum Sibirien kamen, sondern aus dem europäischen Teil des Zarenreichs stammten und im Fernen Osten vor allem aus China, Japan und Korea, in Westsibirien aus Persien und dem Osmanischen Reich. Für die Spezialbauten wurden Fachkräfte aus Westeuropa angeworben, darunter eine größere Zahl von Italienern, die beinahe alle Steinmetzarbeiten durchführten. Zwar zahlte die staatliche Bauverwaltung hohe Löhne, wegen der großen Distanzen und der abgeschiedenen Lage, den daraus resultierenden hohen Kosten für die Versorgung mit Gütern des täglichen Bedarfs sowie der schwierigen Lebens- und Arbeitsbedingungen blieb die Arbeitskräftesituation aber durchgängig angespannt. Auch deshalb wurden Baubataillone der Armee eingesetzt und rund 20 000 Sträflinge beim Bau der Eisenbahnstrecke beschäftigt.

Die Transsibirische Eisenbahn erfüllte die ökonomischen Erwartungen: Der Güterverkehr wuchs exponentiell. Der Umfang des intensiv genutzten landwirtschaftlichen Bodens stieg in den anderthalb Jahrzehnten vor dem Ersten Weltkrieg um deutlich mehr als das Doppelte an, der Viehbestand verdreifachte sich. Sibirisches Getreide wurde nach der Jahrhundertwende immer häufiger auf den westeuropäischen Märkten gehandelt, der Wert des Exports sibirischer Butter stieg von 5000 Rubel 1894 über neun Millionen Rubel 1897 bis auf 67 Millionen Rubel 1912. Auch die Förderung von Gold, Silber und Kohle gewann an Gewicht. Der Personenverkehr stieg deutlich an. Die Zahl der mit der Transsibirischen Eisenbahn transportierten Menschen kletterte von rund 417 000 im Jahr 1896 auf ca. drei Millionen 1910. Vom Baubeginn 1891 bis zum Ausbruch des Ersten Weltkriegs 1914 siedelten sich vier bis fünf Millionen Menschen aus dem europäischen Teil des Zarenreichs in Sibirien an. Bis auf die kurzen Phasen des russisch-japanischen Kriegs 1904/05 und der Russischen Revolution 1905–1907 verzeichnete die Zuwanderung Jahr um Jahr einen Anstieg: von 90 000 im Jahr 1892 über 223 000 im Jahr 1899 auf 758 000 im Jahr 1908. Auch wenn es einen steten Strom von Rückwanderern in das europäische Gebiet des Reichs gab, blieb dessen Umfang deutlich unter der Zahl der Neuzuwanderer.

Das Wissen um Ansiedlungsmöglichkeiten in Sibirien verbreitete sich zwar rasch. Siedler, die ohne Inanspruchnahme staatlicher Organisationen nach Asien gingen, kamen allerdings zumeist aus den Gebieten unmittelbar westlich des Uralgebirges und verfügten bereits über Kontakte nach Sibirien. Siedler aus den europäischen Kernzonen des Zarenreichs hingegen mussten sich zunächst meist auf die Unterstützung des Staates verlassen: Seit 1896 förderte dieser das »Kundschafterwesen«. Es ermöglichte siedlungswilligen Familien und Gruppen, eine Person vorauszuschicken, die die Chancen erkundete und die Ansiedlung vorbereitete – es handelte sich gewissermaßen um staatlich finanzierte Pioniermigranten. Hinzu kamen Kredite für Fahrtkosten – die für Siedler ohnehin ermäßigt waren – und günstige Konditionen für die Ansiedlung. Land wurde von staatlicher Seite parzelliert und zugewiesen, die staatliche Kultivierung von Ackerland begleitete stellenweise den Streckenbau.

Mit dem Bahnbauprojekt und der Förderung der Ansiedlung verbanden sich umfassende politische Überlegungen im Rahmen eines »Eisenbahnimperialismus«: Sicherung der Vorherrschaft in den eroberten Gebieten, Prestigegewinn in der Staatenwelt und Verbesserung der Position in den Konflikten mit Großbritannien in Zentralasien sowie im Wettstreit mit anderen europäischen Mächten, Japan und den USA um die beste Startposition zur Erschließung Chinas. Zwar trug die Transsibirische Eisenbahn zur Sicherung der politisch-territorialen Position des Zarenreichs im Fernen Osten bei, die Hoffnungen auf eine weitreichende Expansion in Richtung Süden und insbesondere im umstrittenen Grenzraum Mandschurei erfüllten sich jedoch nicht. Mit der Niederlage im russisch-japanischen Krieg 1904/05 musste sich das Zarenreich aus den Gebieten südlich des Amur und westlich des Ussuri zurückziehen. Die rohstoffträchtigen und landwirtschaftlich ertragreichen Gebiete der Inneren Mandschurei blieben dem Zarenreich verschlossen.[167]

Migrationsmagnet Mandschurei

Neben Sibirien entwickelte sich die Mandschurei, übersetzt das »Land des Überflusses«, zu einem zentralen Siedlungsgebiet in Asien. Der weit ausgreifende Grenzraum des chinesischen Imperiums jenseits der Chinesischen Mauer war von der aus der Mandschurei stammenden Qing-Dynastie, die seit 1644 und bis zum Ende des Kaiserreichs 1911 in China herrschte, lange für die Zuwanderung von Han-Chinesen gesperrt worden. Die Mandschurei versprach Arbeit bei der Erschließung von Bergwerken, dem Bau von Eisenbahnen, der Waldarbeit und bei dem für die Region wichtigen Anbau von Sojabohnen.

Seit den 1880er-Jahren nahm die Zuwanderung von Han-Chinesen vornehmlich aus den krisengeschüttelten, im Nordosten Chinas gelegenen Provinzen Shandong und Hebei stark zu. Zumeist kamen sie im Familienverband oder gemeinsam mit Bekannten und Verwandten.

Kettenwanderungen dominierten, eng geschlossene Herkunftsgemeinschaften in den Ansiedlungen der Han-Chinesen waren in der Mandschurei die Regel. Mit dem Ende des Ansiedlungsverbots und dem Ausbau des chinesischen Verkehrssystems verschwanden Migrationsbarrieren. Von den frühen 1890er-Jahren bis zu den späten 1930er-Jahren kamen rund 25 Millionen Chinesen in die Mandschurei. Der größere Teil kehrte zwar zurück oder wanderte weiter, ca. acht Millionen aber blieben auf Dauer. Während im ersten Jahrfünft der 1890er-Jahre durchschnittlich nur 40 000 Han-Chinesen pro Jahr in die Mandschurei zogen, wurden in den späten 1920er-Jahren Zuwanderungen im Umfang von jährlich einer Million Menschen registriert.[168]

Doch nicht nur Han-Chinesen wanderten zu: Für Japaner bildete die Kolonie Mandschurei ein wichtiges Zielgebiet. Im Jahr des Kriegsendes 1945 lebten hier 320 000 Japaner. 1909 hatte ihre Zahl erst bei 68 000 gelegen und war bis 1930 auf 219 000 angestiegen. Dies hatte auch mit der Umsetzung der sowohl in Japan als auch bei den europäischen Kolonialmächten weit verbreiteten Vorstellung zu tun, Kolonialerwerb biete Möglichkeiten, »Bevölkerungsüberschüsse« im »Mutterland« abzuleiten. Auf diese Weise könnte man sich neue Siedlungsräume in Übersee sichern, die politisch und wirtschaftlich eng an die Metropole gebunden bleiben sollten.

Die »Inwertsetzung« kolonialer Besitzungen

Die Kolonisierungsphantasien blieben auch im japanischen Fall weitgehend unerfüllt: Sowohl in den Besitzungen Korea und Taiwan als auch in Karafuto (dem südlichen Teil der Insel Sachalin) und im nordostchinesischen Pachtgebiet Guandong blieb die Zahl der japanischen Siedler gering. Auf der Insel Taiwan erreichte der japanische Bevölkerungsanteil 1905 nur zwei Prozent und stieg auch bis Anfang der 1930er-Jahre nur auf 5,8 Prozent an. In Korea lag der Anteil noch niedriger und überstieg 1,3 Prozent 1915 und 2,9 Prozent 1939 nicht. Hinzu kam, dass es sich nur zu einem geringen Teil um die erstrebte Ansiedlung landwirtschaftlicher Pioniere handelte. Es überwogen Mitarbeiter der Kolonialverwaltung, Kaufleute und Kleinunternehmer, die sich in der Regel in den städtischen Verdichtungszonen ansiedelten. Die Hälfte aller Japaner in Korea konzentrierte sich auf zehn größere Städte.

Eine Ausnahme im Hinblick auf die Besiedlung durch Japaner blieb das japanische Südseemandat, das zwischen 1919 und 1944 die ehemals deutschen Kolonialgebiete der mikronesischen Inselterritorien der Karolinen, der Marshallinsel und der Nördlichen Marianen umfasste. Im Rahmen einer intensiven Siedlungspropaganda und mit erheblicher finanzieller Unterstützung durch den japanischen Staat nahm in diesen Gebieten die japanische Einwanderung seit den frühen 1930er-Jahren massiv zu. Ziel war es, die Zucker- und Fischereiindustrie, den Kaffee- und Ananasanbau auf- und auszubauen. Ende der 1930er-Jahre überstieg die Zahl der Japaner jene der Mikronesier. Auf der Insel Saipan gab es sogar zehnmal mehr Japaner als Einheimische. Mit dem Ende des Kolonialreichs in der Situation der Kriegsniederlage 1945 erfolgte jedoch die rasche Repatriierung auf die japanischen Inseln. In der Mandschurei, im Norden Koreas, im südlichen Teil der Insel Sachalin sowie im Pachtgebiet Guangdong, in den Gebieten also, die unter die Kontrolle der UdSSR gerieten, wurden zudem Zehntausende Japaner interniert und zum Teil in sowjetische Arbeitslager deportiert, aus denen viele erst nach Jahren zurückkehrten oder in ihnen umkamen.[169]

Auch in anderen Teilen Asiens boten sich durch die Umstellung auf die Produktion von Agrarexportgütern im Zuge der »Inwertsetzung« kolonialen Besitzes im »langen« 19. Jahrhundert ökonomische Chancen für Zuwanderer. Das galt beispielsweise seit den 1850er-Jahren für die Erschließung des großen Mündungsdeltas des Irrawaddy im britischen Burma für den Reisanbau. Bis Mitte der 1930er-Jahre verzehnfachte sich hier die Anbaufläche. Hunderttausende landwirtschaftliche Siedler wanderten aus dem burmanischen Norden und anderen Teilen Britisch-Indiens zu. Allein zwischen 1881 und 1901 stieg die Bevölkerung vornehmlich wegen der starken Zuwanderung von 2,6 auf 4,1 Millionen. Darunter befanden sich viele indische landwirtschaftliche Arbeitswanderer, die zumeist zwischen einem Jahr und vier Jahren blieben. Zwischen 1852 und 1887 sollen 2,6 Millionen Inder nach Burma zugewandert sein, von denen sich ein Viertel dauerhaft ansiedelte.

Ein zumindest zum Teil vergleichbares Beispiel bietet die Erschließung des Mekong-Deltas im französischen Vietnam. Hier ging es überwiegend um die Zuwanderung landwirtschaftlicher Arbeitskräfte aus dem Norden, die auf den Reisfeldern von Großgrundbesitzern arbeiteten. Neben Soja, wie in der Mandschurei, und Reis, wie in Burma und Vietnam, trat in anderen asiatischen Räumen Tee als wichtiges Exportprodukt: Vor allem die Teeplantagen in Assam und Darjeeling in Britisch-Indien sowie auf der Insel Ceylon zogen eine große Zahl überwiegend weiblicher Arbeitskräfte an.

Viele weitere Migrationsbewegungen insbesondere von Afrikanern und Asiaten waren im späten 19. und frühen 20. Jahrhundert unmittelbare oder mittelbare Folgen der europäischen, japanischen oder US-amerikanischen politisch-territorialen Expansion: Sie waren als Flucht, Vertreibung oder Umsiedlung Resultat der Kolonialherrschaft. Sie waren als Deportation Ergebnis des in vielen Kolonialgebieten praktizierten Zwangs zum Anbau marktförmiger Produkte oder der weitreichenden Etablierung von Plantagenwirtschaften, die auf längere Sicht auf zahlreiche Arbeitskräfte angewiesen blieben. Sie waren als landwirtschaftliche Siedlungswanderungen Ergebnis der Erschließung neuer Siedlungszonen beispielsweise durch Kultivierungsmaßnahmen, durch Eroberung oder Erwerb. Oder sie waren als Arbeitswanderungen Konsequenz der Veränderung ökonomischer Strukturen, etwa durch die Umstellung der Landwirtschaft auf Handelspflanzen, das Wachstum urbaner Wirtschaftsräume, den Ausbau der Infrastruktur oder die Exploration und rasche Ausbeutung von Rohstoffvorkommen.

»Goldrausch« in Südafrika

Zu den neuen großen Bergbaukolonien, die auf die Arbeitskraft von Zuwanderern angewiesen waren, zählten vor allem Südafrika (Gold, Diamanten) und Nord-Rhodesien, das spätere Sambia (Kupfer). Der Aufstieg des Bergbaus als Leitsektor der wirtschaftlichen Entwicklung in Südafrika führte innerhalb weniger Jahrzehnte zu grundsätzlichen

Veränderungen in der Bevölkerungszusammensetzung: In den späten 1860er-Jahren wurden im Gebiet des späteren Kimberley am Orange-River Diamanten gefunden, Mitte der 1880er-Jahre folgten Goldfunde im Gebiet des Witwatersrand in der burischen Südafrikanischen Republik (Transvaal), die sich als das größte Goldvorkommen der Erde herausstellten. In Südafrika wurden 1898 insgesamt 27,5 Prozent des weltweit geförderten Goldes abgebaut. 1869 exportierte Südafrika Diamanten im Wert von 24 000 Pfund Sterling, kaum ein Jahrzehnt später lag der Export bereits bei 2,2 Millionen Pfund Sterling.

Innerhalb kürzester Zeit entwickelte sich ein hoher Bedarf an Arbeitskräften für den Bergbau, aber auch für den Bau und die Unterhaltung von Verkehrswegen oder die Versorgung der Bergleute mit Gütern des täglichen Bedarfs.[170] Der Gold- und Diamantenbergbau wurde damit zum führenden Sektor der südafrikanischen Wirtschaft und verdrängte die landwirtschaftlichen Produkte vom Spitzenplatz auf der Liste der Exportwaren. Außerdem verhinderte er den Ausbruch einer sich abzeichnenden gesamtwirtschaftliche Krise, denn die Eröffnung des Suez-Kanals 1869 hatte die Zahl der Schiffe, die Südafrika auf dem Weg in den Indischen Ozean erreichten, massiv sinken lassen. In kurzer Frist kamen nun Goldsucher aus Europa, Nordamerika und Australien. Hinzu traten eine Vielzahl afrikanischer Arbeitskräfte, die in die bis dahin kaum besiedelten südafrikanischen Gebiete strebten. Das 1886 als Zelt- und Hüttendorf für Goldgräber gegründete Johannesburg am Witwatersrand entwickelte sich innerhalb nur eines Jahrzehnts zur Großstadt, bereits 1899 lebten im Großraum über eine Million afrikanische Arbeitskräfte.

Die Arbeit in den Bergwerken verteilte sich entsprechend einer rassistischen Ordnung: Wenige europäische Ingenieure und Fachleute trafen auf eine große Zahl afrikanischer Arbeitskräfte, die jene – schlechtbezahlten – Tätigkeiten übernahmen, die mit hoher körperlicher Beanspruchung und Risiken für die Gesundheit verbunden waren. Unter den Beschäftigten im Goldbergbau gab es zwischen den 1910er- und den 1950er-Jahren im Durchschnitt ca. 20 000 bis 40 000 Arbeitskräfte europäischer und rund 200 000 bis 300 000 afrikanischer Herkunft. Ein Großteil der Afrikaner kam nicht aus den britischen Besitzungen beziehungsweise der Südafrikanischen Republik, sondern aus der Exklave Basutoland/Lesotho, dem südostafrikanischen Njassaland/Malawi und vor allem aus der portugiesischen Kolonie Mosambik. Kurz vor der Wende vom 19. zum 20. Jahrhundert stammten rund 60 Prozent aller afrikanischen Arbeitskräfte in den Goldminen aus Mosambik, 1906 waren es sogar ca. 65 Prozent.

Die Montanunternehmer erschlossen immer neue Arbeitskräftepotenziale im südlichen Afrika, um das Arbeitskräfteangebot hoch und die Löhne niedrig zu halten. Hinzu kamen innenpolitische Erwägungen, die auf Konflikte zwischen Land- sowie Minenbesitzern und damit zwischen burischen und britischen Interessen reagierten: Eine Beschäftigung einheimischer Afrikaner in den Minen hätte die Versorgung der Farmen mit Arbeitskräften gefährdet und deren Lohnkosten in die Höhe getrieben. Den mosambikanischen Arbeitsmarkt sicherten Abkommen mit dem »Mutterland« Portugal für die südafrikanischen Rohstoffkonzerne.

Aus ihrer Sicht bildete eine verstärkte Beschäftigung von Arbeitskräften europäischer Herkunft keine Alternative – sie galt als lohntreibend. Afrikanische Bergarbeiter wanderten meist allein zu, in Phasen des Beschäftigungsmangels kehrten sie zurück in ihre Heimatregionen. Ihre Familien blieben im Herkunftsraum und versorgten weiter die landwirtschaftlichen Subsistenzbetriebe. Europäische Arbeitskräfte hingegen kamen meist im Familienverband und mussten folglich einen höheren Verdienst erzielen. Anders als die Europäer unterlagen die Afrikaner zudem scharfen rechtlichen Diskriminierungen und besaßen kein Wahlrecht, sodass es weitreichende Möglichkeiten gab, sie zu disziplinieren.[171] Aus Sicht der Unternehmer bewährte sich dieses Beschäftigungssystem: Bis in die 1970er-Jahre kamen die afrikanischen Bergleute in Südafrika meist aus dem benachbarten Ausland und den Reservaten, den späteren »homelands«.

Je weiter zu Beginn des 20. Jahrhunderts die Arbeitskräftepotenziale in den nördlich angrenzenden Gebieten ausgeschöpft waren, desto lauter wurden die unternehmerischen Stimmen nach der Anwerbung neuer Arbeitskräfte. Zwischen 1904 und 1907 wurden rund 64 000 Arbeitskräfte in den ostchinesischen Provinzen Shandong, Hebei und

Henan für die südafrikanischen Bergwerke auf der Basis von Dreijahresverträgen angeworben. Wegen der miserablen Arbeits- und Lebensbedingungen und eines Lohnniveaus, das noch unter dem der afrikanischen Arbeitskräfte lag, wuchsen allerdings in der politischen und publizistischen Debatte die Vorbehalte gegenüber ihrer Rekrutierung. Die Anwerbung blieb Episode: Bis auf wenige Ausnahmen wurden die chinesischen Arbeiter mit dem Auslaufen ihrer Verträge wieder nach China zurücktransportiert. In der Zwischenzeit war es den Minen gelungen, neue afrikanische Arbeitskräfte zu rekrutieren, ohne die Löhne erhöhen zu müssen.[172]

Nicht als Episode erwies sich demgegenüber die früher einsetzende und deutlich umfangreichere Anwerbung von Arbeitskräften vom indischen Subkontinent. Ihre Zuwanderung begann in der Kolonie beziehungsweise späteren südafrikanischen Provinz Natal bereits 1860. Bis 1866 stieg ihre Zahl auf rund 6300 an. Den Hintergrund für die Anwerbung bildete die verstärkte Nachfrage nach Arbeitskräften auf den seit den 1850er-Jahren wachsenden großen Plantagen. Das subtropische Klima Natals schien für die Produktion exportfähiger Pflanzen ideal zu sein: Zuckerrohr, die für die Lederverarbeitung und für medizinische Zwecke begehrte Gerber-Akazie, später auch Teesträucher und Bananenstauden. Allerdings standen kaum afrikanische Arbeitskräfte zur Verfügung, weil sie in Natal über ausreichend Land für die eigene Subsistenz verfügten. Und Sklaverei war, wie überall im britischen Weltreich, seit den 1830er-Jahren am Kap verboten. Indische Arbeitskräfte wurden für jeweils fünf Jahre angeworben, konnten aber die Vertragslaufzeit verlängern. Die Löhne waren konkurrenzlos niedrig.[173]

Nachdem in den späten 1860er- und frühen 1870er-Jahren zunächst wegen einer Rezession weitere Anwerbungen ausgesetzt worden waren, wuchs nach 1874 die Zahl der Inder rapide an. Bis 1911 verpflichteten sich über 152 000 zur Arbeit in Natal, rund die Hälfte kehrte nach Indien zurück, 1904 lebten in Natal knapp über 100 000 Inder. Jetzt ging es nicht mehr in erster Linie um die Arbeitskräfteversorgung der wachsenden Plantagenwirtschaft, die inzwischen auch auf zahlreiche Afrikaner zurückgreifen konnte. Vielmehr hatten sich

Wanderungstraditionen etabliert, denen seit 1875 auch indische Kleinkaufleute, Eisenbahnarbeiter oder Bergleute für die Kohlereviere des nördlichen Natal folgten.

Natal blieb das Hauptziel indischer Zuwanderer. 82 Prozent aller in Südafrika ansässigen Inder lebten 1904 in Natal, 1960 waren es 83 Prozent. Der burische Oranje-Freistaat untersagte demgegenüber 1890 die indische Zuwanderung – das Verbot blieb bis 1972 bestehen. Die starke Zuwanderung aus Indien stieß nicht nur im Oranje-Freistaat auf Vorbehalte. Briten und Buren, die sich ohnehin in einer Minderheitensituation gegenüber den Afrikanern befanden, sahen ihre soziale und politische Position gefährdet – immerhin lag zu Beginn des 20. Jahrhunderts der Anteil von Menschen europäischer Herkunft in Natal bei 8,8 Prozent, während der Bevölkerungsteil indischer Herkunft 9,1 Prozent ausmachte. Kritik gab es auch wegen der geringen Entlohnung indischer Arbeitskräfte, die dazu beitrug, dass das Lohnniveau in Südafrika niedrig blieb. Die indischen Händler galten zudem den etablierten Kaufleuten vornehmlich britischer Herkunft als gewinnminimierende Konkurrenten.

Politische Reaktionen blieben nicht aus: Seit 1895 mussten alle Inder, die nicht in einem Vertragsverhältnis als landwirtschaftliche Arbeitskräfte standen, eine hohe Steuer entrichten. 1911 kam es schließlich zum Verbot neuer Anwerbungen. Damit endeten allerdings die vielfältigen Konflikte in einer rassistisch hierarchisierten Gesellschaft nicht, in der eine Minderheit europäischer Herkunft eine gleichberechtigte Teilhabe afrikanischer und asiatischer Gruppen zu verhindern strebte. Ihren Höhepunkt erreichten die Spannungen 1913 mit einem Streik der Inder in der Folge einer langen Reihe von Protesten, die nicht zuletzt auch Ergebnis der Bemühungen des indischen Anwalts Mohandas Karamchand (Mahatma) Gandhi waren, die Inder im südlichen Afrika zu organisieren, um rechtliche und gesellschaftliche Diskriminierungen zu beseitigen.

Der Erfolg des Streiks war begrenzt, im System der Rassenpolitik beziehungsweise seit dem Zweiten Weltkrieg der Apartheid blieb den Indern als »Mischlingen« politische Partizipation ebenso weithin verwehrt wie eine freie wirtschaftliche Entfaltung. Bis in die 1960er-Jahre akzeptierte die südafrikanische Politik nicht, dass die indische Präsenz dauerhaft sein würde. Das migrationspolitische Kernziel blieb die Repatriierung, der sich allerdings nicht nur die Betroffenen verweigerten, sondern die auch auf Widerstand der britisch-indischen und später der indischen Regierung stieß.

Auffällig bleibt bis in die Gegenwart der hohe Anteil der indischen Einwanderer im Handel. In diesem Bereich waren schon 1936 rund 27 Prozent aller erwerbstätigen Inder in Südafrika tätig – gegenüber rund 16 Prozent der Erwerbstätigen europäischer und 0,2 Prozent afrikanischer Herkunft. Sie strebten in diesen Wirtschaftszweig, um den niedrigen Löhnen auf den Plantagen oder im Bergbau zu entgehen. Diverse andere Beschäftigungsbereiche blieben ihnen aufgrund der Rassenpolitik ohnehin versperrt (öffentlicher Sektor, industrielle Produktion, qualifizierte Beschäftigung im Bergbau). Die Kaufleute indischer Herkunft in Südafrika waren Teil der international agierenden, zumeist familiengebundenen Handelsnetzwerke von Indern, die vom Herkunftsland über Mauritius und Ostafrika bis nach Großbritannien reichten. Den familienwirtschaftlich (mithin kostengünstig) operierenden Kleinunternehmen gelang es, über Generationen bestimmte Innenstadtlagen und Handelsprodukte zu monopolisieren, wie sich vor allem in Durban am Indischen Ozean beobachten lässt.[174]

Die Kontraktarbeit der »Coolies«

Die Beschäftigung indischer landwirtschaftlicher Arbeitskräfte seit den 1860er-Jahren in Natal bildet ein Beispiel für die Etablierung eines globalen Systems von Arbeitsmigrationen auf der Basis restriktiver Verträge im 19. und frühen 20. Jahrhundert. Im Zuge des Verbots der Sklaverei in den britischen Besitzungen begab sich vor allem die Großlandwirtschaft auf die Suche nach neuen Arbeitskräftepotenzialen. Seit 1834 wurden indische Kontraktarbeiter auf den Zuckerrohrplantagen der Insel Mauritius im Indischen Ozean beschäftigt. 1860 folgten die Plantagenwirtschaften in Natal, aber auch in der Karibik (Jamaika, Trinidad, Guyana).[175] Großgrundbesitzer in französischen Kolonien warben seit diesem Zeitpunkt ebenfalls indische Arbeitskräfte an: Martinique und Guadeloupe im karibischen Raum sowie die Insel Réunion im Indischen Ozean waren die Zentren. Mauritius erreichten von den 1840er-Jahren bis 1917 insgesamt 450 000 indische Arbeitskräfte, Réunion zwischen 1829 und 1924 ca. 118 000, Guadeloupe zwischen 1854 und 1885 rund 43 000, Martinique mehr als 25 000.[176]

Dem Beginn der Anwerbung in Mauritius, das Vorbild für andere Kolonien wurde, ging eine jahrzehntelange Experimentierphase britischer Autoritäten und lokaler Grundbesitzer voraus. Ein Element bildete dabei die Deportation und Zwangsarbeit indischer Sträflinge. Ihre Beschäftigung mündete in die Übernahme des Systems der »Indentured Labourers«, auf dessen Basis bis in das frühe 19. Jahrhundert auch viele Europäer in die Siedlungskolonien der beiden Amerikas gelangten. Angeworben wurde zumeist für drei bis fünf Jahre für einen Betrieb oder einen Arbeitgeber, der die Passage finanzierte. An ihn blieben die Arbeitskräfte für die Dauer der Vertragslaufzeit gebunden, eine Vertragsverlängerung war möglich. 1871 erfolgte eine gesetzliche Regelung der Anwerbung. Seither mussten sich die Agenten als Vermittler der Kontrakte registrieren lassen, Aufsicht über die Anwerbe- und Transportbedingungen führten staatliche Kontrollbehörden in den Häfen von Kalkutta, Bombay und Madras. Gesundheitsprüfungen bei Abfahrt und Ankunft waren nunmehr obligatorisch.

Die Rechte der Vertragsarbeitskräfte blieben dennoch gering, die Möglichkeiten der Arbeitgeber, die Vertragsbedingungen durchzusetzen, hingegen sehr hoch, zumal sie mit der Unterstützung der Kolonialverwaltungen rechnen konnten. Niedrige Löhne, hohe Schulden, weil die Arbeitgeber die Passagekosten vorstreckten, harte Arbeit und primitive Unterkünfte kennzeichneten die sozialen Verhältnisse. Der Gewalt der Arbeitgeber konnten sich die Kontraktarbeiter kaum entziehen. Frauen traf das besonders hart: Ihre Löhne lagen extrem niedrig, ihre zunehmende Beschäftigung auf den Plantagen trug dazu bei, das Lohnniveau auch der männlichen Arbeitskräfte stabil zu halten oder sogar zu senken. Zahlreiche Berichte verdeutlichen, dass sexuelle Gewalt an der Tagesordnung war, alleinstehende Frauen ohnehin als Prostituierte galten und sie sich nicht selten zur Prostitution genötigt sahen, weil ihre Löhne ein Überleben nicht ermöglichten. Anfänglich war die Zuwanderung von Frauen auf die Plantagen zwar unerwünscht gewesen, rasch aber ergaben sich für die Besitzer Vorteile: Die Zuwanderung von Familien und die Heirat der Arbeitswanderer stabilisierten die soziale Situation und verringerten die Fluktuation.

»Coolies« arbeiteten auch bei zahlreichen Infrastrukturprojekten mit, die in der Regel ohne erhebliche technische Unterstützung in Handarbeit ausgeführt wurden: Das galt für den Eisenbahnbau ebenso wie für Hafenbauten, den Kanalbau, Flussregulierungen, aber auch die Erschließung von Kohle- und später Erdöllagerstätten.[177] Wegen der vielen Missstände und der harschen Kritik indischer Politiker an den Auswüchsen des Systems wurde diese Form der Kontraktarbeit 1917 im britischen Weltreich verboten. Trotz der Dimensionen darf nicht übersehen werden, dass die indische Migration außerhalb des Kontraktsystems wesentlich umfänglicher war: Unter den 28 Millionen Indern beiderlei Geschlechts, die zwischen 1846 und 1932 das Gebiet der späteren Republik Indien verließen, bildeten die Vertragsarbeitskräfte mit rund zehn Prozent eine Minderheit. Wichtigste Ziele der indischen Migration bildeten Burma (Myanmar) mit 15 Millionen Zuwanderern, die Insel Ceylon (Sri Lanka) mit acht Millionen und Malaysia mit vier Millionen. Die höchsten Abwanderungsraten verzeichnete das letzte Jahrzehnt des 19. Jahrhunderts. 80 Prozent der Migranten kehrten jedoch später wieder zurück.[178]

Kontraktarbeitskräfte kamen in großer Zahl auch aus China, ihre Zahl blieb allerdings hinter jener der Inder zurück. Wohl rund 750 000 Chinesen gingen als »Coolies« in andere Weltteile, rund ein Drittel von ihnen arbeitete in der Karibik und auf dem lateinamerikanischen Festland, ein weiteres Drittel kam zwischen den 1880er-Jahren und dem Ersten Weltkrieg auf die Insel Sumatra in Niederländisch-Indien. Schätzungen sprechen davon, dass zwischen 1847 und 1874 rund 143 000 von ihnen nach Kuba und 120 000 nach Peru kamen. Ihre Verträge liefen in der Regel über fünf bis acht Jahre. Sie arbeiteten in Kuba vornehmlich auf den Zuckerrohrplantagen und in Peru beim Abbau von Guano, also den über Jahrtausenden angelagerten Exkrementen von Seevögeln, die die europäische Landwirtschaft als Düngemittel stark nachfragte und das ein wichtiges europäisches Importgut bildete. Hinzu traten weitere Ziele im Pazifischen und Indischen Ozean sowie im bereits erwähnten Südafrika.

Wie im Fall der indischen Migration war die Zahl der Chinesen, die sich außerhalb des restriktiven Kontraktsystems bewegten, wiederum viel höher: Weniger als ein Fünftel der chinesischen Arbeitsmigranten zählten zu den »Kontraktarbeitern«.[179] Von den elf Millionen Migranten, die China im »langen« 19. Jahrhundert verließen, ging mehr als ein Drittel nach Thailand, ein weiteres Drittel nach Niederländisch-Indien (vor allem nach Borneo), ein Viertel in das französische Indochina und etwa eine Million auf die Philippinen. Rund eine halbe Million erreichte Australien, Neuseeland sowie diverse Inseln im Pazifik und im Indischen Ozean. Zumeist stammten sie aus der südchinesischen Provinz Guangdong (Kanton) und dem benachbarten Fujian.

Flucht, Vertreibung, Deportation

Migration und die Weltkriege des 20. Jahrhunderts

7

7. Flucht, Vertreibung, Deportation

Der Erste und der Zweite Weltkrieg bedeuteten tiefe Einschnitte in die weltpolitische Ordnung und die weltwirtschaftlichen Verhältnisse. Europa verlor in kurzer Zeit die über Jahrhunderte errungene Position als globales politisches Zentrum, die Kolonialreiche waren aus politischen und finanziellen Gründen nicht mehr zu halten. Den folgenden »Kalten Krieg« erlebte das »Alte Europa« kaum mehr als eigenständig operierender weltpolitischer Akteur. Die weltweiten kriegerischen oder kriegsähnlichen Konflikte des 20. Jahrhunderts und deren politische Folgen führten zu einer enormen Zunahme der Gewaltmigrationen. Das galt für Deportation und Zwangsarbeit in den Kriegswirtschaften, für Evakuierung und Flucht aus den Kampfzonen ebenso wie für Massenausweisung und Vertreibung nach Kriegsende.

Der Erste Weltkrieg als Motor von Gewaltmigrationen

Der Erste Weltkrieg führte als »totaler« Krieg zu einem rapiden Anwachsen der militärischen Kapazitäten der Gegner. Ein Kennzeichen der daraus resultierenden neuen Konfliktdynamik war, dass die militärischen Operationen zum Teil innerhalb weniger Tage und Wochen Millionen von Zivilisten in den Kampfzonen entwurzelten; denn die Operationsgebiete der Armeen weiteten sich erheblich aus und umfassten zeitgleich große Teile des europäischen Kontinents. Allein in den ersten drei Monaten nach dem deutschen Angriff flohen beispielsweise 1,4 Millionen Belgier, also ein Fünftel der 1914 knapp sieben Millionen Menschen umfassenden Gesamtbevölkerung des Landes, in die Niederlande, nach Frankreich oder Großbritannien. Weitere Hunderttausende verließen fluchtartig die Kampfzonen in Nord- und Nordostfrankreich, deren Bevölkerung noch ein Jahr nach Kriegsende mit rund zwei Millionen erst wieder rund 40 Prozent des Vorkriegsstandes erreichte.[180]

Bild Seite 127: »Displaced Persons« werden nach Kriegsende von den Alliierten versorgt. Im Rahmen der nationalsozialistischen Kriegswirtschaft waren sie aus den von Deutschland besetzten Gebieten als Zwangsarbeitskräfte ins Reich geholt worden. Nach ihrer Befreiung wird die Rückführung in die Heimatländer vorbereitet.

Noch größer nahmen sich die Fluchtbewegungen auf den Kriegsschauplätzen im Osten Europas aus. Sie begannen in Ostpreußen, das russische Truppen in den ersten Augustwochen 1914 zu weiten Teilen eroberten. Eine halbe Million Flüchtlinge strömte in Richtung Westen. Die Offensive der Truppen des Zaren führte auch im österreichisch-ungarischen Galizien zu Flüchtlingselend und panikartigen Evakuierungen, von denen etwa 800 000 Menschen betroffen waren.[181] Der kurz darauf einsetzende Vormarsch deutscher und österreichisch-ungarischer Armeen in Richtung Osten entwurzelte Millionen Menschen in den Grenz- und Kampfgebieten des russischen Westens. Die Behörden zählten im Dezember 1915 insgesamt 2,7 Millionen, im Mai 1916 dann mehr als 3,1 Millionen Flüchtlinge und Evakuierte auf dem nicht-besetzten russischen Territorium, andere Schätzungen sprechen sogar von fünf Millionen.[182] Bis Juli 1917 soll sich ihre Zahl auf mindestens sieben Millionen erhöht haben.

Die Kriegssituation begünstigte eine Politik der Gewaltmigration gegenüber missliebigen Minderheiten. Erst der beschleunigte Ausbau der Interventions- und Ordnungskapazitäten der Staaten im Krieg bot die administrativen Instrumente, um Massenausweisungen oder -vertreibungen durchzuführen. Zudem förderte der Erste Weltkrieg die Verbreitung extremer Nationalismen – Fremdenfeindlichkeit und Ausgrenzung von Minderheiten nahmen zu. Im Zarenreich war die jüdische Bevölkerung im Kriegsgebiet besonders betroffen. Sie hatte Pogrome der russischen Truppen und der von den Behörden unterstützten Zivilbevölkerung zu erdulden, weil sie als Feind im Inneren galt: Sie wurde kollektiv der Unterstützung der deutschen und österreichisch-ungarischen Truppen verdächtigt. Auch andere Gruppen standen im Ruf, eine »fünfte Kolonne« hinter der eigenen Frontlinie zu bilden und wurden für die russischen Niederlagen verantwortlich gemacht: Die Behörden transportierten Hunderttausende Letten und Russlanddeutsche in den Osten des Reiches. Gewalttätige Ausschreitungen und Zwangsmaßnahmen verschlechterten zudem die Situation dieser Minderheiten. Vergleichbare Muster einer in der Kriegssituation verschärften Diskriminierungs- und Deportationspolitik lassen sich in Österreich-Ungarn gegenüber Serben, Ukrainern und Italienern beobachten.

7. Flucht, Vertreibung, Deportation

Ein Instrument zum staatlichen Umgang mit »feindlichen Ausländern« bildete die Internierung. 400 000 von ihnen wurden in den kriegführenden europäischen Staaten 1914–1918 als »Zivilgefangene«[183] in Lagern festgehalten, Zehntausende darüber hinaus unter Zwang repatriiert. Frankreich und Großbritannien begannen bereits im August 1914 mit einer Politik der Internierung und Abschiebung, die auch Menschen betraf, die die französische oder britische Staatsangehörigkeit besaßen, aber aus gegnerischen Staaten zugewandert waren. Deutschland, Österreich-Ungarn und Russland folgten seit Anfang 1915 diesem Beispiel.

Im Ersten Weltkrieg kam es zudem zur Internationalisierung der Arbeitsmärkte und Heere, die häufig mit Deportation und Zwangsrekrutierung verbunden war: Frankreich und Großbritannien griffen dabei vor allem auf ihre Kolonialbesitzungen und informellen Imperien zurück. Von 1914 bis 1918 mobilisierten die europäischen Kolonialmächte mindestens eine Million afrikanische Soldaten, die nicht nur in den Kämpfen in Afrika eingesetzt wurden, sondern auch in großer Zahl nach Europa kamen. Bis Kriegsende rekrutierte Frankreich mehr als 600 000 Soldaten in den Kolonien: Der weitaus größte Teil kam aus Nord- (ca. 300 000) und Westafrika (170 000).[184] Die britischen Truppen verstärkten dagegen etwa 1,2 Millionen indische Soldaten, in erster Linie auf den Kriegsschauplätzen in Ostafrika und im Nahen Osten, aber auch in Europa.

Der massive Arbeitskräftemangel in den Kriegswirtschaften schien außerdem zur verstärkten Rekrutierung über die nationalen Arbeitsmärkte hinaus zu nötigen. In den Kolonien, in den besetzten Gebieten und gegenüber den Kriegsgefangenen bildeten sich Muster der Zwangsrekrutierung und Zwangsarbeit heraus. Das galt für die über 200 000 Arbeitskräfte aus Afrika und Asien, die Frankreich beschäftigte.[185] Auch die 100 000 Chinesen, die die britischen Militärbehörden für Tätigkeiten hinter den Frontlinien in Nordfrankreich seit 1916 vor allem in der ostchinesischen Provinz Shandong anwarben, lebten in streng überwachten Lagern.[186]

Die Beschäftigung kolonialer Arbeitskräfte kam für Deutschland während des Kriegs wegen der fehlenden Verkehrsverbindungen und der frühen Eroberung des größten Teils des deutschen Kolonialreichs durch alliierte Truppen nicht in Frage. Daher wurde vor allem auf Arbeiter aus den Besatzungsgebieten zurückgegriffen: Arbeitskräfte wurden unter Zwang in den besetzten Gebieten selbst eingesetzt (Belgien, Nordfrankreich, Polen, Baltikum)[187], an der Rückkehr in die Herkunftsländer nach Kriegsbeginn gehindert (landwirtschaftliche Arbeitskräfte aus Russisch-Polen) oder während des Kriegs nach Deutschland deportiert (rund 60 000 belgische Arbeitskräfte Ende 1916/Anfang 1917).

Die kriegführenden Staaten setzten zudem die meisten der acht bis neun Millionen Kriegsgefangenen in den Kriegswirtschaften oder in frontnahen Etappengebieten ein, um den durch die Mobilisierung von rund 60 Millionen europäischen Soldaten hervorgerufenen Arbeitskräftemangel zu vermindern. Ihre Internierung war von Kriegsbeginn an eine große Herausforderung für die kriegführenden Staaten: Diese bauten Kriegsgefangenenlager auf und aus, die mit zum Teil sehr hohen Kapazitäten internierte gegnerische Soldaten aufnahmen. Das Massenphänomen Kriegsgefangene führte zur Etablierung ganzer Lagerlandschaften im Europa des Ersten Weltkriegs. Die Internierung blieb nach Kriegsende im November 1918 weiter bestehen und bildete ein politisches Problem bis zum Abschluss der Repatriierungsaktionen und damit der Rückkehr der letzten deutschen, österreichischen und russischen Kriegsgefangenen im Juli 1922. Zehntausende von Kriegsgefangenen verließen aber auch anschließend aus den verschiedensten Gründen das Land ihres ehemaligen Kriegsgegners nicht.

Gewaltmigration in der Zwischenkriegszeit

Das Ende des Ersten Weltkriegs leitete eine Phase millionenfacher Rückwanderungen von Flüchtlingen, Vertriebenen, Evakuierten, Zwangsarbeitskräften und Kriegsgefangenen ein. Zugleich gewannen Migrationen erheblich an Gewicht, die Ergebnis der auf den Krieg folgenden Staatenbildungsprozesse waren. Jede der vielen europäischen Grenzverschiebungen führte zu Fluchtbewegungen und Umsiedlungen. In allen Fällen lassen sich bestimmte Grundmuster ausmachen: Zuerst verließen Verwaltungs- und Polizeibeamte, Lehrer und andere

7. Flucht, Vertreibung, Deportation

Personen, die unmittelbar mit dem vormals herrschenden Staat verbunden gewesen waren, die abgetretenen Gebiete. Dann gingen häufig Industrielle, Gewerbetreibende und Kaufleute, die ihre Unternehmen durch neue Zollgrenzen, Währungen oder Gesetze bedroht sahen. Verfolgten die neuen Regierungen zudem eine restriktive Minderheitenpolitik, konnte sich die Abwanderung schnell zu einer Massenbewegung entwickeln.

Deutschland, Österreich und Ungarn nahmen unmittelbar nach dem Krieg zwei Millionen Menschen aus den verloren gegangenen Territorien auf.[188] Deutschland erreichten mehr als eine Million Menschen aus den aufgrund des Versailler Vertrags abzutretenden Gebieten. Allein aus dem an Frankreich abgetretenen Elsass-Lothringen kamen 150 000 Menschen, weitere 16 000 stammten aus den ehemaligen Kolonien. Weitaus umfangreicher war die Zuwanderung aus den nach dem Versailler Vertrag an Polen abgetretenen Ostgebieten. Bis 1925 wurden 850 000 deutsche »Grenzlandvertriebene« aus den polnischen Westgebieten gezählt.[189] Von der Bevölkerung, die Ende der 1920er-Jahre in Österreich lebte, waren mehr als zehn Prozent, insgesamt 764 000 Menschen, außerhalb der neuen Grenzen geboren worden; davon stammten allein 440 000 aus Böhmen und Mähren, dem neuen Kerngebiet der 1918 geschaffenen Tschechoslowakei.[190]

Nationalitätenpolitisch motivierte »Entmischungen« solcher Art wurden auch in anderen Gebieten Südosteuropas praktiziert: Der Frieden von Lausanne 1923, der den griechisch-türkischen Krieg 1920–1922 beendete, schrieb die migratorischen Ergebnisse der Konflikte in Südosteuropa und in Kleinasien seit den Balkankriegen 1912/13 fest und legitimierte sie. Ausgemacht wurde, dass alle Griechen türkisches Territorium – mit Ausnahme Istanbuls – zu verlassen hatten; zugleich mussten alle Muslime griechisches Territorium räumen. Im Endergebnis wurden etwa 1,35 Millionen Griechen und ca. 430 000 Türken umgesiedelt. Nach den Umsiedlungen war ein Sechstel aller Griechen außerhalb Griechenlands geboren. Griechische Provinzen, wie etwa Kavalla, Drama oder Nestos, bis dahin beinahe vollständig muslimisch besiedelt, waren nunmehr fast rein griechisch. Der Anteil der Griechen an der Bevölkerung stieg dadurch beispielsweise in

Makedonien von 43 Prozent im Jahr 1912 auf 89 Prozent 1928. In der Zwischenkriegszeit setzte sich die oft unter Zwang vollzogene »Rückwanderung« der Muslime auch aus anderen Balkanländern in die Türkei fort. Betroffen davon waren bis zum Ende der 1920er-Jahre rund eine Million Menschen in Griechenland, Jugoslawien, Rumänien und Bulgarien. Sie wurden nicht selten in jenen Gebieten der Türkei angesiedelt, die die Griechen hatten verlassen müssen. Die Gesamtzahl der von Umsiedlungen, Deportationen, Fluchtbewegungen und Vertreibungen betroffenen Menschen in der Folge des Kriegs lag in Europa Mitte der 1920er-Jahre wahrscheinlich bei mindestens 9,5 Millionen.[191]

Im Kontext der ost-, ostmittel- und südosteuropäischen Staatsbildungen kam es vor dem Hintergrund tiefgreifender wirtschaftlicher, sozialer und politischer Krisen auch zu schweren Übergriffen auf die jüdische Bevölkerung. Die Zahl der Pogrome ist auf nicht weniger als 2000 beziffert worden. Zehntausende, möglicherweise auch Hunderttausende Juden wurden ermordet, wahrscheinlich eine halbe Million verloren allein in Russland und der Ukraine ihre Heimat. Viele suchten den Weg über die weithin verschlossenen Grenzen nach Westen und über den Atlantik. Der Völkerbund schätzte ihre Zahl 1921 auf 200 000, andere Quellen sprechen sogar von 300 000. Weiterer Antriebsfaktor für die starke Abwanderung war die Verschlechterung der wirtschaftlichen Position von Juden in Ost- und Ostmitteleuropa durch den Ersten Weltkrieg. Verschärfend wirkte hier nach Kriegsende auch die Etablierung neuer Zollgrenzen sowie neuer, zumeist stark inflationsgeschwächter Währungen und neuer rechtlicher Rahmenbedingungen der Wirtschaft.[192]

Die umfangreichste Gruppe unter den Zwangsmigranten aus Osteuropa bildeten allerdings Flüchtlinge vor Revolution und Bürgerkrieg: Während im Revolutionsjahr 1917 erst wenige Menschen Russland verlassen hatten, darunter viele hohe Adlige und Unternehmer, die oft große Teile ihres Besitzes retten konnten, entwickelte sich die Fluchtbewegung im Zuge des Bürgerkriegs zur Massenerscheinung. 1920 und 1921 nahm die Zahl der Flüchtlinge mit den Niederlagen der weißen Truppen sehr stark zu. Hinzu kamen zahlreiche Ausweisungen aus der UdSSR, die 1922 ihren Höhepunkt erreichten. Mit Blick auf

7. Flucht, Vertreibung, Deportation

die Sozialstruktur der Ausgangsbevölkerung umfasste die russländische Fluchtbewegung überdurchschnittlich viele Angehörige mittlerer und höherer sozialer Schichten. Die im Zarenreich dominierende bäuerliche Bevölkerung war demgegenüber weit unterdurchschnittlich vertreten. Ein bis zwei Millionen Menschen sollen zwischen 1917 und 1922 wegen des Umsturzes der politischen Verhältnisse die Gebiete des ehemaligen Zarenreichs verlassen haben. Sie wurden buchstäblich über die ganze Welt verstreut, der größte Teil aber sammelte sich zunächst in Südosteuropa, in Deutschland und Frankreich.[193]

Restriktive Aufnahmepolitik, Wohnungsnot und die schwierige Lage auf dem Arbeitsmarkt trieben die russländischen Flüchtlinge in zahlreichen Ländern zu Weiterwanderungen. Bildete zunächst das »Russische Berlin« ihr Zentrum, übernahm mit der Abwanderung vieler Flüchtlinge aus Deutschland Mitte der 1920er-Jahre das »Russische Paris« diese Rolle und behielt sie bis zum Einmarsch der deutschen Truppen 1940. Frankreich hatte einen großen Bedarf an Arbeitskräften und war deshalb bereit, ein höheres Maß an Rechts- und Statussicherheit zu gewähren als Deutschland. Das Zentrum des russländischen Exils aber verschob sich dennoch weiter über den Atlantik. Nordamerika wurde immer häufiger Ziel der stufenweisen räumlichen Distanzierung von der Heimat. Der Zweite Weltkrieg verlagerte endgültig das Zentrum in die USA mit einem politischen und kulturellen Schwergewicht auf New York.

Ähnliche Prozesse lassen sich bei der Flucht aus dem nationalsozialistischen Deutschland nach 1933 beobachten. Sie betraf politische Gegner des Regimes, vor allem aber all jene, die aufgrund der rassistischen Weltanschauung des Nationalsozialismus zu geächteten Fremden erklärt wurden. Das galt in erster Linie für Juden. Die Fluchtbewegung aus dem nationalsozialistischen Deutschland verlief schubweise. Die erste Hochphase konnte 1933 mit der Machtübernahme Hitlers und den ersten Maßnahmen zur Bekämpfung innenpolitischer Gegner sowie den ersten antisemitischen Gesetzen registriert werden. Die rassistischen »Nürnberger Gesetze« von 1935 ließen die nächste umfangreiche Fluchtbewegung folgen. Der letzte große Schub setzte mit der offenen Gewalt gegen Juden in den Novemberpogromen 1938 ein und endete mit dem Beginn des Zweiten Weltkriegs, der die Möglichkeiten des Grenzübertritts stark beschnitt, bevor er mit dem Abwanderungsverbot 1941 im Genozid an den deutschen und europäischen Juden endete.[194]

Die genaue Zahl der Flüchtlinge aus Deutschland ist unbekannt. Die weitaus größte Gruppe stellten Juden, von denen wohl etwa 280 000 bis 330 000 das Reich verließen. Nimmt man die Flucht von Juden aus Österreich nach dem »Anschluss« an das Deutsche Reich 1938 (150 000) und aus der Tschechoslowakei nach dem Münchner Abkommen im gleichen Jahr hinzu (33 000), beläuft sich allein die jüdische Fluchtbewegung aus dem deutsch-beherrschten Mitteleuropa insgesamt auf vielleicht 500 000. Aufnahme gewährten weltweit mehr als 80 Staaten. Ziele waren zunächst die europäischen Nachbarländer Deutschlands. Die Hälfte der jüdischen Flüchtlinge aber wanderte weiter, zunehmend in die USA. Die Zahl der Flüchtlinge wurde 1941 hier auf insgesamt 100 000 geschätzt, Argentinien folgte mit 55 000 vor Großbritannien mit 40 000. Während des Zweiten Weltkriegs verschob sich das Gewicht noch weiter zugunsten der USA, die letztlich etwa die Hälfte aller Flüchtlinge aufnahmen.

Im Vergleich dazu war die Zahl der Mitglieder des politischen Exils aus Deutschland sowie Österreich und den deutschsprachigen Gebieten der Tschechoslowakei nach 1938 weitaus kleiner. Sie belief sich bis 1939 auf etwa 25 000 bis 30 000 Menschen, überwiegend Sozialdemokraten und Kommunisten. Aufschlussreich ist hier ein Vergleich mit dem faschistischen Italien. Weil das Mussolini-Regime trotz deutschen Drucks bis zum Zweiten Weltkrieg keine antisemitischen Maßnahmen durchsetzte, blieb die Abwanderung hier beinahe ausschließlich auf politische Flüchtlinge beschränkt. Zwischen der Machtübernahme Mussolinis im Oktober 1922 und 1937 verließen wahrscheinlich 60 000 Menschen das Land aus politischen Gründen, 10 000 davon lebten allein in Frankreich. Für das deutsche und das italienische Exil galt gleichermaßen: Um die politische Arbeit vom Ausland aus weiterzutreiben, blieben die meisten geflüchteten Regimegegner in Europa, vor allem in Frankreich, Spanien, Großbritannien und der Sowjetunion.

Die letzte große grenzüberschreitende Fluchtbewegung der Zwischenkriegszeit prägte Europa im Jahr 1939. Die Flüchtlinge des spanischen Bürgerkriegs hatten sich lange meist innerhalb des Landes bewegt, vor allem Madrid und Barcelona verzeichneten umfangreiche Flüchtlingsbevölkerungen. Im August 1938 wurden zwei Millionen Flüchtlinge im republikanischen Restspanien gezählt, am Ende des Jahres dann drei Millionen. Nach dem Zusammenbruch der spanischen Republik flohen 1939 wahrscheinlich über eine halbe Million Republikaner über die Grenze nach Frankreich, darunter zur Hälfte Zivilisten. Die französischen Behörden waren darauf nicht vorbereitet. Die in kürzester Zeit errichteten zahlreichen Lager boten deshalb sehr schlechte Lebensverhältnisse, bis im März und April 1939 weitere Lager aufgebaut wurden. Bis Ende 1939 konnten über 300 000 der Flüchtlinge Frankreich vor allem mit Unterstützung von Hilfsorganisationen wieder verlassen. Ein wesentlicher Teil ging nach Lateinamerika, vor allem nach Mexiko, ca. 150 000 kehrten nach Spanien zurück. Diejenigen, die in Frankreich bleiben mussten, gerieten in den Strudel der Ereignisse des Zweiten Weltkriegs: Sie wurden zum Teil nach der französischen Niederlage 1940 von den deutschen Besatzern oder der Vichy-Regierung an das Franco-Regime ausgeliefert, kämpften im französischen Widerstand oder kamen in deutschen Konzentrationslagern um.

Protektionistische Migrationspolitik nach dem Ersten Weltkrieg

In der Kriegswirtschaft war vor allem der Arbeitsmarkt ein bevorzugtes Objekt staatlicher Kontrolle geworden. Arbeitsmarkt- und mithin Ausländerbeschäftigungspolitik entwickelten sich zu einem wesentlichen staatlichen Steuerungsbereich. Diese Tendenz trug in der Nachkriegszeit zu einer restriktiveren Zuwanderungs- und Minderheitenpolitik bei. Mit dem Ersten Weltkrieg war im gesamten atlantischen Raum im zwischenstaatlichen Personenverkehr der Sichtvermerkzwang – in der Regel sowohl Ein- als auch Ausreisevisa – eingeführt worden.[195] Neue Instrumente von Migrationskontrolle und -steuerung wurden nach 1918 Grenzsperren und Kontingentierungen.[196] Hinzu kamen die ökonomischen Wirkungen des Kriegs. Die weltwirtschaftlichen Strukturen, die mit ihren ungleichen Austauschbeziehungen Rohstoffe und Lebensmittel nach Europa gebracht und hier über die Fertigwarenexporte das Wachstum des sekundären Sektors beschleunigt hatten, verlagerten sich. 1913 hatte der Warenaustausch zwischen den nicht-europäischen Ländern nur 25 Prozent des Welthandels ausgemacht, zwischen 1925 und 1938 lag er bei 40 Prozent – ein Indikator für die wirtschaftliche Schwächung Europas.

Wegen der Kriegszerstörungen, des Mangels an Transportkapazitäten und der allfälligen Grenzsperren entspannte sich nach dem Ersten Weltkrieg die europäische wirtschaftliche Krisensituation nur langsam. Inflationäre Geldentwertung kennzeichnete beinahe alle Währungen der am Krieg beteiligten Staaten. Behinderungen und Belastungen für den Welthandel gab es allenthalben, Exportchancen sanken, Überkapazitäten führten zu einem hohen Sockel struktureller Erwerbslosigkeit, die in der Weltwirtschaftskrise zu Beginn der 1930er-Jahre kulminierte. Für viele verringerte die wirtschaftliche Depression die Möglichkeiten, den Weg aus Europa zu finanzieren und Startkapital für den Neubeginn zu sammeln. Einen wirtschaftspolitischen Lösungsversuch in der Krise bildete die protektionistische Abgrenzung der einzelnen Volkswirtschaften voneinander, ein Kennzeichen von De-Globalisierung und weltwirtschaftlicher Desintegration. Grenzüberschreitende Bewegungen – Warenaustausch, Kapitalverkehr, Wanderungen – wurden massiv reduziert.

Vor diesem Hintergrund ging 1914 das Jahrhundert der massenhaften europäischen Übersee-Migration zu Ende. Weil fast alle wichtigen europäischen Herkunftsländer am Krieg beteiligt waren, sank die Abwanderung. Nach jährlich 1,4 Millionen europäischen Überseewanderern im Zeitraum von 1906 bis 1910 wurden im nächsten, vom Weltkrieg noch nicht schwerwiegend tangierten Jahrfünft (1911–1915) mit 1,3 Millionen pro Jahr kaum weniger Abwanderer registriert. Zwischen 1916 und 1920 ging die Zahl sehr deutlich auf ein Drittel zurück und erreichte durchschnittlich jährlich nur mehr 431 000. In den 1920er-Jahren lag die durchschnittliche Anzahl pro Jahr mit knapp unter 700 000 zwar erheblich höher als im Jahrfünft zuvor. Sie

7. Flucht, Vertreibung, Deportation

erreichte aber dennoch nicht mehr als die Hälfte der durchschnittlichen Jahresraten des Vorkriegsjahrzehnts. In den 1930er-Jahren wiederum sanken die Ziffern angesichts der Weltwirtschaftskrise erneut sehr deutlich ab: Zwischen 1931 und 1940 waren europaweit nur mehr 1,2 Millionen Überseemigranten registriert worden, ein Fünftel der Zahlen der 1920er-Jahre. Mit einer Durchschnittsziffer von jährlich 120 000 Menschen wurden die niedrigsten Werte der gesamten 100 vorangegangenen Jahre erreicht. Der Beginn des Zweiten Weltkriegs ließ dann die transatlantische Migration völlig auslaufen.

Der Blick auf die einzelnen europäischen Herkunftsländer offenbart einige charakteristische Merkmale der Überseemigration der Zwischenkriegszeit: Die zwischen 1911 und 1915 gezählten 6,7 Millionen Auswanderer kamen zu weitaus mehr als einem Viertel von den Britischen Inseln (1,9 Millionen). Ein weiteres knappes Viertel rekrutierte sich aus Italien (1,6 Millionen). Es folgten mit deutlichem Abstand Spanien (830 000), Österreich-Ungarn (730 000) und Russland (550 000). In dem vom Ersten Weltkrieg und der unmittelbaren Nachkriegszeit geprägten Abschnitt von 1916 bis 1920 sank die Abwanderung von den Britischen Inseln und aus Italien auf jeweils rund 40 Prozent des Ausgangswertes, während Spanien, das nicht am Weltkrieg beteiligt war, noch ca. 60 Prozent verzeichnete. Im Fall von Österreich-Ungarn und Russland, zwei durch den Krieg und seine Folgen besonders stark in Mitleidenschaft gezogene Staaten, ging die Abwanderung auf ein zu vernachlässigendes Maß zurück.

Das galt auch für Deutschland, wo nur mehr etwa 15 Prozent des Wertes des letzten Vorkriegsjahrfünfts erreicht wurden. Dann allerdings stieg die deutsche Auswanderung wieder an: Zwischen 1919 und 1932 wanderten 603 000 Deutsche nach Übersee aus. 1921 waren es über 24 000 Menschen, 1922 dann fast 37 000. 1923 schnellten die Zahlen nach oben und erreichten mit 115 431 einen Jahreswert, wie er die letzte Hochphase der Auswanderung in den 1880er- und frühen 1890er-Jahren gekennzeichnet hatte.[197]

Mehrere Faktoren trieben die Auswanderung in die Höhe: Die Behinderung grenzüberschreitender Migration im Krieg und unmittelbar danach hatte für viele Auswanderungswillige bedeutet, dass sie ihren Entschluss erst Anfang der 1920er-Jahre umsetzen konnten. Ein wesentlicher Teil der Auswanderer war darüber hinaus aus den abgetretenen Gebieten des Reichs oder aus den Kolonien beziehungsweise den deutschen Siedlungsgebieten in Ost-, Ostmittel- und Südosteuropa gekommen. Sie sahen keine Perspektiven in Deutschland. Umfangreich war auch die Gruppe derer, die wegen der ökonomischen, sozialen und politischen Krise der frühen Weimarer Republik den Weg nach Übersee einschlugen. Nach der Stabilisierung der Währung Ende 1923 und den US-amerikanischen Einwanderungsbeschränkungen 1924 sank die Zahl der deutschen Auswanderer bis Ende der 1920er-Jahre auf etwa die Hälfte des Wertes von 1923 und schwenkte damit auf den Trend europaweit sinkender Auswandererzahlen ein. Sie blieben bis zum Ende der 1920er-Jahre auf diesem Niveau, um dann in der Weltwirtschaftskrise der frühen 1930er-Jahre auf 10 000 bis 15 000 pro Jahr abzustürzen.

Zwischen 1921 und 1930 blieben bei einer im Vergleich zur Vorkriegszeit deutlich verringerten europäischen Abwanderung von 6,9 Millionen Menschen die britischen Inseln (2,2 Millionen) und Italien (1,4 Millionen) weiterhin die führenden Herkunftsräume. Spanien verlor mit 560 000 Abwanderern an Bedeutung, Portugal rückte mit knapp einer Million vor Polen (634 000) an die dritte Stelle. Die UdSSR betrieb eine sehr restriktive Abwanderungspolitik, sodass einer der europäischen Hauptherkunftsräume der Vorkriegszeit fast vollständig an Bedeutung verlor: Hohe bürokratische Hürden machten den Grenzübertritt nahezu unmöglich. Hintergrund war das massive sowjetische Industrialisierungsprogramm, das nur über eine weitreichende Bindung aller Arbeitskräfte realisierbar schien – die Abwandererzahl sank mit 80 000 für die Jahre 1921–1930 auf ein Elftel des Jahrzehnts von 1901–1910 ab.

Weltwirtschaftskrise als Weltwanderungskrise

Das Wanderungsgeschehen im zweiten Jahrzehnt der Zwischenkriegszeit war durch die Auswirkungen der Weltwirtschaftskrise gekennzeichnet. Die europäische Überseeabwanderung ging auf weniger als ein Fünftel im Vergleich zum ersten Zwischenkriegsjahrzehnt zurück (von sieben auf 1,2 Millionen). Immer noch dominierte die Abwanderung von den britischen Inseln, sie sank allerdings mit 262 000 auf ein Achtel im Vergleich zum vorherigen Jahrzehnt ab. Ähnliche Entwicklungen lassen sich für die anderen wichtigen Herkunftsländer der Zwischenkriegszeit beobachten: Das gilt für Italien (Absinken auf ein Sechstel mit 235 000) ebenso wie für Portugal (auf ein Neuntel: 108 000), Spanien (auf ein Viertel: 132 000) und Polen (ebenfalls auf ein Viertel: 164 000).

Ursache dieses Wandels waren insbesondere die Entwicklungen in den wichtigsten Zielländern. Mit dem »Quota Act« von 1921 führten die USA erstmals Quoten für die einzelnen Herkunftsländer ein, die sich vor allem gegen die seit Ende des 19. Jahrhunderts dominierende »New Immigration« aus Ost-, Ostmittel-, Südost- und Südeuropa richteten. 1924 und 1927 wurden diese Quoten weiter verschärft.[198] Sogleich verschob sich die Zusammensetzung der europäischen Zuwanderung: Von 1910 bis 1915 war die »Neue Einwanderung« noch um das Dreifache höher als die »Alte Einwanderung« aus West-, Mittel- und Nordeuropa gewesen. In den 1920er-Jahren ging dieses Übergewicht auf 54 Prozent zurück. Die Zuwanderung von anderen Kontinenten unterlag noch schärferen Restriktionen. Weiterhin wurden nur wenige Chinesen zugelassen, Japaner überhaupt nicht. Nach einer Entscheidung des Supreme Court im Jahr 1921 konnten Japaner die US-amerikanische Staatsbürgerschaft nicht mehr erwerben.[199]

Hinzu kam, dass die Quotenregelung die Zuwanderung bürokratisierte und restriktive Ausführungsbestimmungen dazu beitrugen, dass die Quoten sogar durchweg unterschritten wurden. Außerdem traf die schwere und lange Weltwirtschaftskrise seit 1929 die USA – ebenso wie andere klassische Ziele der Europäer wie Kanada und Australien – stärker als manche Herkunftsländer. Die Attraktivität der Zielgebiete ließ daher abrupt nach: Die US-Quote für Großbritannien und Irland etwa betrug in den 1930er-Jahren 835 740, nur 110 094 Zuwanderer aber kamen. Die Weltwirtschaftskrise verstärkte auch Rückwanderungstendenzen: Großbritannien verzeichnete zum Beispiel 1930 erstmals seit mehr als 100 Jahren einen Zuwanderungsüberschuss, der bis zum Beginn des Zweiten Weltkriegs auf eine Zahl von 500 000

Menschen anstieg. Europäische Überseemigration war im Jahrzehnt vor dem Beginn des Zweiten Weltkriegs kein Faktor mehr, der die globale Bevölkerungsentwicklung entscheidend beeinflusste.

Außerdem kam es in der Zwischenkriegszeit zu einer Richtungsverlagerung – weg von den USA, hin zu Lateinamerika, Kanada, Australien und Neuseeland. Unter den vier Hauptzuwanderungsländern der Welt, Argentinien, Brasilien, Kanada und die USA, hatten die USA von 1906 bis 1910 noch 67 Prozent aller Europäer aufgenommen. Zwischen 1921 und 1924, in den Jahren zwischen dem ersten und dem zweiten Quotengesetz, waren es 59 Prozent. Nach Verabschiedung des zweiten, noch weiter verschärften Quotengesetzes 1924 sank der Anteil auf nur noch 32 Prozent. Im Zuge der Weltwirtschaftskrise verzeichneten Argentinien und Brasilien dann erstmals absolut höhere Zuwandererzahlen als die USA. Selbst für Deutschland, dessen Auswanderung immer sehr stark auf die USA fixiert gewesen war, wurden in der Zwischenkriegszeit neue Ziele bedeutsam. So verließen zwischen 1919 und 1932 über 47 000 Reichsdeutsche ihre Heimat Richtung Argentinien.[200] Allerdings gewann gleichzeitig der Trend, Auswanderung nicht als Einbahnstraße zu verstehen, nach dem Ersten Weltkrieg an Gewicht: Rund die Hälfte der deutschen Argentinienmigranten in der Hochphase der Auswanderung der unmittelbaren Nachkriegszeit kehrte wieder nach Deutschland zurück.[201]

Aber auch Südamerika litt unter der Weltwirtschaftskrise. Argentinien als eine der Volkswirtschaften, die von der wirtschaftlichen Globalisierung der drei Jahrzehnte vor dem Ersten Weltkrieg profitiert hatte, verlor Exportmöglichkeiten. Erwerbslosigkeit wurde zur Dauererscheinung. Deshalb erreichte beispielsweise die geschilderte zirkuläre Bewegung der »Golondrinas« über den Atlantik nach Kriegsende bei Weitem nicht mehr den Vorkriegsstand und lief in den 1920er-Jahren ganz aus.

Die migratorischen Folgen der Weltwirtschaftskrise nahmen ganz unterschiedliche Gestalt an: Auch wenn die grenzüberschreitende Migration vor dem Hintergrund geringer Chancen in den Hauptzuwanderungsländern einbrach, gab es doch Ausnahmen. So wuchs beispielsweise die Zuwanderung in die UdSSR im Kontext des Industrialisierungsprogramms: Zwischen 1928 und 1931 warb die sowjetische Regierung Tausende von Facharbeitern und Handwerkern an, um den Fachkräftemangel zu lindern. US-Amerikaner, Australier, Tschechen und vor allem Deutsche kamen, um in den großen Produktionszentren in Zentralrussland, in der Ukraine oder in Westsibirien zu arbeiten.[202]

Häufig waren die Zuwanderer in den Herkunftsländern in der kommunistischen Arbeiterbewegung aktiv gewesen. Sie versprachen sich von ihrem Aufenthalt in der UdSSR nicht nur Arbeit, sondern auch eine aktive Beteiligung an der Umsetzung ihrer politischen Ideale. Allein im Jahr 1931 sollen zwischen 6000 und 8000 deutsche Facharbeitskräfte in die UdSSR gekommen sein, hinzu traten etwa ebenso viele Familienmitglieder. Die Anwerbung endete aufgrund vieler organisatorischer und politischer Schwierigkeiten bereits 1932. Bis 1936 war ein Großteil der Zuwanderer in die Herkunftsländer zurückgekehrt, nicht nur, weil viele von ihnen ohnehin nur temporär bleiben wollten. Auch die schwierigen Lebens- und Arbeitsbedingungen sowie das Misstrauen der sowjetischen Behörden, die die Zuwanderer als politisch unzuverlässig und gefährlich für die innere Sicherheit einstuften, trieben sie zurück.

Die massive wirtschaftliche De-Globalisierung in der Krise der 1930er-Jahre führte aber offenbar nicht zu einer Verminderung der regionalen Mobilität. Ausmachen lässt sich, dass vor dem Hintergrund von hoher Erwerbslosigkeit und sozialer Not der Wohnungswechsel an Bedeutung gewann: Kleinere Wohnungen wurden bezogen, um Kosten zu sparen, oder man zog auf der Flucht vor der Mietzahlung regelmäßig um. In vielen Teilen Europas lässt sich darüber hinaus eine verstärkte Abwanderung in ländliche Gebiete ausmachen, die günstigere Unterkunftsmöglichkeiten oder eine Versorgung mit Lebensmitteln durch Arbeit in der Landwirtschaft für Kost und Logis versprachen.[203]

Zudem entstanden illegale und provisorische Wohnsiedlungen am Rand der Großstädte, wie sie beispielsweise der 1931/32 unter Mitwirkung Bertolt Brechts gedrehte sozialkritische Film »Kuhle Wampe« dokumentiert. Vermehrt prägte Obdachlosigkeit das Straßenbild, wie sich etwa am Beispiel des schon älteren Phänomens der »Hobos« in den Vereinigten Staaten zeigen lässt: Ihre Existenz als ort- und ziellose Wanderarbeiter war gekennzeichnet durch die mehr oder minder ständige Bewegung vor allem auf Güterzügen sowie durch die Suche nach meist prekärem Erwerb, die Furcht vor lokaler Polizei und den als äußerst brutal beschriebenen Sicherheitsleuten der Eisenbahngesellschaften. In der Nähe von Bahnhöfen, Langsamfahrstrecken, Linienverzweigungen oder Wasserhochbehältern, an denen die Tanks der Dampflokomotiven aufgefüllt wurden, entstanden illegale und provisorische Lagerstätten der Hobos. Die Hobo-Subkultur fand schon zeitgenössisch in vielfältiger Weise Eingang in Literatur, Musik und Film, auch die Idealisierung der Existenz der Hobos und die Mythologisierung als ein Element der Freiheit lag nicht fern. »Hoboing« – also das Reisen auf Güterzügen – wird heute von manchen als Freizeitbeschäftigung betrieben.[204]

Einen zentralen Antrieb für den Anstieg der Zahl der Obdachlosen in den USA der 1930er-Jahre bildete die Verbindung von Wirtschafts- und Umweltkrise: In den östlich der Rocky Mountains gelegenen trockenen Präriezonen hatte die Verdrängung des Präriegrases durch Weizen im Zuge der Urbarmachung seit dem späten 19. Jahrhundert langfristig verheerende Auswirkungen für das regionale Ökosystem. Während das Präriegras den Boden vor Erosion bewahrt hatte, führten Weizenmonokulturen und Dürre in den 1930er-Jahren zu gewaltigen Staubstürmen. Schwere Ernteschäden und der Preisverfall landwirtschaftlicher Produkte in der Weltwirtschaftskrise führten zur Abwanderung zahlloser Farmer aus der »Dust Bowl«. Wohl mehr als eine Millionen Menschen aus den besonders betroffenen Gebieten in Oklahoma, Texas, Arkansas und Missouri kamen in den 1930er- und 1940er-Jahren allein nach Kalifornien.[205] Viele der »Okies«, deren Schicksal der spätere Literatur-Nobelpreisträger John Steinbeck eindrücklich in seinem Roman »Früchte des Zorns« beschrieb, waren genötigt, als Tagelöhner Hilfsarbeiten in der kalifornischen Landwirtschaft aufzunehmen oder vervielfachten die Zahl der »Hobos«.

Die Weltwirtschaftskrise betraf »Nomaden« ganz anderer sozialer Stellung ebenfalls erheblich: Im Paris der Zwischenkriegszeit hatte sich eine kulturelle Elite US-amerikanischer Schriftsteller, Musiker und Künstler etabliert. Bereits vor dem Ersten Weltkrieg galt ein Aufenthalt in Paris für wohlhabende US-Bürger als notwendiger Bestandteil kultureller Bildung. In zum Teil kritischer Distanz zum »American Way of Life« prägte sich eine kosmopolitische Kulturmigration aus, deren Angehörige die spezifische Aura der französischen Kulturmetropole für ihre künstlerische Arbeit für unabdingbar hielten. Das kosmopolitische Milieu, dessen Mythos bis heute fortwirkt, wurde geprägt durch Namen wie Gertrude Stein, F. Scott Fitzgerald, Henry Miller, Man Ray, Edith Wharton, Djuna Barnes oder Josephine Baker. Ein literarisches Denkmal hat den »Amerikanern in Paris« Ernest Hemingway mit seinem Roman »Paris – ein Fest fürs Leben« gesetzt. Die Zwänge der Wirtschafts- und Finanzkrise der 1930er-Jahre nötigte viele Mitglieder der ohnehin sehr mobilen Gruppe der »Expatriierten«, Paris zu verlassen. Der Beginn des Zweiten Weltkriegs 1939 und die französische Niederlage im Krieg gegen das nationalsozialistische Deutschland 1940 führten zum Verschwinden dieser spezifischen Form von »Lifestyle Migration«.[206]

Flucht, Vertreibung und Deportation im Zweiten Weltkrieg

Ebenso wie der Erste Weltkrieg und dessen unmittelbare Nachkriegszeit wurden auch der zweite globale Konflikt und seine Folgejahre durch Flucht, Vertreibung, Deportation und Zwangsarbeit geprägt, allerdings in noch erheblich größeren Dimensionen. Die Bevölkerungsverluste waren wesentlich höher: Wahrscheinlich hat der Zweite Weltkrieg 55 bis 60 Millionen Menschen das Leben gekostet. Anders als im Ersten Weltkrieg war dabei die Zahl der Getöteten unter der Zivilbevölkerung höher als unter den Soldaten. In Europa kann die Zahl der Flüchtlinge, Vertriebenen und Deportierten allein in der militärischen Expansionsphase des nationalsozialistischen Deutschland zwischen 1939 und 1943 auf 30 Millionen Menschen geschätzt werden und damit auf nicht weniger als fünf Prozent der Bevölkerung des Kontinents. Spätestens 1943 begann das räumliche Zusammenschmelzen des bis dahin zusammengeraubten »Großdeutschen Reichs« und seiner Satellitenstaaten. Erweitert man die Schätzung um die zwischen 1943 und

1945 zu beobachtenden Gewaltmigrationen, so kann für den Zweiten Weltkrieg insgesamt von 50 bis 60 Millionen Flüchtlingen, Vertriebenen und Deportierten ausgegangen werden. Das waren mehr als zehn Prozent aller Menschen in Europa.[207]

Auch der Krieg im pazifischen Raum ließ die Zahl der Flüchtlinge und Vertriebenen rasch steigen – und zwar schon bevor in Europa die Kämpfe begonnen hatten. Seitdem die japanische Armee im September 1931 in der Nähe Shenyangs (Mukden) einen Überfall auf die für die japanische Präsenz in der Mandschurei außerordentlich wichtige Südmandschurische Eisenbahn vorgetäuscht hatte, befand sich Japan in einem unerklärten Krieg in der Mandschurei und in Nordchina. Dieser eskalierte im Juli 1937 nach Kämpfen in der Nähe Pekings, die sich rasch auf große Teile Nordwest- und Südwestchinas ausweiteten. Die Mandschurei wurde vollständig besetzt, Peking, Shanghai und Nanking erobert und eine Regierung von Japans Gnaden in Peking eingesetzt. Vor allem die Eroberung Nankings richtete die weltweite Aufmerksamkeit auf den Krieg in Ostasien: Japanische Truppen ermordeten Zehntausende Zivilisten, plünderten die Stadt, es kam zu Massenvergewaltigungen. Aber auch andernorts wütete der Krieg: Im Zuge des blutigen Häuserkampfes in der Schlacht um Shanghai suchten rund 500 000 Chinesen Zuflucht in der exterritorialen Internationalen Zone der Stadt. Es entwickelte sich ein Flüchtlingselend auf äußerst knappem Raum, mit dem die internationale Verwaltung lange völlig überfordert war. 1939 lag die Zahl der Flüchtlinge, die vor Front und Besatzung im chinesischen Nordosten nach Zentral- und Südchina ausgewichen waren, bei 13 Millionen, andere Schätzungen sprechen sogar von 30 Millionen. Insgesamt soll die Zahl der Flüchtlinge im japanisch-chinesischen Krieg 1937 bis 1945 jene in Europa deutlich überstiegen haben. Sie wird auf 95 Millionen geschätzt.[208]

Das nationalsozialistische »Dritte Reich« war nur deshalb in der Lage, den Zweiten Weltkrieg beinahe sechs Jahre lang zu führen, weil es ihn als Beutekrieg geplant hatte. Die mit Deutschland verbündeten Staaten sowie die von 1938 an erworbenen oder eroberten Gebiete hatten dabei die Aufgabe, mit Produktionskapazitäten, Rohstoffen und mit ihrer Bevölkerung der deutschen Kriegswirtschaft zu

7. Flucht, Vertreibung, Deportation

dienen. Im Lauf des Kriegs stieg die Bedeutung der geraubten Güter und Menschen für die deutsche Kriegswirtschaft immens an: Im Oktober 1944 wurden fast acht Millionen ausländische Zwangsarbeitskräfte in Deutschland gezählt[209], darunter knapp sechs Millionen Zivilisten und rund zwei Millionen Kriegsgefangene.[210] Sie stammten aus insgesamt 26 verschiedenen Ländern. Die UdSSR dominierte als Herkunftsland der Zwangsarbeitskräfte mit einem Anteil von mehr als einem Drittel (2,8 Millionen) an ihrer Gesamtzahl, 1,7 Millionen kamen aus Polen und 1,2 Millionen aus Frankreich, jeweils mehrere Hunderttausend aus Italien, den Niederlanden, Belgien, der Tschechoslowakei und Jugoslawien.

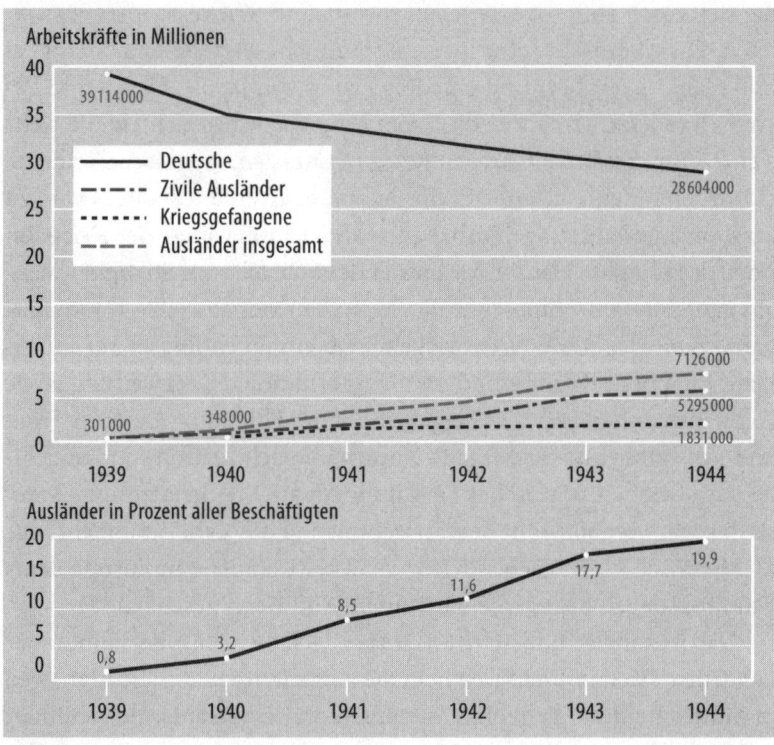

Schaubild 5: Deutsche und ausländische Arbeitskräfte in der deutschen Kriegswirtschaft 1939–1944 (Stichtag 1. Mai). Quelle: Ulrich Herbert, Geschichte der Ausländerpolitik in Deutschland. Saisonarbeiter, Gastarbeiter, Zwangsarbeiter, Flüchtlinge, München 1991, S. 145.

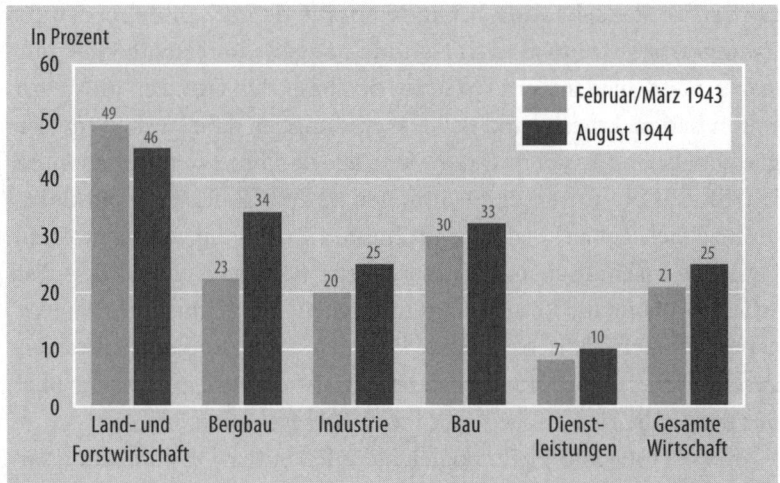

Schaubild 6: Anteil ausländischer Zivilarbeiter sowie Kriegsgefangener an der Gesamtbeschäftigung nach Wirtschaftsbereichen 1943 und 1944, in Prozent.
Quelle: Mark Spoerer, Zwangsarbeit unter dem Hakenkreuz. Ausländische Zivilarbeiter, Kriegsgefangene und Häftlinge im Deutschen Reich und im besetzten Europa 1939–1945, Stuttgart/München 2001, S. 226.

Das enorme wirtschaftliche Gewicht der ausländischen Zwangsarbeitskräfte zeigt sich im Anteil an der Gesamtbeschäftigung: Insgesamt stellten sie im September 1944 etwa ein Drittel der Beschäftigten. Sie fanden sich in allen Wirtschaftszweigen, in allen Betriebsgrößenkategorien über das ganze Reich verteilt. In einigen Wirtschaftszweigen war ihre Bedeutung besonders hoch, etwa in der Landwirtschaft, die 1944 einen Anteil von 46 Prozent erreichte, oder im Bergbau mit 36 Prozent (s. Schaubild 5 und 6). In manchen Betrieben mit einem hohen Anteil unqualifizierter Arbeit kamen vier Fünftel aller Beschäftigten aus dem Ausland. Ein Drittel der ausländischen Arbeitskräfte waren Frauen – ein Großteil jünger als 20 Jahre. Insgesamt lag das Durchschnittsalter bei 20 bis 24 Jahren.

Deutschland wurde mit einem System von über 20 000 Lagern für ausländische Zwangsarbeitskräfte überzogen. Arbeitskräfte aus dem Ausland gab es überall, in der Stadt wie auf dem Land, in Handwerksbetrieben wie in Großkonzernen, auf kleinen Bauernhöfen wie in großen Gutsbetrieben. Entsprechend der rassistischen nationalsozialistischen Weltanschauung behandelten die deutschen Behörden die Zwangsarbeitskräfte je nach Nationalität ganz unterschiedlich. Jene aus verbündeten Ländern sowie aus den besetzten Gebieten im Westen waren in den Arbeits- und Lebensverhältnissen dabei weitaus bessergestellt als jene aus dem Osten. Jene aus den besetzten Gebieten der UdSSR waren – neben den Häftlingen in der KZ-Rüstungsproduktion im Reichsgebiet[211] – den schlechtesten Bedingungen unterworfen. Ohne die ausländischen Zwangsarbeitskräfte hätte die Landwirtschaft schon 1940 und die Rüstungsproduktion 1941 nicht mehr die Planvorgaben erfüllen können. In jener Form eines im großen Maßstab auf ausländischer Arbeitskraft basierenden Zwangsarbeitersystems blieb der nationalsozialistische »Ausländer-Einsatz« ohne Parallele.

Diese Feststellung gilt, obgleich die Rekrutierung von Zwangsarbeitskräften auch im Verlauf des pazifischen Kriegs an Bedeutung gewann. Von 1920 – 1930 hatte sich in Japan die Zahl der Arbeitskräfte aus dem Kolonialbesitz in Korea bis auf 300 000 verzehnfacht. In den folgenden acht Jahren wuchs die koreanische Bevölkerung in Japan auf fast das Dreifache (800 000) an. Während des Kriegs stieg parallel zu einer Vielzahl von Maßnahmen zur Bindung japanischer Arbeitskräfte an ihre Unternehmen und zur Zwangsverpflichtung in der Rüstungsindustrie die Zahl zwangsrekrutierter Koreaner rasch. Nach Angaben des japanischen Finanzministeriums waren 725 000 Koreaner zwischen 1939 und 1945 im Einsatz.[212] Neuere Schätzungen gehen sogar von 1,2 bis 1,5 Millionen koreanischen Zwangsarbeitskräften in diesem Zeitraum aus.[213] Wesentliche Beschäftigungsbereiche waren neben der Rüstungsindustrie der Bergbau und das Baugewerbe. 1944 wurden über 150 000 koreanische Zwangsarbeitskräfte für Fabriken und knapp 65 000 für Bauarbeiten rekrutiert (s. Tabelle 6).

Darüber hinaus dienten zwischen 1938 und 1945 ca. 250 000 bis 360 000 Koreaner in der japanischen Armee und Marine sowie als Zivilarbeitskräfte der japanischen Streitkräfte.[214] Hinzu traten rund 42 000 Chinesen, die auf die japanischen Inseln transportiert wurden, außerdem rekrutierte das japanische Militär vor allem in den besetzten Gebieten Chinas und in der Mandschurei massenhaft Arbeitskräfte unter Zwang für Arbeiten vor Ort.

Tabelle 6: Zwangsrekrutierung koreanischer Arbeitskräfte für die japanische Kriegswirtschaft nach Jahr und Arbeitsbereich.

Jahr	Baugewerbe	Fabrikarbeit und Sonstiges	Kohlebergbau	Erzbergbau
1939	9479	k. A.	24 279	5042
1940	9898	1546	35 441	8069
1941	9563	2672	32 415	8942
1942	18 130	15 290	78 660	9240
1943	35 350	19 455	77 850	17 075
1944	64 827	151 850	108 350	30 900
1945	836	8760	797	229

Quelle: Hisako Naitou, Korean Forced Labor in Japan`s Wartime Empire, in: Paul H. Kratoska (Hg.), Asian Labor in the Wartime Japanese Empire, Armonk 2005, S. 90–98, hier S. 95.

Das wohl bekannteste Projekt japanischer Zwangsarbeit während des Pazifikkriegs bildete der Bau der über 400 Kilometer langen Thailand-Burma-Eisenbahn, an der knapp 200 000 asiatische Arbeiter vorrangig aus Thailand, Burma, von der malaiischen Halbinsel, aus Indochina und Indonesien sowie 62 000 westliche Kriegsgefangene arbeiteten. Das Schicksal der Kriegsgefangenen rückte durch den mit sieben Oscars prämierten Spielfilm »Die Brücke am Kwai« aus dem Jahr 1957 in den Vordergrund. 12 000 Kriegsgefangene starben während der Arbeit an der Eisenbahnstrecke.[215] Unter den asiatischen Zivilarbeitskräften wurden am Ende des Kriegs nur etwa 21 500 Arbeiter repatriiert, knapp 75 000 waren bei den Arbeiten umgekommen, der Verbleib der restlichen Arbeiter ist unbekannt.[216] Auch in anderen Teilen Südostasiens wurde die Infrastruktur ausgebaut, um Personen und Waren transportieren, eroberte Gebiete miteinander verbinden und deren Ressourcen für das japanische Kaiserreich nutzbar machen zu können. Das galt zum Beispiel für Eisenbahnstrecken auf den indonesischen Inseln, die Zwangsarbeitskräfte bauten, damit der Transport der dringend benötigten Kohle erleichtert wurde. Der Großteil der Arbeit wurde von javanischen Zwangsarbeitskräften verrichtet, von denen Zehntausende dabei umkamen.

Ein Element der Zwangsarbeit bildete die Zwangsprostitution von Frauen durch das japanische Militär seit den 1930er-Jahren. Schätzungen sprechen von 200 000 Frauen, meistenteils aus Korea und China, aber auch von den Philippinen, von der Insel Formosa (Taiwan) sowie Indonesien und Burma, die zur Arbeit in Militärbordellen genötigt wurden.[217] Seit Ende der 1930er-Jahre wurden vermehrt Koreanerinnen mit Hilfe von Lockangeboten für Arbeitsstellen rekrutiert, die keinen Zusammenhang zur Prostitution erkennen ließen. Zum Tross der Armee zählten außerdem Frauen aus Gefangenenlagern in den besetzten Gebieten und aus der Zivilbevölkerung. Überlebende Zwangsprostituierte berichteten, dass sie den Soldaten in den Kriegsjahren in bis zu sechs verschiedene Länder folgen mussten.[218]

Das Interesse der deutschen Eroberer ging vor allem in den besetzten Gebieten Ost- und Ostmitteleuropas über die wirtschaftliche Ausbeutung deutlich hinaus; denn die Besatzungspolitik zielte auf die Etablierung einer streng nach rassistischen Kriterien ausgerichteten deutschen Ordnung, deren wesentliche Elemente Planung und weitreichende Umsetzung von Umsiedlungen sowie Vertreibungen und Deportationen ganzer Bevölkerungen zugunsten eines vorgeblichen deutschen »Volkes ohne Raum« waren. Etwa neun Millionen Menschen waren davon betroffen. Zwischen 1939 und 1944 wurde eine Million Menschen deutscher Herkunft aus ihren außerhalb der Reichsgrenzen gelegenen Siedlungsgebieten in Süd-, Südost-, Ostmittel- und Osteuropa »Heim ins Reich« geholt beziehungsweise genötigt. Ziel war es, sie in den in Polen und der Tschechoslowakei eroberten, dem Reich unmittelbar angegliederten Gebieten anzusiedeln.[219]

Voraussetzung für die Ansiedlung dieser »Volksdeutschen« war die Deportation der ansässigen polnischen, tschechischen und jüdischen Bevölkerung, die 1939/40 in großem Maßstab eingeleitet worden war und im Völkermord endete. 1940/41 etwa wurden ca. 1,2 Millionen Polen und Juden aus den »Reichsgauen« Wartheland und Danzig-Westpreußen vertrieben. Die Gesamtplanung für dieses Gebiet lag währenddessen bereits vor; denn von den mehr als zehn Millionen Menschen, die in diesem Gebiet lebten, galten nur 1,7 Millionen als »eindeutschungsfähig«, 7,8 Millionen Polen und 700 000 Juden sollten vertrieben werden.[220]

In der rassistischen NS-Hierarchie galten jüdische beziehungsweise für jüdisch erklärte Menschen als Gruppe mit dem geringsten Anspruch auf »Lebensraum«. Sie traf die deutsche Vernichtungspolitik am härtesten. Etwa 160 000 Juden lebten zum Zeitpunkt des Auswanderungsverbots im Oktober 1941 noch im Reich. Zu dieser Zeit gingen die deutschen Dienststellen endgültig zur Deportation in Richtung Polen über, die für die meisten einer Gewaltmigration in den Tod gleichkam. In Polen selbst fielen von den fast drei Millionen Juden 2,7 Millionen der NS-Mordpolitik zum Opfer. Ein Schicksal, das die jüdische Bevölkerung fast ganz Europas teilen sollte: 2,2 Millionen Menschen aus der UdSSR, 550 000 aus Ungarn, 200 000 aus Rumänien, 140 000 aus der Tschechoslowakei, 100 000 aus den Niederlanden, 76 000 aus Frankreich, 60 000 aus Jugoslawien, 60 000 aus Griechenland und 28 000 aus Belgien, um nur die größten Gruppen zu nennen.

Kriegsfolgewanderungen

Die Überlebenden der NS-Arbeits-, Konzentrations- und Vernichtungslager stellten nach Kriegsende das Gros der zehn bis zwölf Millionen »Displaced Persons« (DPs) in Deutschland. Sie entstammten rund 20 Nationalitäten mit über 35 verschiedenen Sprachen und unterstanden der direkten Obhut der alliierten Besatzungsmächte sowie internationalen Hilfsorganisationen. Ursprünglich war es das Ziel, die DPs rasch zu sammeln und in ihre jeweiligen Heimatländer zurückzubringen. Das gelang allein in den ersten vier Monaten nach der deutschen Kapitulation im Mai 1945 bei über fünf Millionen DPs. Die Mehrzahl schloss sich freiwillig den zahllosen alliierten Transporten an. Entsprechend einer Vereinbarung zwischen den Westalliierten und der UdSSR wurden DPs sowjetischer Staatsbürgerschaft auch zwangsweise repatriiert.[221]

Seit Spätherbst 1945 verringerten sich die Transportziffern stetig. Hintergrund war die nachlassende Rückkehrbereitschaft der DPs.

Dazu trugen die Errichtung kommunistischer Systeme in den Ländern Ostmittel- und Südosteuropas ebenso bei wie die dortigen territorialen Veränderungen und die schwierige wirtschaftliche Situation aufgrund der Kriegszerstörungen. Zahlreiche DPs hatten im Krieg sämtliche Angehörige verloren, ihre Heimatorte waren zerstört, ihre Gesundheit ruiniert. Anknüpfungspunkte für den Aufbau einer neuen Existenz in den Herkunftsgebieten gab es für viele nicht mehr. Die Auswanderungsprogramme der im Juni 1947 gegründeten »International Refugee Organization« (IRO) gaben einer großen Zahl von DPs eine neue Perspektive. Bis 1951 ermöglichten die Resettlement-Programme der IRO europaweit ca. 712 000 DPs die Auswanderung, vor allem in die USA (für 273 000 DPs), nach Australien (136 000) und Kanada (83 000) sowie nach Frankreich und Großbritannien (110 000).

Nur ein kleiner Teil der DPs blieb in Deutschland zurück, häufig jene, denen die Teilnahme an den Auswanderungsprogrammen verwehrt worden war, weil sie als zu alt, zu krank oder nicht-arbeitsfähig galten. Als die Westalliierten 1950 die Verantwortung für die DPs an die Bundesregierung übergaben, dürften sich noch rund 150 000 von ihnen im Bundesgebiet aufgehalten haben. Mit dem »Gesetz über die Rechtsstellung heimatloser Ausländer« vom 25. April 1951 schuf die Bundesrepublik einen im Vergleich zum internationalen Flüchtlingsrecht großzügigen Rechtsstatus, der aber keine Gleichstellung mit deutschen Flüchtlingen und Vertriebenen oder eine erleichterte Einbürgerung vorsah. Entschädigungsansprüche regelte das Gesetz ebenfalls nicht. Das führte angesichts der restriktiven Wiedergutmachungspraxis deutscher Verwaltungen und Gerichte in der Folgezeit dazu, dass viele »heimatlose Ausländer« keine Entschädigung für das während der NS-Diktatur erlittene Unrecht erhielten.[222]

Neben den DPs gab es mehrere weitere große Migrantengruppen: Im Gebiet der späteren vier Besatzungszonen waren rund zehn Millionen Menschen vor den alliierten Flächenbombardements auf deutsche Städte in ländliche Regionen geflohen oder evakuiert worden. Die Evakuierten konnten oft erst nach Jahren ihre notdürftigen Quartiere verlassen und in ihre zerbombten Heimatorte zurückkehren; noch 1947 gab es in den vier Zonen an die vier Millionen Evakuierte. In der Bundesrepublik wurde ihre Rückführung vor allem als Aufgabe der Kommunen und Länder sowie als ein Problem der Wohnraumversorgung in den Städten behandelt, und damit galt es, im Vergleich zur Aufnahme und Integration der Millionen von deutschen Flüchtlingen und Vertriebenen, als nachrangig.[223]

Als eines der gewichtigsten und von vielen für unlösbar gehaltenen Probleme galt in den vier Besatzungszonen die Aufnahme und Versorgung der deutschen Flüchtlinge und Vertriebenen. Von möglicherweise 18 Millionen Reichsdeutschen in den Ostprovinzen des Reichs und »Volksdeutschen« in den außerhalb der Reichsgrenzen gelegenen weiträumigen deutschen Siedlungsgebieten in Ost-, Ostmittel- und Südosteuropa waren in der Endphase des Kriegs 14 Millionen in Richtung Westen geflüchtet oder nach Kriegsende vertrieben worden. Nach den Daten der Volkszählung von 1950 waren knapp 12,5 Millionen Flüchtlinge und Vertriebene aus den in polnischen und sowjetischen Besitz übergegangenen ehemaligen deutschen Ostgebieten und aus den Siedlungsgebieten der »Volksdeutschen« in die Bundesrepublik und in die DDR gelangt; weitere 500 000 lebten in Österreich und anderen Ländern.[224]

Mit rund sieben Millionen kam der größte Teil der Flüchtlinge und Vertriebenen aus dem ehemaligen Reichsgebiet östlich von Oder und Neiße. Als nächstgrößere Gruppe folgten ca. drei Millionen aus der Tschechoslowakei, hinzu kamen 1,4 Millionen aus dem Polen der Vorkriegsgrenzen, 300 000 aus der bis 1939 unter Völkerbundsverwaltung stehenden Freien Stadt Danzig, knapp 300 000 aus Jugoslawien, 200 000 aus Ungarn und 130 000 aus Rumänien. Wohl 500 000 Deutsche hatten Flucht, Vertreibung oder Deportation nicht überlebt. Ursachen waren sinnlose Durchhalteparolen und verspätet einsetzende Evakuierungsmaßnahmen der NS-Behörden, katastrophale Fluchtbedingungen im Winter bei unzureichender Ausrüstung und Versorgung, Angriffe der Roten Armee auf die Flüchtlingstrecks, Plünderungen, Massenvergewaltigungen und Mord als Rachehandlungen an der Zivilbevölkerung.

Die Großoffensive der Roten Armee im Januar 1945 zwischen Ostseeküste und Karpaten ließ die deutsche Ostfront rasch zusammenbrechen. Der Vormarsch war begleitet von der Flucht von mehr als der Hälfte der an die zwölf Millionen Menschen zählenden deutschen Bevölkerung in den Ostprovinzen des Reichs. Weil die Rote Armee nicht selten schneller vorankam als die schwerfälligen Flüchtlingstrecks, blieb für 1,5 Millionen Flüchtlinge nur der Transport über das Meer in Richtung Westen, während gleichzeitig die Maschinerie des NS-Massenmords weiterlief: Die SS trieb die Insassen der Konzentrations- und Vernichtungslager in Todesmärschen westwärts und versenkte Häftlingsschiffe auf offener See.

Im April 1945 hielten sich in den nun vollständig von der Roten Armee eroberten Ostgebieten noch über vier Millionen Deutsche auf. In den folgenden drei Monaten kehrte über eine Million Flüchtlinge in diese Gebiete zurück, häufig, weil die Rote Armee die Trecks überholt hatte, an ein Weiterkommen nicht zu denken war und nur die Rückkehr in die Ausgangsorte Schutz und Überleben versprach. Mit der Absperrung von Oder und Neiße durch sowjetische und polnische Truppen Ende Juni/Anfang Juli 1945 brach diese Rückwanderungsbewegung weitgehend ab. Den Sommer 1945 kennzeichneten brutale »wilde« Vertreibungen von bis zu 300 000 Deutschen entlang der neuen polnischen Westgrenze an Oder und Neiße und von bis zu 800 000 Sudetendeutschen aus der Tschechoslowakei. Es waren keine politischen Alleingänge der Tschechoslowakei und Polens, vielmehr hatten die alliierten Großmächte auf den Konferenzen von Teheran 1943 und Jalta Anfang 1945 längst den Transfer der Deutschen aus dem Osten beschlossen: So sollten Minderheitenkonflikte und die politische Instrumentalisierung deutscher Minderheiten durch das Reich wie in der Zwischenkriegszeit künftig ausgeschlossen bleiben.

Auf der Potsdamer Konferenz (17. Juli bis 2. August 1945) legten die Siegermächte nochmals das Ziel einer »ordnungsgemäßen und humanen Überführung deutscher Bevölkerungsteile« fest. Massentransporte unter katastrophalen Versorgungsbedingungen, brutaler Bewachung und ständigen Plünderungen aber führten zu zahllosen Todesopfern. Die Vertreibungen brachten 1946 weitere zwei Millionen und 1947 eine halbe Million Menschen aus den ehemaligen Reichsgebieten östlich von Oder und Neiße in die vier Besatzungszonen Restdeutschlands. Hinzu kamen 1946 rund 1,2 Millionen Menschen aus der Tschechoslowakei und 170 000 aus Ungarn.

In den vier Besatzungszonen verteilten sich die Flüchtlinge und Vertriebenen sehr ungleichmäßig. Ländlich geprägte Gebiete mussten weitaus mehr Menschen aufnehmen als die vor allem durch Luftangriffe häufig schwer zerstörten städtisch-industriellen Ballungsräume. Auf dem Land waren aus Sicht der zuständigen Stellen die Wohnungssituation und die Versorgung mit Lebensmitteln besser. Freier Wohnraum allerdings stand auch hier kaum zur Verfügung, weil bereits die Evakuierten wegen des Bombenkriegs über den deutschen Städten zeitweilig oder auf Dauer auf dem Land Schutz gesucht hatten. Der Osten Deutschlands war stärker betroffen als der Westen, und innerhalb der drei westlichen Besatzungszonen waren wiederum die östlichen Gebiete stärker belastet als die westlichen. Ende 1947 lag der Anteil der Flüchtlinge und Vertriebenen an der Gesamtbevölkerung in der sowjetischen Zone bei 24,3 Prozent. Die US-Zone erreichte mit 17,7 Prozent ebenso wenig diesen Wert wie die britische Zone mit 14,5 Prozent. In der französischen Zone lag er wegen der anfänglichen Weigerung der Besatzungsbehörden, Flüchtlinge und Vertriebene aufzunehmen, bei nur rund einem Prozent.

Spannungen zwischen Einheimischen und Flüchtlingen resultierten zunächst zumeist aus der Unterkunftsfrage: Gab es keine freiwillige Abgabe von Wohnraum, reagierten deutsche und alliierte Dienststellen immer öfter mit Zwangseinweisungen. Häufig wurden Dienstboten- oder Abstellkammern, Ställe oder andere Funktionsräume mit spartanischer Ausstattung provisorisch als Unterkünfte hergerichtet (»Notwohnungen«). Auseinandersetzungen wegen der damit einhergehenden unvermeidbaren Überschneidung von Lebenssphären in der Zwangsgemeinschaft von Einheimischen und Zuwanderern gab es allenthalben, ob es um die gemeinsame Nutzung der Küche ging oder um die Bereitstellung von Hausrat: Allein 1946 gingen beispielsweise in der Provinz Brandenburg bei der zuständigen Behörde mehr als 45 000 schriftliche Beschwerden von Flüchtlingen und Vertriebenen über alltägliche Konflikte mit Einheimischen ein. Zumeist ging es um Probleme der Wohnungsversorgung. Bei einer repräsentativen Um-

7. Flucht, Vertreibung, Deportation

Erledigung von Formalitäten im niedersächsischen Durchgangslager Uelzen 1947.

frage in den Ländern der Bizone aus demselben Jahr galten Flüchtlinge und Vertriebene insgesamt 61 Prozent der befragten Einheimischen als »Störenfriede«.

Vor allem mit dem Eintreffen der großen Vertriebenentransporte des Jahres 1946 wurde es immer schwieriger, die Zuwanderer in privaten Haushalten unterzubringen. Überall entstanden deshalb, neben den bereits bestehenden Erstaufnahme-, Durchgangs- und Quarantänelagern, nun auch Wohnlager für die längerfristige Unterbringung. Nicht selten handelte es sich dabei um ehemalige Kriegsgefangenen- und Zwangsarbeitskräftelager, Kasernen, Fabrikgebäude, Bunker oder sogar ehemalige NS-Konzentrationslager wie zum Beispiel Dachau. Allein in Bayern gab es 1946 insgesamt 1381 Flüchtlingslager mit 146 000 Bewohnern. Noch zehn Jahre nach Kriegsende lebten im Bundesgebiet 185 750 Flüchtlinge und Vertriebene in insgesamt 1907 Lagern. 1950 verfügte nur ein Viertel der 2,6 Millionen Haushaltungen von Flüchtlingen und Vertriebenen über eine abgeschlossene Wohnung. Bei den einheimischen Haushalten lag dieser Wert mit zwei Dritteln wesentlich höher. Zu diesem Zeitpunkt lebten zwei Drittel aller Flüchtlingsfamilien zur Untermiete und ein Zehntel in Notwohnungen oder Lagern. Bis 1956 erhöhte sich der Anteil der Flüchtlinge und Vertriebenen mit abgeschlossenen Wohnungen allerdings dann im Vergleich zu 1950 auf das Dreifache, und Anfang der 1960er-Jahre galten die Wohnverhältnisse von einheimischer und zugewanderter Bevölkerung als weithin angeglichen.

Mit der vorrangigen Unterbringung der Flüchtlinge und Vertriebenen auf dem Land verbanden sich erhebliche Probleme der beruflichen Integration. Bis zur Währungsreform 1948 arbeiteten viele von ihnen für Kost und Logis als Hilfskräfte in der Landwirtschaft. Erst die Währungsreform offenbarte 1948 die weithin verdeckte Erwerbslosigkeit. Die Zahl der Erwerbslosen wuchs bis Anfang 1950 auf fast zwei Millionen und lag unter den Zuwanderern dreimal so hoch wie unter den Einheimischen. Umfangreiche Weiterwanderungen der Flüchtlinge und Vertriebenen zu den Arbeitsplätzen in städtisch-industriellen Räumen vor allem nach dem Beginn der Hochkonjunkturphase Anfang der 1950er-Jahre korrigierten diese Entwicklung: Abwanderungsgebiete waren im Westen die »Hauptflüchtlingsländer« Bayern, Schleswig-Holstein und Niedersachsen, Zuwanderungsgewinne verbuchten vornehmlich Nordrhein-Westfalen, Baden-Württemberg und Rheinland-Pfalz.

Zwischen 1949 und dem Ende der 1950er-Jahre wurden auf der Basis von fünf Umsiedlungsprogrammen des Bundes rund eine Million

7. Flucht, Vertreibung, Deportation

Flüchtlinge und Vertriebene in andere Bundesländer umverteilt, weitere 1,7 Millionen siedelten ohne staatliche Unterstützung um. Hinzu kamen millionenfache Umzüge innerhalb der Bundesländer, die zumeist wirtschaftlich motiviert waren oder der Familienzusammenführung dienten. Die Hochkonjunktur erleichterte die wirtschaftliche und soziale Integration der Flüchtlinge und Vertriebenen fundamental. Gleichzeitig bildeten sie ein qualifiziertes Arbeitskräftepotenzial, das den wirtschaftlichen Wiederaufstieg entscheidend mittrug. Dabei prägte sich allerdings das für viele Zuwanderergruppen typische Unterschichtungsphänomen aus: Flüchtlinge und Vertriebene übernahmen hauptsächlich statusniedrige berufliche Positionen und verfügten dementsprechend auch lange über geringere Einkünfte. Aufstiegsmöglichkeiten gab es für viele von ihnen schließlich in den 1960er-Jahren mit der Zuwanderung von ausländischen Arbeitskräften (»Gastarbeitern«), die ihrerseits dann die niedrigsten Arbeitsmarktpositionen einnahmen.

Der Zweite Weltkrieg hatte die Lebensgrundlagen von Millionen Menschen zerstört; das Verlassen des Kontinents erschien vielen als ein Weg aus der Trümmerlandschaft. Dennoch lag die transkontinentale Abwanderung im Kriegs- und Nachkriegsjahrzehnt zwischen 1941 und 1950 mit 2,3 Millionen niedrig; denn die Ziffer von 6,8 Millionen zwischen 1921 und 1930, aber auch jene von 1951 bis 1960 mit 4,9 Millionen erreichte sie bei Weitem nicht. Während des Kriegs gab es faktisch keine Überseemigration, nach dem Krieg lief sie nur sehr langsam an und unterschied sich wesentlich von jener des 19. und frühen 20. Jahrhunderts: Von den Migranten selbst organisierte Reisen gab es kaum noch; einen wesentlichen Anteil hatte etwa die bereits erwähnte, von internationalen Hilfsorganisationen durchgeführte Abwanderung der »Displaced Persons« aus Europa.

Zwischen 1946 und 1961 gingen 779 700 Deutsche auf Dauer oder für begrenzte Zeit nach Übersee. 384 700 hatten die USA als Ziel, 234 300 Menschen strebten nach Kanada und 80 500 nach Australien (s. Schaubild 7). Unmittelbar nach Kriegsende blieb die Möglichkeit der Auswanderung aufgrund restriktiver Regelungen der alliierten Besatzer zunächst beschränkt; sie stand vornehmlich Ehepartnern und Kindern ausländischer Staatsangehöriger und anerkannten NS-Verfolgten offen. Erst mit der Gründung der Bundesrepublik wurde die Auswanderung wieder freigegeben. Die Bereitschaft der wichtigsten Zielländer USA, Kanada und Australien, die Einreise Deutscher zu akzeptieren, schuf die Voraussetzung für einen starken Anstieg der Auswandererzahlen Anfang der 1950er-Jahre.[225]

Bis dahin waren innereuropäische Wanderungsziele für Deutsche wesentlich wichtiger gewesen. 180 000 deutsche Zuwanderer zählten zwischen 1945 und 1952 die westeuropäischen Staaten – 75 000 gingen nach Frankreich, 52 000 nach Großbritannien. Zahlreiche Anwerbekommissionen aus diesen Ländern, später aber auch zum Beispiel aus Australien und Kanada, waren in Westdeutschland tätig, um Ar-

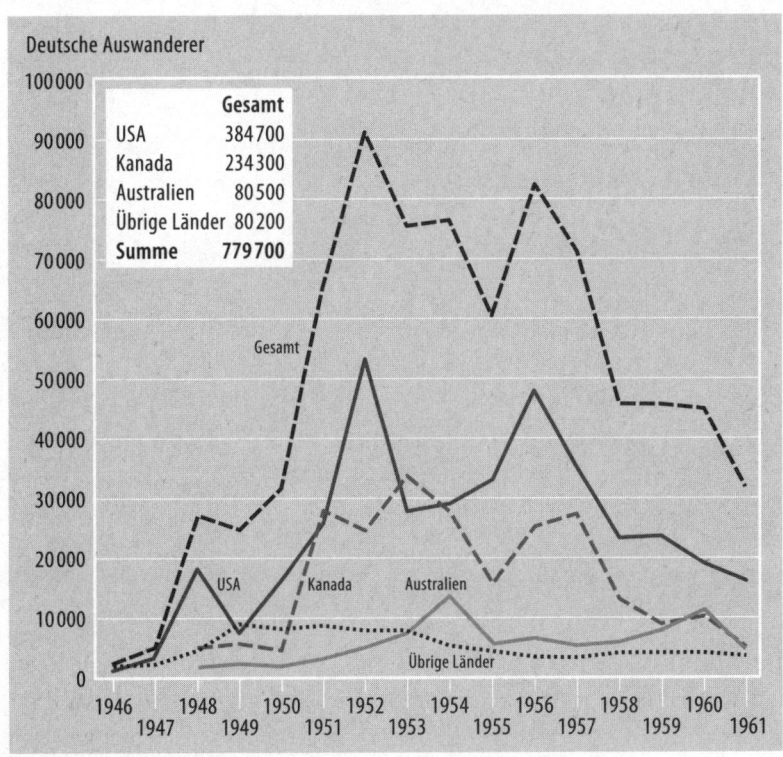

Schaubild 7: Deutsche Auswanderer nach Zielländern 1946–1961.
Quelle: Statistisches Bundesamt Wiesbaden (Hg.), Wirtschaft und Statistik, 1963, S. 191.

beitskräfte gezielt entsprechend den Wünschen der jeweiligen Arbeitgeber anzuwerben. Sie sollten den Mangel an gut qualifizierten und hoch motivierten Arbeitskräften in einigen Arbeitsmarktsegmenten in den Anwerbeländern mindern helfen. Noch während die Bundesregierung Anfang der 1950er-Jahre mit verschiedenen Aufnahmeländern über die finanzielle Unterstützung deutscher Auswanderer verhandelte, begannen die Planungen für die Anwerbung ausländischer Arbeitskräfte für die deutsche Wirtschaft. Erstes Ergebnis war der 1955 abgeschlossene Anwerbevertrag mit Italien. Er leitete die Phase der millionenfachen Zuwanderung und Beschäftigung ausländischer Arbeitsmigranten in der Bundesrepublik ein, die bis zum Anwerbestopp 1973 andauerte.

»Kalter Krieg« und boomende Märkte

8

Migration zwischen Grenzsperren und Anwerbeabkommen

8. »Kalter Krieg« und boomende Märkte

Trotz der Verwendung des Terminus »Krieg« verweist der »Kalte Krieg« nicht auf direkte, das heißt zwischen den beiden verfeindeten »Supermächten« UdSSR und USA ausgetragene militärische Konflikte, sondern meint vielmehr eine Phase steten »Nicht-Friedens«, eine von beiden Seiten aktiv betriebene Auseinandersetzung, die sich als kriegsähnlich beschreiben lässt. Ein zentrales Element des Systemkonflikts bildete der jeweils vertretene politisch-weltanschauliche Absolutheitsanspruch: Die Vorstellungen des politisch-weltanschaulichen Gegners galten mit den eigenen als unvereinbar. Als langwährender Rüstungswettlauf mit teuren Waffentechnologien war der »Kalte Krieg« ein Konflikt, der einen erheblichen Teil der finanziellen und ökonomischen Ressourcen im Osten wie im Westen band.[226]

»Eiserner Vorhang« und migratorische Teilung der Welt

Für die globale Migrationssituation war die Teilung der Welt von hohem Gewicht. Die UdSSR hatte bereits in der Zwischenkriegszeit ein an den Erfordernissen einer gewaltsamen Industrialisierungspolitik orientiertes Migrationsregime entwickelt. Es war auf die restriktive Lenkung von Arbeitskräften im Innern und auf die Beschränkung der Abwanderung ausgerichtet. Nach dem Ende des Zweiten Weltkriegs gingen die neuen Satellitenstaaten der UdSSR den sowjetischen Weg.

Migratorisch wurde die Welt geteilt, Arbeitsmigration fand zwischen Ost und West kaum mehr statt. Die Migration zwischen den beiden Blöcken des »Kalten Kriegs« beschränkte sich meist auf Flucht oder Ausweisung von Dissidenten aus dem Osten in den Westen, auf »konnationale« Bewegungen (also auf die Zuwanderung von Minderheiten, die man als zur eigenen Nation zugehörig ansah, so etwa von Aussiedlern in die Bundesrepublik Deutschland, Pontos-Griechen nach Griechenland, Karelien-Finnen nach Finnland oder Juden nach Israel) oder auf verstärkte Wanderungen in Phasen, in denen eine er-

Bild Seite 161: »Boat people«. Ein Insasse eines mit 29 Flüchtlingen besetzten Bootes klettert an Bord des Versorgungsschiffes »White Plains« der US-Marine, 30. Juli 1979.

höhte Abwanderungsneigung mit der Destabilisierung eines politischen Systems im Osten zusammenfiel, die den kurzzeitigen Zusammenbruch der restriktiven Grenzregime zur Folge hatte. Das galt vor allem für Ungarn 1956, die Tschechoslowakei 1968 sowie die Auflösung des »Ostblocks« in den späten 1980er- und frühen 1990er-Jahren: Polen, das Land im Machtbereich der UdSSR, dessen politisches System bereits früh Kennzeichen einer Destabilisierung zeigte, verließ allein in den 1980er-Jahren rund eine Million Menschen.[227]

Einen Sonderfall bildete bis zum Bau der Berliner Mauer 1961 die DDR. Zwar wurde die innerdeutsche Grenze bereits Anfang der 1950er-Jahre weitgehend abgeriegelt und damit die Bewegung zwischen Ost- und Westdeutschland beziehungsweise West- und Ostdeutschland erheblich behindert. Die besondere Stellung Berlins aber ließ Grenzsicherungsmaßnahmen zwischen den alliierten Sektoren der ehemaligen Reichshauptstadt lange nicht zu, sodass DDR und UdSSR die Abwanderung nur bedingt kontrollieren oder gar blockieren konnten: Wahrscheinlich wanderten von der Gründung der beiden deutschen Staaten 1949 bis zum Bau der Mauer 1961 über drei Millionen Menschen aus der DDR in die Bundesrepublik – aber auch mehr als 500 000 in die umgekehrte Richtung.

Während die Zahl der Deutschen, die in den 1950er-Jahren aus der Bundesrepublik in die DDR zogen, keinen großen Schwankungen unterlag und jährlich rund 50 000 erreichte, erwiesen sich die Schwankungsbreiten der Ost-Westbewegungen als wesentlich höher: Nach den Angaben des 1950 in der Bundesrepublik eingeführten asylähnlichen »Notaufnahmeverfahrens«, das die Freizügigkeit von Zuwanderern aus der DDR einschränkte und ihnen unter bestimmten Voraussetzungen einen Flüchtlingsstatus mit entsprechenden Versorgungsleistungen zuwies, pendelten die Zahlen in den 1950er-Jahren zwischen jährlich ca. 150 000 und 330 000. Höhepunkte bildeten die Jahre 1953, aufgrund der planmäßigen Kollektivierungen 1952/53 und der Ereignisse im Umfeld des 17. Juni 1953, sowie 1956/57 im Kontext der Verschärfung der DDR-Passrichtlinien. Nach einem Minimum 1959 stiegen die Zahlen bis zum Mauerbau wieder deutlich an, nicht zuletzt wegen der erneut verschärften Kollektivierungspolitik.[228]

Der Bau der Berliner Mauer reduzierte die Bewegungen zwischen der DDR und der Bundesrepublik massiv: Wanderungen aus der Bundesrepublik in die DDR überschritten von den 1960er- bis zu den 1980er-Jahren eine Ziffer von 5000 pro Jahr nicht. Die Abwanderung aus der DDR erreichte in den späten 1960er-, den 1970er- und frühen 1980er-Jahren pro Jahr ca. 13 000 bis 20 000. Sie stieg erst in der Endphase der DDR wieder deutlich an, erzielte 1984 (nach dem bundesdeutschen Milliardenkredit an die DDR und einer Bewilligung von 32 000 Ausreiseanträgen durch die SED-Führung mit dem Ziel, die innenpolitische Situation zu beruhigen) einen Spitzenwert von über 40 000, um dann im Jahr der Öffnung der Mauer 1989 auf über 340 000 Antragsteller im Notaufnahmeverfahren zu steigen. Vom Bau der Mauer 1961 bis Ende 1988 fanden insgesamt über 600 000 Menschen ihren Weg von Deutschland-Ost nach Deutschland-West, wobei der weitaus überwiegende Teil auf der Basis von Ausreisegenehmigungen die Grenze überschreiten konnte, die vor allem Rentnern und anderen Nicht-Erwerbstätigen erteilt wurden. Die Zahl der Erwerbstätigen, die die DDR verlassen durften und die Zahl derjenigen, die die Grenzsperren überwanden, blieben demgegenüber gering.

»Stellvertreterkriege« und Gewaltmigration

Andere migratorische Wirkungen des »Kalten Kriegs« betrafen jene Weltregionen, in denen der globale Systemkonflikt als »Stellvertreterkrieg« ausgetragen wurde: Vor allem die Kriege in Korea 1950–1953, in Vietnam 1961–1975 und in Afghanistan 1979–1989, an denen jeweils eine der beiden Weltmächte in großem Maßstab militärisch engagiert war, während die andere Supermacht durch die Lieferung von Rüstungsgütern sowie durch finanzielle, materielle und ideelle Hilfen den jeweiligen Kriegsgegner unterstützte, bedingten große Flucht- und Vertreibungsbewegungen. Meist führten sie nicht über die Grenzen der betroffenen Staaten hinaus oder erreichten höchstens Grenzregionen benachbarter Staaten.

Der Umfang der Gewaltmigration war vor allem in Vietnam sehr hoch, weil die US-Truppen Umsiedlungen zu einem Element der

Kriegführung und der »Befriedung« guerillagefährdeter oder eroberter Gebiete machten. Sie griffen dabei auf Erfahrungen aus anderen Dekolonisationskonflikten zurück: Bereits im Krieg der britischen Kolonialmacht in Malaya gegen eine kommunistische Guerilla zwischen 1958 und 1960 war die Umsiedlung eines großen Teils der Minderheit der Chinesen als zentrales Element einer erfolgreichen Aufstandsbekämpfung verstanden worden. Die im Sinne dieser Strategie in großem Maßstab durchgeführten zwangsweisen Ansiedlungen in »Neue Dörfer« genannte Lagerkomplexe sollte nicht nur die Kontrolle über als gefährdet und gefährlich erachtete Teile der Bevölkerung ermöglichen oder verbessern. Vielmehr sollten diese Einrichtungen auch der (ideologischen) »Umerziehung« dienen: Eine Versorgung mit Lebensmitteln auf hohem Niveau, eine gute Infrastruktur, Bildungseinrichtungen und Gesundheitsversorgung sollten dazu beitragen, die Umgesiedelten für das koloniale System oder die postkoloniale Regierung einzunehmen, die den Aufstand bekämpfte.[229]

Insgesamt führte der Vietnam-Krieg zu einer weitreichenden Mobilisierung der Bevölkerung. Hilfsorganisationen zufolge handelte es sich auf dem Höhepunkt der Kampfhandlungen Ende der 1960er-Jahre bei der Hälfte der südvietnamesischen Bevölkerung (und damit ca. zehn Millionen Menschen) um »Binnenvertriebene«, also um im eigenen Land in mehr oder minder sicher erscheinende Zonen Geflohene.

Das Ende des Vietnam-Kriegs führte zur Abwanderung Hunderttausender aus dem zerstörten Land: Als die Armee des kommunistischen Nordvietnam das US-gestützte Südvietnam im Frühjahr 1975 endgültig überrollte und im April die südvietnamesische Hauptstadt Saigon eroberte, evakuierten die abziehenden US-Truppen rund 140 000 Vietnamesen, die überwiegend in die USA weiterreisen konnten. Die meisten von ihnen waren eng mit dem südvietnamesischen Staat oder US-Einrichtungen verbunden gewesen: Mehr als die Hälfte der Flüchtlinge des Jahres 1975 sollen für die besiegte Regierung oder die US-Amerikaner gearbeitet haben. Viele derjenigen, die sich dieser ersten Fluchtbewegung anschlossen, stammten ursprünglich aus Nordvietnam – entweder sie selbst oder ihre Eltern waren vor 1954, dem Jahr der Beendigung der französischen Kolonialherrschaft, für die

Kolonialmacht tätig gewesen. Zudem gehörten 34 Prozent der Flüchtlinge von 1975 der Minderheit der Katholiken an.[230]

Nicht selten handelte es sich folglich Mitte der 1970er-Jahre um eine Flucht nach der Flucht: Vom Norden in den Süden Mitte der 1950er-Jahre, vom Süden in die USA Mitte der 1970er-Jahre. Tatsächlich hatte bereits das Ende der französischen Kolonialherrschaft und die Teilung des Landes aufgrund der Regelungen der Genfer Konferenz von 1954 erhebliche Migrationen zur Folge gehabt: Wahrscheinlich eine Million Menschen waren vom kommunistischen Norden in den Süden zwischen 1954 und 1956 gewechselt. Es dominierten mit einer Zahl von geschätzten 800 000 die Katholiken, die wohl zwei Drittel der gesamten katholischen Bevölkerung des Nordens ausgemacht hatten. Die Gegenbewegung aus dem Süden blieb kleiner: 130 000 Menschen reisten nach Nordvietnam aus.

Die Durchsetzung der kommunistischen Herrschaft auch im Süden führte seit 1975 zu politischen Verfolgungen. Mehr als eine Million Menschen sollen allein in »Umerziehungslagern« interniert worden sein. Auch die Kollektivierung der Wirtschaft und eine schwere ökonomische Krise aufgrund der Folgen des langen Kriegs trugen dazu bei, dass die Abwanderung bald anstieg. Sie erreichte ihren Höhepunkt in den Jahren 1979 bis 1982. Auf dem Landweg wichen vornehmlich Menschen aus der chinesischen Minderheit des Landes aus, die Mitte der 1970er-Jahre rund 1,8 Millionen zählte. Mehr als 250 000 Personen aus dieser Gruppe passierten die Grenze der Volksrepublik China.[231]

Die chinesische Minderheit war in Südvietnam vornehmlich im Handel tätig gewesen. Nicht nur die Verstaatlichung des Handelssektors, sondern auch die Währungsreform 1978 behinderten ihre ökonomischen Aktivitäten. Dass die Zahl der Abwanderungen aus der chinesischen Minderheit nach 1978 wuchs, dazu trug auch die erhebliche Verschlechterung der Beziehungen zwischen der Volksrepublik China und Vietnam bei, die in erste militärische Auseinandersetzungen an der Grenze mündete. Die Führung in Hanoi ließ nunmehr die bis dahin verbotene Abwanderung der chinesischen Minderheit zu, galt diese doch jetzt als »Fünfte Kolonne« der Volksrepublik China und damit als Sicherheitsgefahr.[232]

»Stellvertreterkriege« und Gewaltmigration

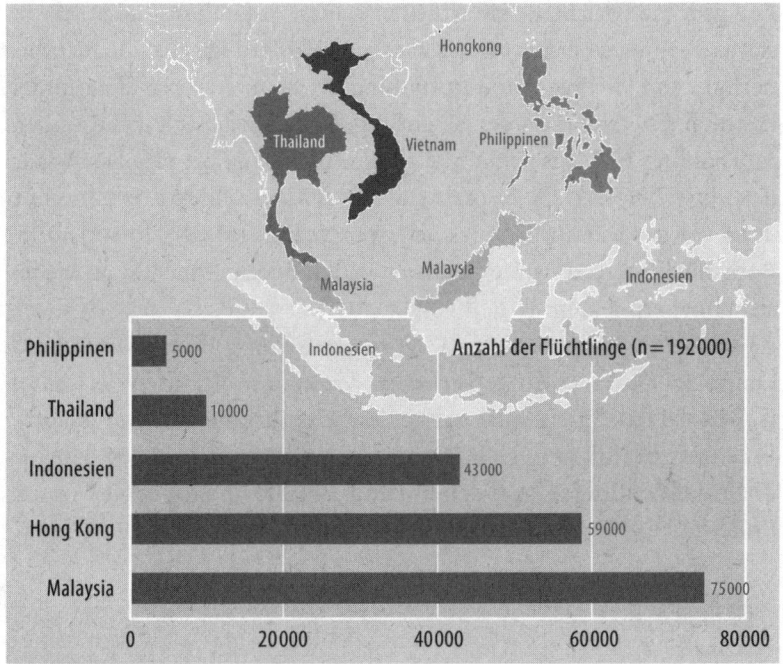

Schaubild 8: In den Anrainerstaaten des Südchinesischen Meeres aufgenommene »boat people«, bis Juni 1979. Datenquelle: Nghia M. Vo, The Vietnamese Boat People, 1954 and 1975–1992, Jefferson 2006, S. 168 f.

Weitaus größer war die Zahl der Vietnamesen, die über das Meer ihr Heimatland verließen. Im Jahr 1977 hatten rund 15 000 vietnamesische Flüchtlinge in Südostasien Aufnahme gefunden. Bis Ende 1978 vervierfachte sich die Zahl auf beinahe 62 000 »boat people«, die vornehmlich in südostasiatischen Lagern lebten. Im Sommer 1979 hatten bereits 200 000 Vietnamesen die Anrainerstaaten des Südchinesischen Meeres mit Hilfe von Booten unter katastrophalen Bedingungen und hohen Todesraten erreicht. Vor allem Malaysia und Hongkong wurden Ziel der Bewegungen (s. Schaubild 8).

Die rechtliche Stellung der Flüchtlinge war prekär: In den späten 1970er-Jahren hatte noch keiner der Staaten in der Region die Genfer Flüchtlingskonvention von 1951 und das ergänzende Protokoll von 1967 unterzeichnet. Die Flüchtlinge wurden in der Regel höchstens auf

8. »Kalter Krieg« und boomende Märkte

Zeit geduldet, das heißt, sie erhielten keinen Aufenthalts- oder Schutzstatus. Singapur beispielsweise wies jene Flüchtlinge aus, die nicht innerhalb von 90 Tagen eine Aufnahme in einem anderen Staat finden konnten. Die Situation der Flüchtlinge verschärfte sich insbesondere im Frühling 1979, als allein Malaysia 53 000 »boat people« das Anlanden verwehrte und die Boote zurück aufs Meer schickte. Die Insel Bidong vor der Küste Malaysias beherbergte im Juni 1979 knapp 40 000 Bootsflüchtlinge, die unter katastrophalen Bedingungen in provisorischen Lagern lebten.[233]

Im Juni 1979 erreichte die Fluchtbewegung ihren Höhepunkt; knapp 55 000 Flüchtlinge verließen Vietnam mit Hilfe von Booten (s. Schaubild 9).[234] Insgesamt zählte der Flüchtlingshochkommissar der Vereinten Nationen (UNHCR) zwischen 1975 und 1979 575 000 »Indochinaflüchtlinge«, von denen rund 204 000 »boat people« waren. Ende Juni 1979 gaben die Mitgliedsstaaten der ASEAN, der Organi-

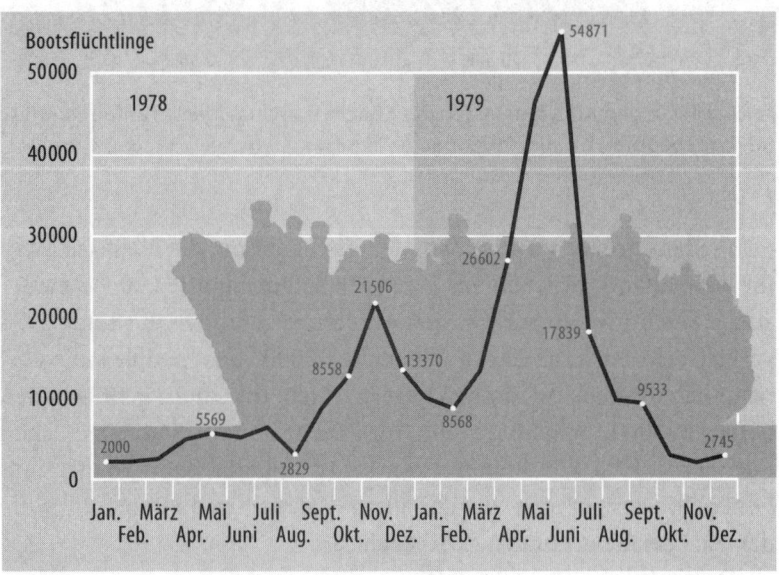

Schaubild 9: Zahl der vietnamesischen Bootsflüchtlinge 1978 und 1979.
Datenquelle: Ramses Amer, The Boat People Crisis of 1978–79 and the Hong Kong Experience Examined through the Ethnic Chinese Dimension, in: Wah Yok (Hg.), The Chinese/Vietnamese Diaspora. Revisiting the Boat People, London 2011, S. 36–48, hier S. 39.

sation südostasiatischer Staaten, bekannt, keine weiteren »boat people« mehr aufnehmen zu wollen.

Am 20. und 21. Juli 1979 kamen Abgesandte von 65 Regierungen aus aller Welt in Genf auf Einladung des UNHCR zusammen, um Antworten auf die südostasiatische Flüchtlingsfrage zu finden. Staaten des globalen Nordens versprachen, eine deutlich größere Zahl von Flüchtlingen aus den Erstaufnahmeländern im Süden Asiens aufzunehmen. Vietnam wurde im Sinne des internationalen Strebens nach einer verstärkten Kontrolle und Kanalisierung der Bewegungen aufgefordert, legale Ausreisen zu gewähren und zugleich die Flucht per Boot zu stoppen. In Indonesien und auf den Philippinen sollten Zentren zur Verteilung von Flüchtlingen eingerichtet werden. Das in Genf vereinbarte »Orderly Departure Program« sicherte monatlich 10 000 Flüchtlingen Ausreise und Aufnahme zu. Hilfsorganisationen übten Kritik an dem Programm, weil es auf die Kooperation mit Vietnam angewiesen war, das die Bedingungen der Ausreise bestimmte und im Sinne des vereinbarten Programms sehr restriktiv »illegale« Migration verhinderte. Die Maßnahmen erreichten ihr Ziel: Die Zahl der Bootsflüchtlinge sank von Juni 1979 weit über 50 000 auf nur noch 2600 pro Monat am Ende des Jahres.

Zwischen Juli 1979 und Juli 1982 erfolgte die Aufnahme von 623 800 südostasiatischen Flüchtlingen in mehr als 20 Staaten, darunter Australien, Frankreich und Kanada. Hauptziel aber waren die USA: Bis zum Auslaufen des Ausreiseprogramms 1994 kamen mehr als 400 000 Flüchtlinge hierher. Insgesamt ermöglichten die Vereinigten Staaten seit Mitte der 1970er-Jahre mehr als einer Million Evakuierten und Flüchtlingen aus Indochina auf der Basis spezifischer Hilfsprogramme und des Familiennachzugs die Einreise.[235]

Vornehmlich für die Evakuierten und Flüchtlinge des Jahres 1975 galten die Perspektiven der Integration in den USA als sehr gut. Es zeigte sich eine hohe Hilfsbereitschaft in der Bevölkerung, staatliche und zivilgesellschaftliche Organisationen boten weitreichende Integrationsleistungen. Weithin galten die Evakuierten und Flüchtlinge als unterstützungs- und schutzbedürftig: Viele waren in den USA der Auffassung, die Intervention der USA in Indochina habe die Flüchtlingsbewegung hervorgerufen. Anderen wiederum erschienen die Flüchtlinge als Beweis für die Notwendigkeit des langjährigen militärischen Engagements der USA in Vietnam, zeige doch die Flüchtlingsbewegung die Skrupellosigkeit der kommunistischen Regierenden. Ein großer Teil der Ankommenden verfügte über englische Sprachkenntnisse, hatte gute Bildungsabschlüsse und stammte aus der urbanen Mittelschicht Südvietnams. Zumeist kamen sie im Familienverband in die USA.[236]

Die wenige Jahre später folgende Ankunft der »boat people« führte in den Vereinigten Staaten zu neuen Debatten um Chancen und Risiken der Integration. Die Bootsflüchtlinge der späten 1970er- und frühen 1980er-Jahre stammten meist vom Land, verfügten im Durchschnitt über einen deutlich geringeren Bildungsgrad als die Angehörigen der ersten Bewegung, hatten seltener Kenntnisse der englische Sprache und kamen meist nicht im Familienverband, sondern allein. Bei manchen Neuankömmlingen wurden physische und psychische Erkrankungen aufgrund der prekären Lebenssituation sowie der Verfolgung im Nachkriegsvietnam, der katastrophalen Bedingungen der Flucht per Boot und der schwierigen Lage in den Lagern in Südostasien ausgemacht.

Die Aufnahmebereitschaft in den USA war zwar weiterhin relativ hoch, faktisch aber doch geringer ausgeprägt als noch Mitte der 1970er-Jahre. Der ökonomische Abschwung trug dazu ebenso bei wie eine damit verbundene, sich verbreitende Stimmung, die auf eine Begrenzung oder gar einen Stopp jedweder Einwanderung ausgerichtet war. Die US-Regierung stellte außerdem weniger Unterstützung bereit, als sie den Einwanderern Mitte der 1970er-Jahre gewährt hatte. Trotz aller in den 1980er-Jahren diskutierten Hemmnisse einer gleichberechtigten Teilhabe, wird in den USA heute die Integration der südostasiatischen Einwanderer für erfolgreich erachtet, vor allem die zweite Generation gilt als etabliert.

Die Bundesrepublik Deutschland nahm im Vergleich zu den USA wesentlich weniger Flüchtlinge aus Südostasien auf. Das zunächst festgelegte Flüchtlingskontingent von 1000 Plätzen war bereits Anfang 1979 ausgeschöpft, wurde im Sommer des Jahres auf 10 000 und bis 1982 schrittweise auf 38 000 Plätze ausgeweitet.[237] Die Entscheidung, vietnamesische Flüchtlinge in der Bundesrepublik aufzunehmen, war bereits rasch nach der Eroberung der südvietnamesischen Hauptstadt Saigon gefallen. Die Flüchtlinge wurden nicht im Rahmen von individuellen Asylverfahren aufgenommen, sondern aufgrund einer Übernahmeerklärung des Bundesinnenministeriums. Im Rahmen des 1980 aus Anlass der Zuwanderung von »boat people« verabschiedeten »Kontingentflüchtlingsgesetzes« gewährte diese ihnen die Rechtsstellung als Flüchtlinge und eine unbefristete Aufenthaltserlaubnis. Dazu kamen weitere Übernahmeerklärungen durch einzelne Bundesländer sowie die Aufnahme im Rahmen von Asylverfahren.

Mehr als 10 000 vietnamesische »boat people« rettete das vom privaten Hilfskomitee »Ein Schiff für Vietnam« (seit 1982: »Cap Anamur/Deutsche Not-Ärzte e.V.«) mit Hilfe zahlloser Spenden gecharterte Hospitalschiff »Cap Anamur«, das seit Sommer 1979 im Südchinesischen Meer kreuzte. Im Sommer 1982 unterbrach der Stopp der Aufnahme weiterer vietnamesischer Kontingentflüchtlinge durch die Bundesregierung die Arbeit der »Cap Anamur«. Proteste dagegen und eine breite Unterstützung für die Hilfsaktionen führten zu einer Rücknahme des Aufnahmestopps. Das Rettungsschiff war noch bis 1986 im Südchinesischen Meer tätig.

Die in der Bundesrepublik eingetroffenen Kontingentflüchtlinge wurden zunächst in Übergangswohnheimen versorgt. Sie erhielten in vergleichsweise großem Umfang Sprachförderung und Integrationshilfen, Unterstützung beim Zugang zum Arbeitsmarkt und konnten Sozialhilfeleistungen in Anspruch nehmen. Sie bekamen Sozialwohnungen, wobei die Behörden darauf achteten, geschlossene Ansiedlungen zu vermeiden. Dies sollte den Kontakt mit der Aufnahmebevölkerung erleichtern, die Integration der »boat people« beschleunigen und die finanziellen Belastungen der einzelnen Kommunen begrenzen. Die Zahl vietnamesischer Flüchtlinge sowie ihrer Nachkommen liegt in der Bundesrepublik heute bei rund 50 000.[238]

Die migratorischen Folgen der beiden anderen großen »Stellvertreterkriege« im »Kalten Krieg«, des Korea-Kriegs und des Afghanistan-Kriegs, dauern bis heute an. In den verfeindeten Staaten Süd- und Nordkorea leben heute Millionen Menschen, die während des Kriegs ihre Herkunftsorte verlassen mussten und seit mehr als einem halben Jahrhundert keinen Kontakt mehr zu Familienmitgliedern im jeweils anderen Teil der Halbinsel haben.[239] In Afghanistan sollen während der Phase der sowjetischen Besatzung fünf bis sechs Millionen Afghanen zu einem großen Teil in das benachbarte Pakistan und zu einem geringeren Teil in den ebenfalls benachbarten Iran ausgewichen sein – das entspricht rund einem Drittel der damaligen Bevölkerung. Seit 2002 haben internationale Organisationen die Rückkehr von über vier Millionen Flüchtlingen unterstützt. Neue Fluchtbewegungen im Zuge der internationalen Intervention in Afghanistan seit 2001 trugen dazu bei, dass gegenwärtig 2,6 Millionen Flüchtlinge gezählt werden, von denen fast zwei Drittel in Pakistan leben und ein weiteres Drittel im Iran. Die wesentlich höhere Zahl der Flüchtlinge, die innerhalb des Landes vor der Gewalt auszuweichen versuchten, bleibt ungezählt.

Migratorische Folgen der Dekolonisierung

Im globalen Süden gewannen bereits nach dem Ersten Weltkrieg anti-koloniale Befreiungsbewegungen an Gewicht. Die Kolonialmächte hatten im »Totalen Krieg« 1914–1918, wie gezeigt, weitreichend wirtschaftliche und personelle Kapazitäten ihrer Imperien für die Kriegführung in Europa sowie auf den Einsatz auf Nebenkriegsschauplätzen im Nahen Osten und in Südwest- und Ostafrika mobilisiert. Das führte in den Kolonien zu einer verstärkten Ausrichtung von Wirtschaft und Gesellschaft auf die europäischen Interessen. Dagegen regte sich bald Widerstand, denn viele Kolonisierte hatten gehofft, der asiatische oder afrikanische Beitrag zum Krieg werde die Kolonialmächte dazu bewegen, ihnen mehr Autonomie zu gewähren. Im Zweiten Weltkrieg waren dann zwar einige abhängige Gebiete erneut als Rekrutierungsraum für Soldaten und Arbeitskräfte sowie als Finanziers der Kriegführung von großer Bedeutung. Mit den Niederlagen Frankreichs, Belgiens und der Niederlande in Europa, der extremen militärischen und ökonomischen Belastung Großbritanniens und der Eroberung weiter Kolonialgebiete im pazifischen Raum durch Japan läutete der zweite globale Konflikt des 20. Jahrhunderts jedoch das Ende des langen

Zeitalters des Kolonialismus ein. »Kalter Krieg« und Dekolonisation waren dabei eng verbunden – die beiden Supermächte konkurrierten nicht nur im nordatlantischen Raum und in Mitteleuropa um Einfluss, sondern auch in den Teilen der Welt, die 1945 noch Kolonien waren.

Japans anfängliche Siege und die japanische Besetzung europäischer Kolonien hatten die koloniale Herrschaft der Europäer in Teilen Asiens in ihren Grundfesten erschüttert. Dennoch bedeutete das Ende des Kriegs zunächst das Ende des japanischen Imperiums – und erhebliche Migrationen in der Folge: 1941 lebten über 2,5 Millionen Japaner in den japanischen Kolonien Südostasiens, über eine Million davon in Korea und Taiwan als den ältesten Kolonialgebieten.[240] Im Verlauf des Kriegs war die zivile Präsenz in den Kolonial- und Besatzungsgebieten noch weiter angestiegen. Bis Ende 1946 sollen dann fünf Millionen Japaner auf die japanischen Inseln zurückgekehrt sein.[241]

Die politisch-ideologischen Vorstellungen der Unabhängigkeitsbewegungen in den Kolonien, die Strategien zur Befreiung und zur Durchsetzung einer nach-kolonialen Ordnung waren auch ein Ergebnis intensiver Rezeption von Ideen aus dem globalen Norden. Viele der anti-kolonialen Vorkämpfer verdankten zentrale Erfahrungen ihrer politischen Biographie dem Aufenthalt in Europa oder den USA. Hier konnten sie Netzwerke zu antikolonialen Akteuren in der gesamten Welt knüpfen und (gemeinsam) Instrumente entwickeln, die sich für die Auseinandersetzung mit den Kolonialmächten nutzen ließen.[242] Beispiele für solche zumeist als Bildungs- oder Ausbildungswanderungen konzipierten lebensgeschichtlichen Abschnitte lassen sich nicht nur bei Mahatma Gandhi als Zentralfigur der indischen Nationalbewegung finden, der 1888–1891 in London Rechtswissenschaften studierte. Auch die politische Sozialisation von Ho Chi Minh, dem Symbol der vietnamesischen Unabhängigkeit, in Frankreich von 1917 bis 1923 und anschließend in Moskau, gehört in diesen Kontext, ebenso wie das Studium des späteren ghanaischen Präsidenten Kwame Nkrumahs in den USA in den späten 1930er- und frühen 1940er-Jahren oder die Ausbildung und Berufstätigkeit des senegalesischen Politikers und Schriftstellers Léopold Sédar Senghor in Frankreich von den späten 1920er- bis in die 1950er-Jahre. Die Migration der Protagonisten der Unabhängigkeitsbewegungen im globalen Norden beförderte die Dekolonisation.[243]

Die Kolonialherrschaft lief zwar in vielen Gebieten Asiens, Afrikas und des pazifischen Raums zwischen den späten 1940er- und den frühen 1970er-Jahren relativ friedlich aus. In einigen Fällen aber kam es zu langen und blutigen Konflikten. Vor allem das Ende der globalen Imperien der Niederlande (in den späten 1940er-Jahren), Frankreichs (in den 1950er- und frühen 1960er-Jahren) sowie Portugals (Anfang der 1970er-Jahre) brachte umfangreiche Gewaltmigrationen mit sich. Während der Kämpfe selbst flüchteten zahlreiche Bewohner der Kolonien in nicht betroffene Gebiete oder wurden evakuiert und kehrten meist nach dem Ende der Konflikte wieder in ihre Heimatorte zurück. Europäische Siedler allerdings sowie koloniale Eliten oder Kolonisierte, die als Verwaltungsbeamte, Soldaten oder Polizisten die koloniale Herrschaft mitgetragen hatten oder den Einheimischen als Symbole extremer Ungleichheit in der kolonialen Gesellschaft galten, mussten nicht selten auf Dauer die ehemaligen Kolonien verlassen. Es kann davon ausgegangen werden, dass zwischen dem Ende des Zweiten Weltkriegs und 1980 insgesamt fünf bis sieben Millionen Europäer im Kontext der Dekolonisation aus den Kolonialgebieten auf den europäischen Kontinent zurückkehrten, darunter viele, die weder in Europa geboren waren noch je in Europa gelebt hatten.[244] Daraus ergab sich ein Paradoxon der Geschichte der europäischen Expansion: Wegen der migratorischen Folgen der Auflösung des Kolonialbesitzes waren die europäischen Kolonialreiche in Europa nie präsenter als mit und nach der Dekolonisation.[245]

Aus Niederländisch-Ostindien beziehungsweise dem seit 1949 unabhängigen Indonesien zogen zwischen 1945, dem Beginn des Befreiungskriegs, und den späten 1960er-Jahren insgesamt ca. 330 000 Menschen in die Niederlande. Zu denen, die die niederländische Herrschaft mitgetragen hatten und die sich nach dem raschen Ende der Kolonie bedroht sahen, gehörten auch rund 12 500 Molukker, ehemalige Soldaten der »Königlich Niederländisch-Indischen Armee« und ihre Angehörigen, deren Aufnahme und Integration in den Niederlanden breite Diskussionen hervorriefen.[246]

Wesentlich größere Dimensionen nahmen solche migratorischen Folgen der Dekolonisation in Frankreich an. Nach dem Ende der Kolonialherrschaft in Indochina und dem Beginn des Unabhängigkeitskriegs in Algerien 1954 nahm Frankreich innerhalb eines Jahrzehnts 1,8 Millionen im Zuge der Dekolonisationskonflikte entwurzelte Menschen auf. Mit rund einer Million stammte der größte Teil dieser Migranten aus Algerien, von wo allein 1962, dem Jahr der Beendigung des Algerienkriegs und der Unabhängigkeit, rund 800 000 Menschen zuwanderten.[247] In diesem Jahr herrschte im Süden Frankreichs angesichts der Aufnahme von »Repatriierten« der Ausnahmezustand.[248] In den kommenden Jahrzehnten fokussierten Diskussionen über die Integration der Zuwanderer vor allem zwei Gruppen: die »Pieds-Noirs«, Europäer, die sich seit 1848 in den drei Départements entlang der algerischen Mittelmeerküste angesiedelt hatten, sowie die muslimischen »Harkis«, die sich den abziehenden Franzosen verbunden fühlten oder der algerischen Unabhängigkeitsbewegung als Kollaborateure galten. 1968 zählten zu den nun offiziell »repatriierte muslimische Franzosen« genannten Gruppen an die 140 000 Menschen, von denen 88 000 in Algerien geboren waren. Anerkannten »Repatriierten« gewährte der französische Staat umfangreiche Hilfen, um ihnen eine gleichberechtigte Teilhabe am Arbeits- und Wohnungsmarkt zu ermöglichen.

Dabei wurden allerdings große Unterschiede zwischen den »Pieds-Noirs« und den »Harkis« gemacht: Obwohl die ehemaligen Algerier europäischer Herkunft lange als unbeirrbare Kolonialisten galten, denen nachgesagt wurde, sie hätten die Konflikte in Nordafrika massiv verschärft, akzeptierte die französische Gesellschaft sie als gleichberechtigte und vollwertige Staatsbürger. Sie konnten weitreichende Entschädigungen beanspruchen und ergänzten in der Situation der Hochkonjunktur nach dem Zweiten Weltkrieg den expandierenden Arbeitsmarkt. Die Formierung starker Interessenorganisationen, die erfolgreich Einfluss auf Regierung und Administration nehmen konnten, bildete dabei ein zentrales Element der Integration der »Pieds-Noirs«. Darauf konnten die »Harkis« nicht zurückgreifen: Die Übersiedlung muslimischer Helfer der Kolonialmacht in Algerien hatten die französischen Behörden verboten. Die Aufnahme jener, die sich dennoch auf den Weg nach Frankreich machten, wurde stark reglementiert. Der auf die Zuwanderung kaum vorbereitete französische Staat errichtete in aller Eile große Sammellager in den Départements Aveyron, Puy-de-Dôme, Pyrénées-Orientales, Lot-et-Garonne, Gard und Vienne im Süden. Manche der dort insgesamt aufgenommenen 55 000 »Harkis« blieben für mehrere Jahre, zum Teil sogar auf Dauer in den nur für den temporären Aufenthalt konzipierten Barackenlagern. Diejenigen, die die Lager verließen, erhielten häufig Wohnungen in Dörfern oder städtischen Quartieren, die ausschließlich den »Harkis« vorbehalten waren.

Die isolierte Lage der Lager und Wohnquartiere machte es ihren Bewohnern schwer, neue Netzwerke im Einwanderungsland aufzubauen. Paternalistische Vorstellungen der französischen Administration traten hinzu, wonach viele der »Harkis« ohne intensive Betreuung nicht in der Lage seien, sich in der französischen Gesellschaft zurechtzufinden. Die Erwartung der »Harkis«, als Opfer der Dekolonisation aufgrund ihres Einsatzes als französische Patrioten anerkannt und entschädigt zu werden, blieb lange unerfüllt. Schwere, zum Teil gewalttätige Konflikte zwischen »Harkis« und französischen Ordnungshütern vor allem Mitte der 1970er- und Anfang der 1990er-Jahre waren ein Ausdruck von Enttäuschung und Verbitterung. Bis in die Gegenwart ist die Akzeptanz der muslimischen Zuwanderer gering: Manchen gelten sie als Mittäter in den schweren Konflikten der Dekolonisation in Nordafrika, anderen wiederum als Teil einer segregierten Bevölkerung algerischer Herkunft in den französischen Vorstädten.

Noch umfänglicher war – im Verhältnis zur Bevölkerungszahl des »Mutterlandes« – die Zuwanderung im Prozess der Dekolonisation nach Portugal: Beginnend im Herbst 1973 kamen innerhalb nur eines Jahres fast eine halbe Million »Retornados« aus den ehemaligen portugiesischen Besitzungen in Afrika (Mosambik, Angola, Kap Verde, Guinea-Bissau, São Tomé und Príncipe). Angola dominierte als Herkunftsland. Mitte der 1970er-Jahre stellten die »Retornados« fast sechs Prozent der portugiesischen Bevölkerung. Kontrovers diskutiert wird, ob die Integration der »Retornados« weniger konflikthaft verlief als jene der »Rückwanderer« in Frankreich, den Niederlanden oder auch in Italien, wo in den 1950er-Jahren eine postkoloniale Remigration von rund 600 000 Menschen zu erheblichen politischen und sozialen Spannungen führte.

Ein Großteil der Portugiesen, die mit dem Zusammenbruch des Kolonialreichs zurückkehrten, war erst nach dem Zweiten Weltkrieg in die afrikanischen Besitzungen gekommen. Zwei Drittel aller erwachsenen »Retornados« waren in Portugal geboren worden, sie pflegten meist enge Verbindungen in ihr Herkunftsland. Überwiegend waren sie männlich, überdurchschnittlich gut qualifiziert und im erwerbsfähigen Alter. Die Re-Integration in den portugiesischen Arbeitsmarkt gelang deshalb relativ reibungsarm. Spannungen blieben dennoch nicht aus, da die »Retornados« als soziale, wirtschaftliche und politische Belastung galten, als Eindringlinge, die für Erwerbslosigkeit, Wohnungsnot und eine Überforderung der Sozialsysteme verantwortlich gemacht wurden. Viele »Retornados« beklagen bis in die Gegenwart, weiterhin nicht als gleichberechtigter Teil der portugiesischen Gesellschaft akzeptiert zu sein.[249]

Das Schicksal, in die post-kolonialen Konflikte verwickelt zu werden, konnte auch zugewanderte Minderheiten treffen, die mit den Kolonialmächten in Verbindung gebracht wurden oder als Symbol der Kolonialherrschaft galten. Menschen indischer Herkunft verließen vor dem Hintergrund diskriminierender Gesetze und Gewalttaten seit den 1960er-Jahren Ostafrika (vor allem Kenia, Tansania) und siedelten sich zumeist in Großbritannien an, zuletzt ca. die Hälfte der rund 60 000 Inder, die der ugandische Diktator Idi Amin in der Hoffnung auf eine populistische Stabilisierung seiner Herrschaft zwischen 1969 und 1972 ausgewiesen hatte.[250]

Ihre Vorfahren waren zumeist aus Gujarat (Hindus) und dem Punjab (Sikhs und Muslime) nach Ostafrika gegangen, um seit den letzten Jahren des 19. Jahrhunderts die beinahe 1000 Kilometer lange Uganda-Bahn vom ugandischen Kampala bis zum kenianischen Mombasa am Indischen Ozean zu bauen. Über 37 000 indische Eisenbahnarbeiter wurden eingesetzt, von denen nach dem Abschluss der Bauarbeiten 80 Prozent auf den indischen Subkontinent zurückkehrten. Hinzu kamen Kaufleute vom indischen Subkontinent, denen es seit Ende des 19. Jahrhunderts gelang, ihre Handelsnetze über große Teile Ostafrikas auszudehnen. Sie waren zum Teil bereits in der vorkolonialen Zeit nach Ostafrika (erste Gruppen im 13. Jahrhundert) gelangt und hatten dort zusammen mit arabischen Kaufleuten die wirtschaftliche Elite gebildet. In Uganda kontrollierten Hindus vor dem Zweiten Weltkrieg 90 Prozent des Handels.

Zu den mittelbaren und unmittelbaren Folgen der Dekolonisation zählten zudem Staatsbildungs- oder Teilungskriege mit und nach dem Abzug der Kolonialmächte. Beginn und zugleich Höhepunkt bildete der rasche Rückzug Großbritanniens vom indischen Subkontinent 1947. Die Unabhängigkeit kam in einer Situation, in der die Gestaltung der politischen Zukunft noch weitgehend ungeklärt war. Der größere Teil Britisch-Indiens ging in der Republik Indien auf. Die Regionen des Subkontinents, in denen überwiegend Muslime lebten, wurden Teil des neuen Staates Pakistan (mit Westpakistan, dem Gebiet des heutigen Pakistans sowie Ostpakistan, dem ehemaligen Ostbengalen, dem heutigen Staat Bangladesch). Diverse umstrittene Regionen wurden dabei in einer der letzten Amtshandlungen der britischen Kolonialmacht nach dem Kriterium des Anteils religiöser Mehrheiten entweder Pakistan oder Indien zugeschlagen. Die nationalistisch aufgeheizte, von zahllosen Gewalttaten gekennzeichnete Atmosphäre mündete 1947/48 in eine riesige Welle von Flucht und Vertreibung, die 14 bis 16 Millionen[251] Menschen betraf. Dabei entsprachen sich die Umfänge der Fluchtbewegungen aus Indien nach West- und Ostpakistan sowie aus West- und Ostpakistan nach Indien mehr oder minder. Besonders stark waren die Regionen Punjab im Westen und Bengalen im Osten betroffen, denn durch sie verliefen die neuen Grenzen weithin.

Die Konsequenzen der Teilung Indiens und die Massenflucht waren für viele Menschen bereits vor dem Teilungsakt absehbar. Dies ist unter anderem ein Grund für den sehr dynamischen Anstieg der Wanderungsbewegungen innerhalb weniger Wochen. Bereits im Mai und Juni 1947 erreichten staatliche Stellen zahlreiche Protestschreiben und Hilfegesuche, die auf die möglichen Folgen einer Teilung aufmerksam zu machen suchten. Vielfach wurde ein hohes Maß an Hilflosigkeit formuliert: Sehendes Auges bewege sich die britische Kolonialpolitik auf eine Katastrophe zu, und niemand scheine sich um bereits absehbare Folgen kümmern zu wollen. Die Abwanderung der jeweiligen neuen Minderheiten im Kontext der Teilung wurde mindestens in Kauf genommen, zum Teil aber auch durch Gewalt forciert – Gewaltmigration als Teil der Staatsbildung befördert.[252]

Zwischen 1946 und 1951 kamen ungefähr zehn Millionen Flüchtlinge kurz- oder längerfristig in Flüchtlingslagern unter.[253] Die Zusammensetzung der Bevölkerung in einigen Großstädten änderte sich grundlegend: Delhi, das vor den Teilungen 950 000 Einwohner umfasste, verließen 1947/48 rund 330 000 Muslime, ca. 600 000 Flüchtlinge erreichten im selben Zeitraum die Stadt, sodass nach dem Abschluss der Teilung Britisch-Indiens etwa die Hälfte der Bevölkerung Flüchtlinge waren. Muslime nahmen 1941 rund 40 Prozent der Einwohnerschaft Delhis ein, 1951 waren es nur noch knapp sechs Prozent, der Anteil von Hindus stieg im gleichen Zeitraum von 53 auf 82 Prozent.

Bis zu einer Million Todesopfer soll der Teilungsprozess insgesamt gekostet haben. Weltweit gab es weder bis dahin noch danach jemals derart große Gewaltmigrationen innerhalb einer so kurzen Zeitspanne von nur wenigen Wochen, die sich vor allem auf August und September 1947 konzentrierten. Diese riesigen Bewegungen im Umfeld der Teilung Britisch-Indiens bieten zugleich das zentrale Beispiel dafür, dass Flucht und Vertreibung sich keineswegs auf zwischenstaatliche kriegerische Konflikte beschränken müssen. Die neuen Grenzziehungen veränderten den Alltag vieler Menschen auch in anderer Hinsicht: Schüler und Studierende mussten plötzlich Grenzen überschreiten, um ihre bereits seit Jahren besuchte Bildungsanstalt zu erreichen. Viele Menschen in den Grenzdistrikten pendelten weiter zu ihrer gewohnten Arbeitsstelle, was sich wegen des Grenzübertritts aber nun als aufwendiger erwies. Dennoch führte das steigende Lohngefälle zunächst zunehmend mehr Arbeitskräfte aus Pakistan nach Indien. Spätestens die Einführung von Visa und Reisepässen im Oktober 1952 im grenzüberschreitenden Verkehr zwischen beiden Staaten, erschwerte dann die Bildungs- und Arbeitsmigration sowie den Familiennachzug erheblich.[254]

Neue Arbeitskräfte für die expandierenden Ökonomien des Westens

In den wirtschaftlichen Zentren der westlichen Welt herrschte in den ersten drei Jahrzehnten nach dem Ende des Zweiten Weltkriegs in einigen Segmenten des Arbeitsmarkts ein hoher Bedarf an Beschäftigten. Eine Lösung schien die Anwerbung im Ausland zu sein. Einige Muster der Arbeitsmigration der vorangegangenen Jahrzehnte blieben bestehen, einige neue Elemente traten vor dem Hintergrund beschleunigten ökonomischen, sozialen und politischen Wandels hinzu: Insbesondere wuchs das Gewicht staatlicher Einflussnahme auf die Entwicklung der Migrationsverhältnisse weiter. Ein bereits in der Vorkriegszeit entwickeltes System zwischenstaatlicher Anwerbevereinbarungen wurde weiter verfeinert. Es ermöglichte sowohl Herkunfts- als auch Zielländern eine so weitreichende Kontrolle über Umfang und Zusammensetzung der Migration, wie es sie im »langen« 19. Jahrhundert nie gegeben hatte.

1942 begann mit einem Vertrag zwischen den Vereinigten Staaten von Amerika und Mexiko die Anwerbung mexikanischer Arbeitskräfte (»Bracero-Pogramm«). Sie schloss an vermehrte Migrationen aus Mexiko in den Süden der Vereinigten Staaten an, die sich aus dem Bedarf an zusätzlichen Arbeitskräften im Zuge des Eintritts der USA in den Ersten Weltkrieg 1917 ergeben hatten. In den 1920er-Jahren stellten die 450 000 mexikanischen Zuwanderer bereits über elf Prozent aller Migranten, die in die USA einreisten.

Hintergrund des »Bracero-Programms« im Zweiten Weltkrieg war der verstärkte Arbeitskräftebedarf wegen der Rüstungsanstrengungen der USA bei einem verminderten Angebot an einheimischen Beschäftigten aufgrund der Rekrutierung von Millionen junger US-Bürger zum Militärdienst. Vornehmlich ging es bei dem Anwerbeprogramm um die Versorgung der Landwirtschaft. Zwischen 1942 und 1947 kamen 230 000 Vertragsarbeitskräfte in die USA, von denen 146 000 im Südwesten arbeiteten, darunter knapp 125 000 in Kalifornien.[255] Die wichtigste Anwerbe- und Herkunftsregion war der Hauptstadtdistrikt Mexiko-Stadt, aus dem knapp 145 000 »Braceros« stammten, die wie auch in anderen mexikanischen Städten, in Rekrutierungs- und Sammelstellen unter Vertrag genommen wurden. Den »Braceros« wurden die Löhne einheimischer Arbeitskräfte ebenso garantiert, wie angemessene und kostenlose Unterkünfte; allerdings wichen die realen Arbeits- und Lebensverhältnisse oft von den Vorgaben des Programms ab. Viele »Braceros« kamen in Sammelunterkünften oder Arbeitslagern unter, mussten schlechte Bezahlung und Verpflegung hinnehmen.

Nach einer kurzen Unterbrechung lief das Programm von 1951 bis 1964 weiter – knapp fünf Millionen Mexikaner unterschrieben zwischen 1942 und 1964 einen Arbeitsvertrag –, durchgängig stand die Rekrutierung von Beschäftigten für die Landwirtschaft im Vordergrund, rund die Hälfte aller Mexikaner arbeitete in Kalifornien.[256] Zwischen 1956 und 1960 erreichte die Anwerbung aufgrund des »Bracero-Programms« ihren Höhepunkt mit einem jährlichen Kontingent von mehr als 400 000 Arbeitskräften.[257] Ein neuer Migrationskanal war damit geöffnet. Die Zahl der Bewerbungen lag durchgängig höher als die Zahl der Verträge, und irreguläre Grenzübertritte ließen den Umfang der Gruppe der Mexikaner im Süden und Südwesten der USA weiter steigen: Auch sie wollten vom höheren Lohnniveau der USA profitieren. Nur ein Teil der Interessenten erhielt im Kontext des Auswahlverfahrens in den Rekrutierungszentren einen Zugang zum US-amerikanischen Arbeitsmarkt. Abgelehnte Bewerber, besonders jene in grenznahen Regionen, waren versucht, ohne Papiere und Aufenthaltsgenehmigung in die USA einzureisen – nicht zuletzt auch deshalb, weil die Chancen auf Erwerb für sie ebenfalls gut standen, wurden doch billige Arbeitskräfte insbesondere für saisonale Beschäftigung von US-Arbeitgebern stark nachgefragt.[258]

Weil insbesondere in den mexikanischen Grenzregionen wegen der Anwerbung in die USA die Klagen über einen Mangel an (billigen) Arbeitskräften lauter wurden, forderte die mexikanische Regierung bereits 1943 die US-Behörden mit Erfolg auf, Kontrollen an den Grenzen zu verstärken und irreguläre Übertritte zu verhindern – und verdoppelte selbst die Zahl der Grenzpatrouillen. Die Zahl der Mexikaner ohne gültige Papiere, die in den folgenden Jahren von US-Behörden aufgegriffen wurden, stieg von knapp 280 000 (1949) über 500 000 (1951) auf 860 000 (1953) an. Der Grundstein für den Ausbau der Überwachung an der 3100 Kilometer langen US-mexikanischen Grenze war gelegt. Die Grenzkontrollen gewannen mit dem Auslaufen des »Bracero«-Programms Mitte der 1960er-Jahre an Gewicht, weil die Zahl der irregulären Einreisen deutlich anstieg. Einen wesentlichen Einschnitt bedeutete der »Immigration Reform and Control Act« von 1986, mit dem ein erheblicher Ausbau der Grenzpolizei und des Grenzschutzes verbunden war. Hinzu trat die Legalisierung des Aufenthalts von drei Millionen Migranten, die vor Jahresbeginn 1982 in die USA eingereist waren sowie ein umfangreiches Programm für die Beschäftigung von temporären Arbeitskräften in der Landwirtschaft.[259]

Zuletzt ist trotz einer Ausweitung der Grenzkontrollen die Zahl der Festnahmen wegen unerlaubter Einreise an der Grenze zu Mexiko deutlich abgesunken – von 1,2 Millionen im Jahr 2005 auf 357 000 im Jahr 2012.[260] Der Rückgang wird vor allem auf das 2005 eingeführte »Consequence Delivery System« zurückgeführt, das verschärfte Sanktionen für irreguläre Grenzübertritte androht und abschreckend wirken soll: Nicht nur das Strafmaß für den irregulären Aufenthalt ist erhöht worden, Migranten wurden darüber hinaus in großer Zahl abgeschoben und für mindestens fünf Jahre von der Vergabe eines Visums ausgeschlossen. Die Abschiebungen erfolgen in weit entfernte Gebiete Mexikos, um die Kosten für eine mögliche erneute irreguläre Einreise in die USA zu erhöhen. Mit der Verstärkung der Grenzkontrollen ist die Zahl der Todesfälle an der Grenze der USA zu Mexiko gestiegen: Je aufwendiger die Migration wurde, desto höher war das Risiko. Todesursachen waren überwiegend Erfrieren, Ertrinken oder Dehydrieren.[261]

Dass die Zahl der irregulären Grenzübertritte zurückging, hatte aber faktisch keine wesentlichen Folgen für den Umfang der Bevölkerung ohne Aufenthaltsstatus in den USA; denn die verschärften Grenzkontrollen haben dazu geführt, dass sich Migranten immer häufiger niederließen, anstatt nach dem Ende einer saisonalen Beschäftigung wieder abzureisen. 2010 soll die Zahl der Menschen ohne gültigen Aufenthaltsstatus in den USA bei 11,8 Millionen gelegen haben, das war nur geringfügig weniger als im Jahr 2007, das die höchste Zahl irregulärer Aufenthalte in den USA mit 12,4 Millionen verzeichnete. Mexikanische Staatsangehörige dominierten mit ca. 70 Prozent.[262]

Wahrscheinlich rund die Hälfte der irregulären Aufenthalte gehen auf eine unerlaubte Einreise zurück. Die andere Hälfte sind Ergebnis der Überziehung des Visums (»overstayers«); einige Hunderttausend Aufenthalte lassen sich auf die missbräuchliche Nutzung von Besucherausweisen für mexikanische Touristen und Geschäftsleute aus den Grenzbezirken (»border crossing card«) zurückführen. Schätzungen gehen davon aus, dass rund acht Millionen Menschen ohne regulären Aufenthaltsstatus in den USA im Jahr 2010 einer Erwerbstätigkeit nachgingen und damit mehr als fünf Prozent aller Erwerbstätigen stellten (s. Schaubild 10).[263]

Nach den Angaben der US-Statistik zählten 2012 rund 34 Millionen Menschen in den USA zu den »Mexican Americans«. Dabei ergaben sich klare Muster regionaler Konzentration: »Mexamerica« konstituierte sich vornehmlich in den Bundesstaaten Kalifornien, Texas und Illinois mit Spitzenwerten in den Metropolregionen Los Angeles, Houston, Chicago und dem kalifornischen Orange County.

Unter den lateinamerikanischen Migranten in den USA dominieren ganz eindeutig Menschen aus Mexiko. Zwischen 2000 und 2010

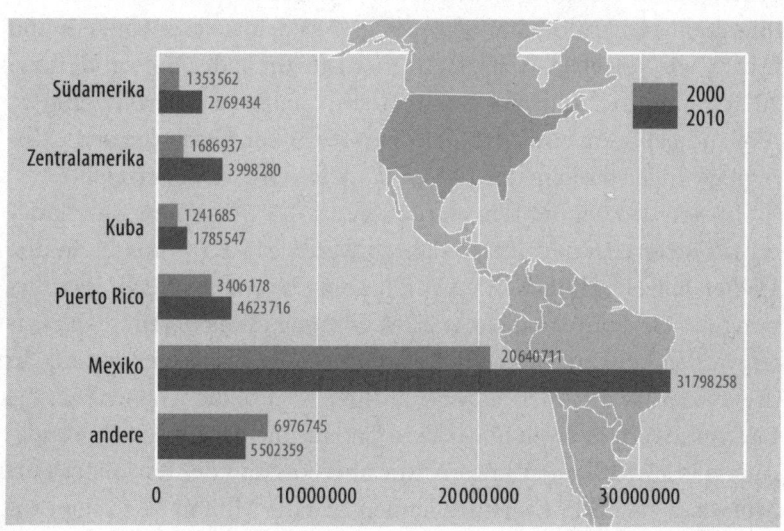

Schaubild 10: Bevölkerung lateinamerikanischer Herkunft in den USA 2000 und 2010. Datenquelle: US Census Bureau, Census Briefs, 2010.

stieg ihr Anteil sogar noch von 58 Prozent auf 63 Prozent der Bevölkerung lateinamerikanischer Herkunft in den Vereinigten Staaten an. Personen aus Lateinamerika gab es 2010 insgesamt 50 Millionen in den USA (2000: 35 Millionen), 2015 bereits 53 Millionen. Sie leben zu mehr als einem Viertel im Bundesstaat Kalifornien (27,8 Prozent); knapp ein Sechstel lebt in Texas (18,7 Prozent).[264]

Der Bedeutungsgewinn der lateinamerikanischen und insbesondere der mexikanischen Einwanderung war auch Ergebnis des Rückgangs der europäischen Übersee-Migration: In den USA trat an die Stelle der Einwanderung aus Europa seit dem Zweiten Weltkrieg der Aufstieg der pazifischen und vor allem der hemisphärischen, also auf Herkunftsräume in den Amerikas beschränkten Migration. Vor allem die Abschaffung des Quotensystems der 1920er-Jahre durch die Liberalisierung der Einwanderungspolitik 1965 ließ die Migration in die Vereinigten Staaten erneut stark ansteigen. Die Quotierungen und andere Einwanderungsbeschränkungen hatten dazu geführt, dass in den 1960er- und 1970er-Jahren ein Tiefstand der Einwanderung erreicht worden war. Der Anteil der im Ausland Geborenen in den USA war 1960 auf 5,4 Prozent und 1970 auf 4,7 Prozent abgesunken. Der »Immigration and Nationality Act« von 1965 bedeutete eine Umkehr und führte, wie Schaubild 11 zeigt, zu einer Zunahme der Einwanderung: 2010 waren rund 13 Prozent der US-amerikanischen Bevölkerung im Ausland geboren, ein Wert, der das Niveau der Phase vor den Quotenregelungen Anfang der 1920er-Jahre in etwa wieder erreichte.[265]

In den 1970er-Jahren wurden rund 4,5 Millionen Zuwanderer registriert, in den 1980er-Jahren waren es 7,3 Millionen, in den 1990er-Jahren schließlich 9,1 Millionen. Das Ausmaß der Verschiebung der Herkunftsräume der Zuwanderung in die Vereinigten Staaten verdeutlicht ein Blick auf die kontinentale Zusammensetzung: In den 1980er- und 1990er-Jahren erreichten zwei Millionen Europäer die USA, ein Wert, der weit hinter dem Umfang der asiatischen Zuwanderung mit 5,7 Millionen sowie Mittelamerikas und der Karibik mit 6,8 Millionen zurückblieb. Hinzu kamen ca. eine Million Menschen aus Südamerika und rund 600 000 aus Afrika. Wichtigster Herkunftsstaat blieb Mexiko: Rund vier Millionen Mexikaner, beinahe ein Viertel der

Gesamtzuwanderung in den betreffenden beiden Jahrzehnten, kamen zwischen 1980 und 2000 in die USA – als legale Zuwanderer neben Millionen irregulär eingereister oder sich aufhaltender Migranten.[266] Staaten wie Großbritannien oder Deutschland, die über lange Zeit hinweg wichtige Herkunftsländer der Überseemigration gewesen waren, wurden nach dem Zweiten Weltkrieg aufgrund hoher wirtschaftlicher Wachstumsraten zu Zielen stärkerer Zuwanderung. Die Migration anderer ehemals wichtiger Herkunftsländer wie Italien, Spanien, Portugal oder Griechenland richteten sich nun auf nord-, west- und mitteleuropäische Staaten aus. Und der gesamte ost-, ostmittel- und südosteuropäische Raum, der im späten 19. und frühen 20. Jahrhundert die Abwanderung aus Europa zu großen Teilen gespeist hatte, wurde mit dem »Kalten Krieg« und der hermetischen Teilung Europas von den Wanderungszielen in Übersee, aber auch in West-, Nord- und Mitteleuropa abgeschnitten.

Im Kontext der ökonomischen Rekonstruktion nach dem Ende des Zweiten Weltkriegs etablierte sich die Vorstellung von einem hohen

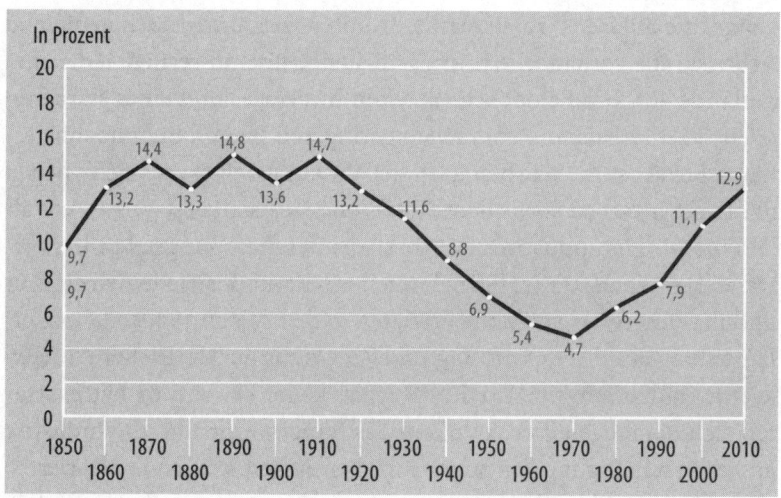

Schaubild 11: Anteil der im Ausland geborenen Bevölkerung in den USA 1850– 2010, in Prozent.
Quelle: David W. Haines/Madeleine Sumption, Legal Immigration Selection System, in: Judith Gans/Elaine M. Replogle/Daniel J. Tichenor (Hg.), Debates on U.S. Immigration, Los Angeles 2012, S. 11–26, hier S. 14.

Bedarf an zusätzlichen Arbeitskräften bereits in den späten 1940er-Jahren in einigen Staaten wie Belgien, der Schweiz, Großbritannien und Frankreich. Die industriellen Kapazitäten und die Infrastruktur waren vom Krieg in Belgien nur in relativ geringem Maß, in der Schweiz gar nicht betroffen gewesen. Vor diesem Hintergrund setzte in beiden Fällen beinahe unmittelbar nach Kriegsende die Zuwanderung von Arbeitskräften aus dem Ausland ein. Demgegenüber wuchs der über die Kapazitäten der nationalen Arbeitsmärkte hinausgehende Bedarf in Frankreich, in den Niederlanden und in Großbritannien erst etwas später: In Frankreich behinderten Kriegsschäden und veraltete Produktionsanlagen zunächst die Wiederaufnahme der industriellen Produktion. Sie gewann aber ab Ende der 1940er-Jahre an Fahrt, als unter erheblicher staatlicher Einflussnahme (bis hin zu weitreichenden Verstaatlichungen) und zum Teil mit Marshallplan-Mitteln die Industrie modernisiert wurde.

In Großbritannien blieb demgegenüber die Wachstumsdynamik der arbeitskräfteintensiven industriellen Produktion von Beginn an geringer, während in den Niederlanden wegen der geburtenstarken Jahrgänge, die auf den Arbeitsmarkt strömten, zukünftig noch genügend Arbeitskräfte vorhanden zu sein schienen. Ohnehin verfügten die Niederlande aufgrund eines schwächeren Industrie- und eines stärkeren Dienstleistungssektors über einen geringeren Bedarf an unqualifizierten Arbeitskräften. Wie bereits in der Vorkriegszeit erwies sich – neben der Landwirtschaft sowie dem Hotel- und Gaststättengewerbe – vor allem die Montanindustrie als attraktives Beschäftigungsfeld für zugewanderte Arbeitskräfte. Vornehmlich montanindustrielle Arbeitgeber und ihre Interessenverbände drängten in den späten 1940er-Jahren allenthalben auf die Anwerbung und Zulassung ausländischer Arbeitskräfte. In der Schweiz, wo der Bergbau keine Bedeutung hatte, zeigten sich demgegenüber vor allem das Baugewerbe und die Industrie an der Beschäftigung von zugewanderten Arbeitskräften interessiert.[267]

In dieser frühen Phase wurden Anwerbungen vor allem in Italien forciert. Die Formen der Rekrutierung orientierten sich an Mustern der Zwischenkriegszeit. Die Anwerbung italienischer Arbeitskräfte erfolgte auf der Basis bilateraler Wanderungsabkommen, die in den späten 1940er-Jahren von Italien mit der Schweiz (1948), Belgien (1946 und 1948) und Frankreich (1947 und 1948) abgeschlossen wurden. Hinzu kamen bis 1951 Verträge Italiens mit Luxemburg, den Niederlanden, Österreich und Schweden. Der italienische Anwerbevertrag mit der Bundesrepublik Deutschland 1955 bildete den Abschluss der Rekonstruktion des Anwerbevertragssystems der Zwischenkriegszeit, mit dem Italien die Arbeitswanderung in die wichtigsten Zuwanderungsländer absicherte.[268] Allein die Schweiz warb bereits zwischen 1946 und 1948 rund 250 000 Arbeitskräfte in Italien an, im gleichen Zeitraum rekrutierte Frankreich ca. 100 000 Italiener, die Montanindustrie in Belgien weitere etwa 80 000.

Diese wenigen Bemerkungen lassen deutlich werden, dass bereits die Initialphase des neuen europäischen Migrationsregimes nach dem Zweiten Weltkrieg durch ein hohes Steuerungsinteresse der Staaten gegenüber den grenzüberschreitenden räumlichen Bevölkerungsbewegungen geprägt war – und zwar sowohl der Ab- als auch der Zuwanderungsländer. Staatliche Akteure steigerten ihren seit dem Ersten Weltkrieg ohnehin schon erweiterten Einfluss auf die Ausländerbeschäftigungspolitik. Das wirtschaftliche Lenkungsinteresse der Staaten wurde erfolgreich durchgesetzt, und ihre Gestaltungsmöglichkeiten nahmen zu. Der befristete Import von Arbeitskräften galt als Garant für die Erhöhung der Leistungsfähigkeit der Volkswirtschaften.

Anwerbeabkommen bildeten unmittelbar nach dem Ende des Zweiten Weltkriegs ein zentrales migrationspolitisches Instrument und blieben es in den folgenden drei Jahrzehnten. Um ausländische Arbeitskräfte stetig und in der für nötig erachteten großen Zahl ins Land holen zu können, gab es von den späten 1940er- bis zu den frühen 1970er-Jahren faktisch nur den Weg über den Abschluss eines Wanderungsvertrags mit einem Herkunftsland; denn der Siegeszug des Instruments des bilateralen Vertrags zwischen einem Abwanderungs- und einem Zielland brachte auch die enorme Konkurrenz zwischen den anwerbenden Ländern um neue Arbeitskräfte zum Ausdruck.

In den mehr als fünf Jahrzehnten zwischen dem Ende des Ersten Weltkriegs und den Anwerbestoppmaßnahmen der europäischen Zuwanderungsländer Anfang der 1970er-Jahre wurden rund 120 solcher bilateraler Anwerbeverträge geschlossen, die Mehrzahl davon nach dem Zweiten Weltkrieg.[269] Die Wanderungsabkommen garantierten zum einen den anwerbenden Ländern den Zugang zum Arbeitsmarkt eines Abwanderungslandes zu genau geregelten Konditionen und gaben zum anderen den Abwanderungsländern die Möglichkeit, Einfluss auf die Zusammensetzung der Abwanderung sowie auf die Arbeits- und Lebensbedingungen der Migranten im Zielland zu nehmen. Anwerbeverträge wahrten sowohl die Interessen des Herkunfts- als auch jene des Ziellandes.

Großbritannien beteiligte sich dabei nicht am System der Wanderungsabkommen, vor allem weil traditionsreiche und exklusive Migrationsbeziehungen bestanden, die starke Kettenwanderungen beinhalteten und weil private Nachfrager Arbeitskräfte in den Kolonien oder in den ehemaligen abhängigen Gebieten anwerben konnten, ohne auf zwischenstaatliche Abkommen zurückgreifen zu müssen.[270] Der größte Teil der Neuzuwanderer in Großbritannien kam dementsprechend zunächst aus Irland: 1946 bis 1950 wurden 100 000 bis 150 000 weibliche und männliche Arbeitskräfte aus Irland in der britischen Wirtschaft neu angestellt.[271] Neben die im besetzten Nachkriegsdeutschland angeworbenen »Displaced Persons«, die in erster Linie im Bergbau (Männer) und in der Textilindustrie oder in privaten Haushalten (Frauen) beschäftigt wurden, traten in den 1950er-Jahren Italiener, bald auch Malteser, Zyprioten und Türken.[272]

Großbritannien bot seit dem »British Nationality Act« von 1948 allen Bewohnern der Kolonien beziehungsweise des Commonwealth eine einheitliche Staatsangehörigkeit sowie freie Einreise und Arbeitsaufnahme in Großbritannien.[273] Vor diesem Hintergrund wuchs zunächst die Zuwanderung aus der Karibik nach Großbritannien: Bis 1960 stieg die Zahl der Westinder auf 200 000 an.[274] Seit den späten 1950er-Jahren dominierte dann die Zuwanderung vom indischen Subkontinent. Mitte der 1960er-Jahre betrug die Zahl der Zuwanderer aus dem Commonwealth, die als »Coloured Immigrants« angesehen wurden, ca. 680 000: rund 270 000 aus der Karibik, 240 000 aus Indien, 93 000 aus Afrika und 75 000 aus Pakistan. 1971 hielten sich 480 000

Menschen in Großbritannien auf, die in Indien oder Pakistan geboren worden waren; bis 2001 stieg ihre Zahl auf rund eine Million an. Die Öffnung des nationalen Arbeitsmarkts für Zuwanderer aus (ehemaligen) überseeischen Besitzungen ließ nicht nur in Großbritannien die Zahl der Arbeitsmigranten in den Jahrzehnten nach dem Zweiten Weltkrieg wachsen: Nachdem Frankreich den muslimischen Algeriern 1947 die französische Staatsangehörigkeit eingeräumt hatte und ihnen damit die ungehinderte Zuwanderung in das Mutterland sowie den dortigen unbeschränkten Aufenthalt ermöglichte[275], stieg der Umfang der algerischen Arbeitsmigration nach Frankreich rasch: Zwischen 1946 und 1949 kamen mehr als 260 000 Menschen – bei einer hohen Rückwanderungsrate, die fast ein Drittel erreichte.[276] 1968 bildeten Algerier nach Italienern und Spaniern die drittgrößte Zuwanderergruppe; seit den späten 1960er-Jahren wuchs auch die Zuwanderung aus Marokko und Tunesien sowie aus den ehemaligen französischen Kolonien in Indochina, im subsaharischen Afrika und in der Karibik.[277]

Auch die Staaten, die erst in den 1950er- und 1960er-Jahren ihre Arbeitsmärkte für Zuwanderer aus dem Ausland öffneten (so etwa die Bundesrepublik Deutschland, Österreich oder Schweden), nutzten das Instrument der Anwerbeverträge – oder präziser: sahen sich genötigt, das Instrument in der Konkurrenz um Arbeitskräfte zu nutzen: Neben Frankreich zählte Westdeutschland zu den internationalen Akteuren, die besonders viele bilaterale Wanderungsverträge schlossen. Im Zeitraum von 1946 bis 1959 waren insgesamt 15 Anwerbeverträge in Europa vereinbart worden. Für die folgenden 13 Jahre bis 1973 ergibt sich demgegenüber eine Zahl von 45 Verträgen, berücksichtigt man auch Folgeverträge bereits abgeschlossener Abkommen. Allein 37 davon wurden zwischen 1960 und 1969 unterzeichnet.

Blickt man also auf die formale Seite der Migrationsbeziehungen in Europa, lässt sich für die anderthalb Jahrzehnte ab dem Ende der 1950er-Jahre von einer beschleunigten Expansion sprechen.[278] Von Bedeutung war dabei, dass seit Anfang der 1960er-Jahre mit der Bundesrepublik Deutschland ein gewichtiger neuer Akteur auf den europäischen Arbeitsmärkten auftrat: Im westlichen deutschen Teilstaat war zu diesem Zeitpunkt die Erwerbslosigkeit auf ein Minimum abgesunken. Die massive Zuwanderung aus der DDR reichte nicht aus, um die Lücken in einigen Segmenten des Arbeitsmarkts zu füllen und fiel mit dem Bau der Berliner Mauer im August 1961 ganz aus. Und der westdeutsche Anwerbevertrag mit Italien von 1955 bot nur ein begrenztes Arbeitskräfteangebot angesichts der hohen Nachfrage nach italienischen Arbeitskräften in Westeuropa und des raschen Ausbaus der Industrie Norditaliens.[279]

Mit den Anwerbeabkommen der Bundesrepublik mit Spanien und Griechenland im Jahr 1960 konnten zwei zentrale neue Anwerbemärkte für die expandierende bundesdeutsche Wirtschaft erschlossen werden. Bereits 1961 folgte eine weitere Expansion des bundesdeutschen Systems mit dem Abschluss des Vertrags mit der Türkei.[280] Eine rasche Zunahme der Arbeitsmigration war die Folge: So wuchs die ausländische Erwerbsbevölkerung in der Bundesrepublik von 1961 bis zum Anwerbestopp 1973 von ca. 550 000 auf rund 2,6 Millionen an.

Die Staaten, in denen Arbeitskräfte angeworben wurden, verbanden weitreichende Erwartungen mit der Arbeitsmigration: Die für temporär erachtete Abwanderung galt als gewichtiger Beitrag zur Entwicklung der eigenen Volkswirtschaft. In diesen Kontext gehörte der Zuwachs der Deviseneinnahmen durch die Überweisung von Lohnersparnissen der Arbeitsmigranten an zurückbleibende Familienmitglieder. Darüber hinaus verbuchten die Regierungen in den Abwanderungsländern die Arbeitsmigration als Möglichkeit, den eigenen Arbeitsmarkt zu entlasten; zugleich hofften sie auf einen Wissenstransfer durch zurückkehrende Arbeitsmigranten und die Nutzung von deren Erfahrungen und Qualifikationen für die Entwicklung der eigenen Wirtschaft. Die Förderung der Arbeitsmigration erschien mithin als ein Entwicklungsprojekt, mithilfe dessen sich soziale Konflikte entschärfen und eine politische Befriedung herbeiführen ließ – alle Staaten, mit denen beispielsweise die Bundesrepublik Deutschland in den 1960er-Jahren Wanderungsverträge abschloss, waren autoritäre Systeme, die ihre Legitimitätsprobleme durch die Verbesserung der sozialen Situation und durch die Garantie innenpolitischer Sicherheit zu lösen bestrebt waren.

Je intensiver sich die Migrationsbeziehungen zwischen Herkunfts- und Zielländern ausprägten, desto stärker wirkten verwandtschaftlich-bekanntschaftliche Netzwerke unter den Migranten: Diese hielten für Neuzuwanderer vertrauenswürdiges Wissen über Chancen der Arbeitsaufnahme im Zielland bereit und boten nach der Ankunft Hilfestellungen bei der Suche nach Arbeit und Unterkunft sowie zur Bewältigung des Alltags. Da diese Migrantennetzwerke häufig nicht nur verschiedene Unternehmen oder Orte in einem Zielland überspannten, sondern europaweit konstituiert sein konnten, standen Migranten Informationen für mehrere mögliche Zielländer zur Verfügung. Die über die Anwerbeabkommen vorgesehene »begleitete Migration« durch amtliche Stellen verlor damit aus Sicht vieler Migranten immer weiter an Gewicht für die Aufnahme spezifischer Pfade der Migration. Die Netzwerkbildung erleichterte darüber hinaus den Wechsel des Unternehmens, des Aufenthaltsortes oder des Aufenthaltslandes.

In allen Zielländern übernahmen die Arbeitsmigranten meist un- und angelernte Tätigkeiten in der industriellen Produktion mit hoher körperlicher Beanspruchung, gesundheitlicher Belastung und Lohnbedingungen, die viele Einheimische nicht mehr akzeptieren wollten. Als Arbeitskräftepotenzial mit hohen Fluktuationsraten hatten sie eine konjunkturelle Pufferfunktion. Das zeigte sich für die Bundesrepublik Deutschland in der ersten Rezession ihrer Geschichte 1966/67 ebenso wie in der Krise seit 1973/74: 1966/67 ging die Beschäftigung von Arbeitskräften aus dem Ausland um ca. 30 Prozent von 1,3 Millionen auf 0,9 Millionen (Januar 1968) zurück. Sie stieg dann wieder erheblich an, um 1973 bis 1977 abermals um ca. 29 Prozent zu schrumpfen – besonders augenfällig in stark konjunkturabhängigen Erwerbsbereichen wie im Baugewerbe: Die Zahl einheimischer Bauarbeiter nahm von 1973 bis 1976 um 15 Prozent, die der zugewanderten hingegen um 41 Prozent ab.[281]

Die frühen 1970er-Jahre brachten den Niedergang alter Industrien (Eisen- und Stahlindustrie, Textilindustrie, Bergbau), die viele un- und angelernte Arbeitskräfte beschäftigt hatten. Der Stopp der Anwerbung ausländischer Arbeitskräfte in den europäischen Industriestaaten zwischen 1970 und 1974 steht sinnbildlich für den Strukturwandel am

Arbeitsmarkt. Rationalisierung und Automatisierung der Produktion ließen in den 1970er- und 1980er-Jahren die Nachfrage nach wenig qualifizierten Beschäftigten beschleunigt absinken. Die digitale Revolution seit den 1980er-Jahren forcierte diese Entwicklung.

In vielerlei Hinsicht erwiesen sich die politischen und gesellschaftlichen Vorstellungen über die Steuerbarkeit von räumlichen Bevölkerungsbewegungen als Illusion: In den vorangegangenen zwei Jahrzehnten waren viele neue Migrationskanäle geöffnet worden, die sich durch einen Stopp der Anwerbung nicht schließen ließen: Das galt für den Familiennachzug und für die Asylzuwanderung, bezog sich aber auch auf die Zuwanderung von Hochqualifizierten und Arbeitskräften aus den Staaten der Europäischen Wirtschaftsgemeinschaft (EWG).

Die Anwerbestoppmaßnahmen der europäischen Hauptzuwanderungsländer Anfang der 1970er-Jahre führten nicht zu der vielfach erwünschten Rückwanderung der Angeworbenen, vielmehr verfestigten sich ihre Bleibeabsichten weiter – denn Ausländer, die ihre Arbeitsverhältnisse beendeten, um für einige Zeit in ihre Heimat zurückzukehren, hatten meist keine Chance mehr, erneut als Arbeitswanderer zugelassen zu werden. Wollten sie nicht auf Dauer von ihren Familien im Herkunftsland getrennt leben, standen sie vor der Alternative einer endgültigen Rückkehr oder eines Familiennachzugs. Die Folgen für die Zusammensetzung der Migrantengruppe zeigt das Beispiel der Bundesrepublik Deutschland: Obgleich die Zahl der ausländischen Erwerbstätigen von 2,6 Millionen 1973 über ca. 1,8 Millionen 1977 und 1,6 Millionen 1989 sank, blieb die ausländische Wohnbevölkerung 1973 (3,97 Millionen) wie 1979 (4,14 Millionen) in etwa konstant und stieg bis 1989 auf knapp 4,9 Millionen an. 1980 hielt sich ein Drittel der Ausländer bereits zehn oder mehr Jahre in Deutschland auf, 1985 lag dieser Anteil schon bei 55 Prozent. Die zunehmende Dauer des Aufenthalts führte zu einer sukzessiven Verfestigung des rechtlichen Status der Zuwanderer und mündete schließlich immer häufiger in die Annahme der Staatsangehörigkeit des Ziellandes.[282]

Dabei gilt es zu differenzieren, vor allem im Blick auf Italien als Mitunterzeichner der Römischen Verträge 1957. Für italienische Arbeitskräfte galten bald besondere Bedingungen in den fünf anderen

Staaten, die sich entschlossen hatten, die europäische Integration voranzutreiben. Zunächst gab es zwar noch keine konkreten Regelungen über die Möglichkeiten der freien Bewegung von Arbeitskräften in der EWG. Drei Schritte aber manifestierten die als Ziel schon 1957 formulierte Freizügigkeit: Eine Verordnung der EWG gab 1961 die Arbeitsaufnahme in einem anderen Mitgliedsstaat grundsätzlich frei und hob die Visumpflicht auf. 1964 folgte die Aufhebung des »Inländervorrangs«, womit eine wesentliche Barriere für die Arbeitsmigration beseitigt wurde. Seit 1968 schließlich war für Arbeitsmigranten innerhalb der EWG keine Arbeitserlaubnis mehr nötig.[283]

In allen europäischen Zielländern der grenzüberschreitenden Arbeitsmigration wurden in der zweiten Hälfte der 1960er-Jahre Niederlassungsprozesse beobachtet. Zwar hielten Politik und Administration an der Vorstellung fest, die Arbeitsmigration sei temporär. Dennoch entbrannten nunmehr Diskussionen über die Zunahme der Konkurrenz um Wohnraum in Großstädten, über die »Überlastung« der kommunalen Infrastruktur (vor allem Schulen, Kindergärten), über die Inanspruchnahme von Leistungen der sozialen Sicherungssysteme oder über die Repräsentation von Migranten insbesondere im politischen Raum der Kommunen. Während in den Zielländern auf kommunaler Ebene zunehmend intensiver über die Erfordernisse und Möglichkeiten der Förderung oder Begleitung der Integration diskutiert wurde, gewannen die vordringlich von den Innen- und Sicherheitsbehörden vertretenen Auffassungen die Oberhand, die nach einer verstärkten Kontrolle, Steuerung, aber auch Verminderung der Zuwanderung strebten. Die Verbindung zwischen beiden Elementen bildete die seit Anfang der 1970er-Jahre in den europäischen Zielländern zunehmend verbreitete Vorstellung, die Begrenzung des Zuzugs und die strikte Kontrolle der Migration sei eine unabdingbare Voraussetzung für die erfolgreiche Integration der bereits im Land lebenden Zuwanderer.[284]

Das allenthalben diskutierte »Problem der ausländischen Arbeitnehmer« markierte vornehmlich die materiellen und immateriellen Kosten der grenzüberschreitenden Arbeitsmigration: Materielle Kosten entstünden für die Aufrechterhaltung des Anwerbeapparats, für die Entwicklung der Infrastruktur, für die Sozialsysteme und sogar gesamtwirtschaftlicher Art – weil Ausländerbeschäftigung Rationalisierungserfordernisse in der industriellen Produktion überdecke, woraus sich dauerhaft ein Wettbewerbsnachteil ergebe. Immaterielle oder gesellschaftliche Kosten wurden insofern gesehen, als die Zunahme der Zahl der Zuwanderer den Homogenitätsvorstellungen in weiten Kreisen der Bevölkerungen zuwiderlief, was letztlich ausländerfeindliche Einstellungen und rechtspopulistische oder -extreme politische Positionierungen zu verstärken schien; außerdem wurden Spannungen und Konflikte insbesondere zwischen zugewanderten und einheimischen Jugendlichen befürchtet. Nicht zuletzt ging es um die perzipierten Kosten für die Aufrechterhaltung der Sicherheit der Bevölkerung und für die Stabilität des politischen Systems – weil sich vor allem aus der Sicht der Innenbehörden mit Zuwanderung und Ausländerbeschäftigung nicht nur die Gefahr der Unterwanderung durch kommunistische Aktivisten in Zeiten des »Kalten Kriegs« verband, sondern auch eine Zunahme der Aktivitäten international agierender Terroristen.

Der Stopp der Anwerbung in den verschiedenen europäischen Zuwanderungsländern Anfang der 1970er-Jahre ist ein zentrales Ergebnis der seit den späten 1960er-Jahren laufenden Debatten um die Kosten der Integration von lange als nur temporär anwesend betrachteten Arbeitsmigranten. Den Anfang einer erheblichen Beschränkung der Zuwanderung machte die Schweiz bereits 1970: Neuzuwanderungen wurden nur noch in dem Umfang zugelassen, in dem andere Ausländer aus der Schweiz abgewandert waren oder diesen eine Genehmigung zur unbefristeten Niederlassung erteilt worden war. 1971 beschloss die britische Regierung, dass nur noch jene Commonwealth-Bürger ungehindert nach Großbritannien einreisen durften, die nachweisen konnten, dass ihre Eltern oder Großeltern in Großbritannien geboren worden waren. Diese Regelung trat mit dem Beitritt Großbritanniens zur EWG am 1. Januar 1973 in Kraft und war eine Vorbedingung für die Aufnahme, denn die anderen EWG-Mitgliedsstaaten wollten die freie Arbeitsaufnahme nicht-europäischer »British Subjects« in ihren Ländern ausschließen. 1972 folgten weitere Staaten, jetzt in der Form des Stopps der Aufnahme ausländischer Arbeitsmigranten: Schweden und Dänemark ließen nur noch Skandinavier zu. 1973 beendete nicht nur die Bundesrepublik die Anwerbung ausländischer Arbeitskräfte, auch die Niederlande und Belgien ließen keine Zuwanderung von Arbeitskräften von außerhalb der EWG mehr zu. Den Abschluss bildete im Sommer 1974 Frankreich.

Die Anwerbestopps beruhten zwar auf nationalen Entscheidungen und resultierten aus einer je spezifischen nationalen Debatte über Zuwanderung. Dass die Anwerbestoppmaßnahmen in den west-, mittel- und nordeuropäischen Zielländern der Arbeitsmigration in relativ kurzer Frist aufeinanderfolgten, war aber auch einer Europäisierung der Diskussionen geschuldet. Medien, Politik und Administration blickten sehr bewusst auf die Debatten über Zuwanderung und Integration in anderen europäischen Ländern. Darüber hinaus gab es auf verschiedenen Ebenen – zwischenstaatlichen und supranationalen, hier insbesondere über die EWG/EG – immer häufiger genutzte Möglichkeiten des politischen Austauschs über die Wahrnehmung der Zuwanderung und über die jeweiligen Maßnahmen zur Bewältigung der als Probleme wahrgenommenen Aspekte.

Die bei der Begründung des bundesdeutschen Anwerbestopps vom 23. November 1973 in den Vordergrund geschobene »Ölkrise« bildete dabei nur einen Anlass, nicht aber einen Grund für die Maßnahmen: Das allenthalben für tragfähig erachtete Argument »Ölkrise« schloss mehr oder minder vollständig jeden Protest gegen die Beendigung der Anwerbepolitik aus – und zwar sowohl vonseiten der relevanten binnenstaatlichen Akteure als auch vonseiten der Staaten, mit denen Anwerbeabkommen geschlossen worden waren. Damit endete nach fast dreißig Jahren das spezifische Arbeitsmigrationsregime in Europa, das ein Kennzeichen der Phase des starken Wirtschaftswachstums nach dem Zweiten Weltkrieg darstellte.

Mehr oder minder zeitgleich begann eine Intensivierung der Diskussion um eine Europäische Gemeinschaft ohne Binnengrenzen. 1974 beschloss der Europäische Rat auf dem Pariser Gipfel die Gründung einer Passunion mit dem Ziel, die nationalen Grenzen weiter zu öffnen und einen Beitrag für die Förderung einer europäischen Identität zu leisten. Eine Verminderung oder gar Aufgabe der Grenzkontrollen ergab sich damit allerdings noch nicht: Sorge um die nationale

Sicherheit und Angst vor einem Verlust migrationspolitischer Kontrolle verhinderten eine Umsetzung.

Erst der zwischen Bundeskanzler Helmut Kohl und dem französischen Staatspräsidenten François Mitterand 1984 im Rahmen des »Saarbrücker Abkommens« vereinbarte sukzessive Abbau der Kontrollen an der beiderseitigen Grenze brachte eine Wende: Die Bundesrepublik, Frankreich und die Benelux-Staaten vereinbarten im Sommer 1985 im luxemburgischen Grenzort Schengen die schrittweise Reduzierung der Grenzkontrollen. In den 1990er-Jahren wurde das Abkommen umgesetzt, in das EU-Recht überführt und um weitere EU-Mitgliedsstaaten ergänzt. Es bildete den Grundstein für die Freizügigkeit der Unionsbürger und führte zugleich zur Entwicklung von gemeinsamen Regeln für die Kontrollen an den Außengrenzen der EU, einschließlich einer gemeinsamen Visa-Politik, einer intensivierten Zusammenarbeit von Polizei und Justiz. »Schengen« erwies sich insgesamt als zentraler Ausgangspunkt für eine europäisierte Migrationspolitik nach dem Ende des »Kalten Kriegs«.[285]

Während Westeuropa in den frühen 1970er-Jahren die Zuwanderung beschränkte, öffneten gleichzeitig die Golfstaaten, die von den steigenden Öl- und Gaspreisen profitierten, ihre Arbeitsmärkte. Von Beginn an wurde hier die Arbeitsmigration in ein striktes Rotationssystem eingebunden. Die mit Zeitverträgen ausgestatteten Zuwanderer arbeiteten meist im Baugewerbe, im Hotel- und Gaststättengewerbe oder im Bereich der haushaltsnahen Dienstleistungen. Strenge Vorschriften kennzeichneten die Arbeitsverhältnisse. Zuwanderer kamen vor allem vom indischen Subkontinent. Die Länder am Persischen Golf rekrutierten bis 1990 rund zwei Millionen Arbeitskräfte aus Indien sowie 1,5 Millionen aus Pakistan, 200 000 aus Bangladesch und 70 000 aus Sri Lanka. In den 1980er-Jahren gewann die Anwerbung von Arbeitskräften in Südostasien an Bedeutung. Zunächst kamen sie vor allem aus Südkorea, später zunehmend von den Philippinen, die sich seit den späten 1970er-Jahren zu einem der weltweit wichtigsten Exporteure von Arbeitskraft entwickelten. Neben die zahllosen Beschäftigten in den Niedriglohnbereichen traten vor allem seit den 1980er-Jahren viele hochqualifizierte Zuwanderer aus Asien, Europa und Nordamerika, die für die Ölindustrie, das Gesundheits- und Bildungswesen ebenso von hoher Bedeutung waren wie für den Auf- und Ausbau der Tourismusindustrie und der Finanzdienstleistungen. Zu Beginn des 21. Jahrhunderts hatte die Bevölkerung der Vereinigten Arabischen Emirate einen Zuwandereranteil von 70 Prozent und jene Katars sogar von 86 Prozent. Das waren die weltweit höchsten Anteile von Zuwandererbevölkerungen.[286]

In den Golfstaaten lässt sich, wie in den europäischen Einwanderungsländern, nicht nur ein starker Anstieg der Zuwanderung ausmachen, sondern auch eine Diversifizierung hinsichtlich der Herkunftsräume. Ähnliches zeigt sich in anderen globalen Zielgebieten: In Australien waren 1947 insgesamt 98 Prozent der Menschen europäischer Herkunft, unter denen Briten und Iren mit 90 Prozent dominierten. Mit der verstärkten Zuwanderung aus Süd- und Osteuropa nach dem Zweiten Weltkrieg sowie mit dem Ende der »White Australia Policy« und der Öffnung gegenüber der Zuwanderung aus Asien in den 1970er-Jahren wandelte sich die Bevölkerungszusammensetzung. 1988 war der Anteil der Menschen, die aus Großbritannien und Irland stammten, auf 75 Prozent abgesunken, asiatische Zuwanderer, deren Anteil 1947 noch deutlich unter einem Prozent gelegen hatte, erreichten nunmehr 4,6 Prozent. 1995/96 kamen 40 Prozent aller Neuzuwanderer aus Asien, nach der Jahrtausendwende bildeten China und Indien die wichtigsten Herkunftsländer von Neuankömmlingen in Australien.[287]

Anders als in Australien oder den Staaten West-, Nord- und Mitteleuropas wurde Zuwanderung in Japan nach 1945 weiterhin blockiert. Erst in den 1970er- und 1980er-Jahren stieg die Zahl der Zuwanderer etwas an. Dabei handelte es sich mehrheitlich um Frauen aus anderen Teilen Asiens, die besonders häufig in der Unterhaltungsindustrie Anstellung fanden: Ende der 1980er-Jahre waren drei Viertel aller Zuwanderinnen in Japan im Beschäftigungsbereich »hostesses, prostitutes or striptease« registriert.[288] Mitte der 1980er-Jahre führte der Arbeitskräftemangel in Dienstleistungen und Industrie dazu, dass die Beschäftigungsmöglichkeiten der Migranten zunehmend diverser wurden.

8. »Kalter Krieg« und boomende Märkte

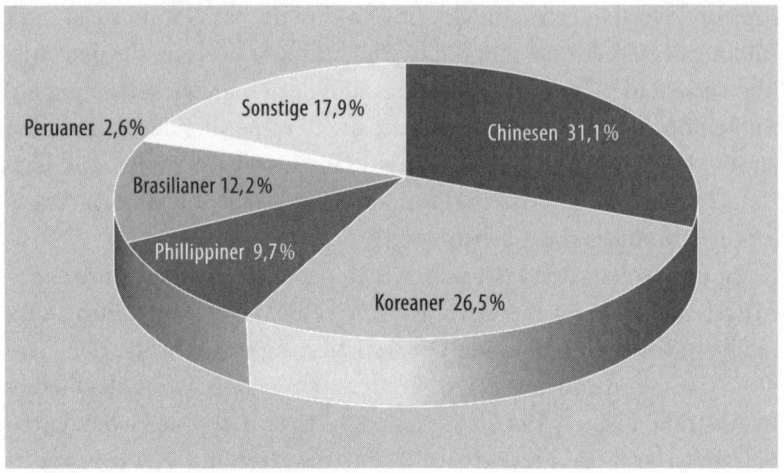

Schaubild 12: Registrierte ausländische Staatsangehörige in Japan 2009 in Prozent. Quelle: Japan Statistical Yearbook 2012.

Mit der Reform des Einwanderungsrechts 1990 öffnete die japanische Regierung den Bildungsbereich stärker für Studierende und Praktikanten aus dem Ausland. Gleichzeitig setzte eine Rückwanderungsbewegung aufgrund der instabilen Situation in vielen Staaten Südamerikas ein[289]: Rund 200 000 »dekasegi«, das heißt Japaner aus Brasilien, Peru und Argentinien[290], deren Vorfahren vor allem im späten 19. und frühen 20. Jahrhundert dorthin gewandert waren, kamen bis 1995 nach Japan »zurück«. 1982 hatte der Anteil von Menschen mit ausländischer Staatsangehörigkeit an der Bevölkerung in Japan bei 0,7 Prozent gelegen. Er stieg innerhalb von zwanzig Jahren auf knapp 1,5 Prozent an. Als Herkunftsländer dominierte China, gefolgt von Korea, Brasilien, den Philippinen und Peru (s. **Schaubild 12**).[291]

Spätes 20. und frühes 21. Jahrhundert

9

Von der neuen Ost-West-Migration zur globalen Flüchtlingsfrage

9. Spätes 20. und frühes 21. Jahrhundert

Ein fundamentaler politischer Wandel in der Sowjetunion der zweiten Hälfte der 1980er-Jahre, schließlich der Zusammenbruch der UdSSR und die Bildung zahlreicher neuer Staaten auf deren Territorium sowie die Auflösung des Bündnissystems des 1955 abgeschlossenen Warschauer Vertrags führten zum Ende des »Kalten Kriegs«. Nach vierzig Jahren öffnete sich 1989/90 der »Eiserne Vorhang«.

Neue Ost-West-Wanderung in Europa

Die auf ein Minimum beschränkte Ost-West-Wanderung gewann dadurch erneut erheblich an Gewicht, zum Teil knüpften die europäischen Migrationsverhältnisse wieder an die Situation vor dem Zweiten Weltkrieg an. Strukturelle Voraussetzung dafür waren einerseits die weitreichenden politischen Krisen im Prozess der Systemtransformation in den Staaten Ostmittel-, Südost- und Osteuropas, andererseits das das gesamte 20. Jahrhundert kennzeichnende Ost-West-Ungleichgewicht in der Wirtschaftsleistung sowie das daraus resultierende erhebliche Einkommensgefälle. Im Jahr 2000 – also zehn Jahre nach der weltpolitischen Wende 1989/90 – erreichte beispielsweise das Bruttosozialprodukt pro Kopf in Ostmitteleuropa lediglich 36 Prozent des für West- und Mitteleuropa ermittelten Wertes. Das war im Vergleich zum Jahr 1910, als dieser bei 28 Prozent gelegen hatte, eine nur relativ geringe Steigerung. Das Verhältnis der Durchschnittslöhne hatte sich in diesen beiden Teilen des Kontinents sogar noch mehr zu Ungunsten Mittelosteuropas verschoben: von eins zu vier im Jahr 1910 auf eins zu sechs im Jahr 2000.[292]

Während des »Kalten Kriegs« bildete die menschenrechtlich begründete Forderung nach einer Aufhebung der Freizügigkeitsbeschränkungen der osteuropäischen Bevölkerung ein Kernelement der Argumentation des Westens. Zuwanderer aus Ostmittel-, Südost- und Osteuropa konnten in der Regel mit einer offenen Aufnahme im Kontext von Asylverfahren in West- und Mitteleuropa rechnen, weil eine Abwanderung aus dem Osten als politisch motivierte »Abstim-

Bild Seite 199: Abriss der Berliner Mauer. Betonsegment im März 1990.

mung mit den Füßen« zugunsten des Westens verstanden wurde. Auf die Grenzöffnungen 1989/90 und den starken Anstieg der Zuwanderung reagierten die west- und mitteleuropäischen Staaten rasch mit Restriktionen und Abwehrmaßnahmen: Nicht nur die Stabilität der Arbeitsmärkte galt als gefährdet, vielmehr schienen auch vermehrt gesellschaftliche Konflikte zu drohen. Die vor diesem Hintergrund entwickelten Maßnahmen begrenzten den Umfang der Ost-West-Migration und pressten sie in erwünschte Bahnen, indem beispielsweise der Aufenthalt zeitlich befristet wurde. Das aber konnte nicht verhindern, dass die Ost-West-Migration die europäischen Migrationsverhältnisse im Jahrzehnt vor und nach der Jahrtausendwende nachhaltig prägten.[293]

Nach den Grenzöffnungen 1989/90 sowie den Anfang der 1990er-Jahre im Westen entwickelten Restriktionen zur Begrenzung und Kanalisierung der Migrationsbewegungen aus dem Osten Europas, bildete schließlich die Osterweiterung der Europäischen Union 2004 und 2007 – aufgrund der Freizügigkeit, die allen Unionsbürgern gewährt wird – die dritte zentrale Wegmarke für die Entwicklung der Ost-West-Migration im späten 20. und frühen 21. Jahrhundert. Bevor diese Freizügigkeit einen größeren Teil der Bevölkerung Ostmittel- und Südosteuropas erreichte, gab es vor allem drei zentrale Wege des Zugangs für Migranten aus dem Osten Europas in die west- und mitteleuropäischen Staaten: 1. legale oder irreguläre Arbeitswanderung, 2. Flucht, 3. konnationale Migration. Der Blick auf diese drei »gates of entry« lässt nicht nur die Dimensionen der Ost-West-Wanderung deutlich werden, sondern zeigt zugleich die Genese der politischen Bemühungen in West- und Mitteleuropa auf, die Ost-West-Migration zu kontrollieren, zu begrenzen und zu steuern.

Ein Großteil der neuen Ost-West-Arbeitsmigration nach 1989 war zunächst auf die westlichen Nachbarstaaten jenseits des ehemaligen »Eisernen Vorhangs« ausgerichtet: Italien oder Griechenland wurden vornehmlich zum Ziel südosteuropäischer Zuwanderung, bei der insbesondere die albanische Migration ein hohes Gewicht hatte. Die Zuwanderung nach Österreich speiste sich vor allem aus Bewegungen aus Jugoslawien und dessen Nachfolgestaaten, während in der Bundesrepublik Deutschland vornehmlich polnische Beschäftigte arbeiteten. Ein guter Teil bewegte sich in den Bahnen von Pendelbewegungen oder saisonalen Wanderungen: In Grenznähe handelte es sich zum Teil um Tagespendler, in weiterer Entfernung um Wochenpendler – wobei die Distanzen auch viele hundert Kilometer betragen konnten. Saisonarbeit bezog sich vor allem auf witterungsabhängige Beschäftigungen im Baugewerbe, in der Landwirtschaft und im Hotelgewerbe.

Migratorische Netzwerke beeinflussten die Wahl der Ziele und die Herausbildung von Schwerpunkten der Zuwanderung: Neuzuwanderer aus Ostmittel- und Südosteuropa gingen vielfach dorthin, wo sie auf die Hilfestellung von Verwandten oder Bekannten zählen konnten. So ist ermittelt worden, dass 56 Prozent der Zuwanderer aus dem Ausland, die insbesondere aus Südosteuropa 1989 bis 1991 nach Wien kamen, hier über verwandtschaftlich-bekanntschaftliche Verbindungen verfügten.[294]

Unter den Ost-West-Migrationen dominierten zunächst die Bewegungen von Polen. Die registrierten polnischen Arbeitswanderer arbeiteten in den 1990er-Jahren zu drei Vierteln in Deutschland. Um dauerhafte Einwanderung zu verhindern, undokumentierte Arbeitswanderung zu bekämpfen und die Zuwanderung in jene Arbeitsmarktbereiche zu lenken, in denen der Bedarf besonders hoch zu sein schien, vereinbarte die Bundesrepublik Deutschland mit einem Großteil der Staaten Ostmittel- und Südosteuropas Abkommen zur Regelung der Arbeitsmigration – von Bosnien-Herzegowina und Bulgarien über Kroatien, die Tschechische Republik, die Slowakei, Serbien, Lettland, Mazedonien, Polen, Rumänien bis hin zu Slowenien und Ungarn. Zentrale Elemente waren dabei die Beschränkung einerseits des Umfangs der Zuwanderung auf der Basis von Bedarfsanalysen der bundesdeutschen Arbeitsverwaltung sowie andererseits die Beschränkung auf saisonale oder kurzfristige Tätigkeiten (meist ein bis drei Monate). Auch andere west- und mitteleuropäische Staaten schlossen in den 1990er-Jahren und zu Beginn des 21. Jahrhunderts solche bilateralen Verträge, wenngleich sie nie das Gewicht der bundesdeutschen Regelungen erreichten. Im Jahr 2003 wurden im Rahmen bilateraler Verträge insgesamt 320 000 polnische Arbeitsmigranten beschäftigt, 95 Prozent davon in Deutschland.[295]

Die restriktive Steuerung der Arbeitsmigration durch die Bundesrepublik trug dazu bei, dass andere Ziele in West- und Mitteleuropa an Attraktivität für polnische Zuwanderer gewannen. Seit Mitte der 1990er-Jahre wuchs der Umfang der Bewegungen nach Spanien, Großbritannien, Belgien, Frankreich, Italien und schließlich auch nach Irland. Dass die Erwerbsbereiche in Deutschland, die besonders häufig polnische Arbeitskräfte nachfragten, seit Ende der 1990er-Jahre zunehmend Beschäftigte in weiter entfernt liegenden Gebieten Osteuropas rekrutieren mussten, lag auch an der wirtschaftlichen Entwicklung in Polen selbst: Polen entwickelte sich zum Zuwanderungsland – und polnische Arbeitswanderer (darunter viele hochqualifizierte Kräfte) kehrten wegen der verbesserten Erwerbsmöglichkeiten in ihr Herkunftsland zurück. Das war schließlich ein Grund dafür, dass der vielfach erwartete starke Anstieg der Abwanderung aus Polen nach Mittel- und Westeuropa nach dem Beitritt Polens zur EU 2004 ausblieb – wie im Fall der anderen Beitrittsländer auch.

Der Zusammenbruch des Ostblocks bildete ein Konglomerat vielfältiger politischer Spannungen und Konflikte, die zum Teil in Bürgerkriegssituationen mündeten. Krisen- und kriegsbedingte Migration war eine der Folgen. Ende der 1980er-Jahre und Anfang der 1990er-Jahre wuchs zunächst die Zahl jener Polen, Ungarn und Tschechoslowaken rasch an, die Asyl in Mittel- und Westeuropa beantragten. Bald folgten Rumänen, Bulgaren und Albaner. In West- und Mitteleuropa bildeten politische Diskussionen um Grenzen der Aufnahmebereitschaft und um eine missbräuchliche Nutzung von Asylrechtsregelungen eine erste Reaktion, auf die bald Einschränkungen des Grenzübertritts und des Zugangs zu den Asylverfahren folgten.

Millionenfache Fluchtbewegungen hatten in den 1990er-Jahren vor allem das Zerbrechen Jugoslawiens zur Folge, das in die Kriege in und um Slowenien im Sommer 1991, in und um Kroatien in der zweiten Jahreshälfte 1991 beziehungsweise im Frühjahr und Sommer 1995, in und um Bosnien-Herzegowina 1992 bis 1995 sowie in und um den Kosovo 1998/99 mündete. 1995 waren nach Angaben des Flüchtlingshochkommissars der Vereinten Nationen 3,7 Millionen Flüchtlinge im Kontext des Jugoslawien-Konflikts innerhalb der Region ausgewichen.

9. Spätes 20. und frühes 21. Jahrhundert

Hinzu traten mehrere hunderttausend Flüchtlinge, die andere Staaten Europas für unterschiedlich lange Zeiträume aufnahmen.[296]

Vor allem im Krieg um Bosnien-Herzegowina stieg die Zahl der Flüchtlinge in West- und Mitteleuropa stark an. Schätzungen gehen davon aus, dass wegen der kriegerischen Auseinandersetzung in und um Bosnien-Herzegowina rund 2,5 Millionen Menschen flohen. Etwa 600 000 von ihnen wichen innerhalb Bosnien-Herzegowinas aus, eine ähnlich hohe Zahl blieb in den Staaten der ehemaligen Bundesrepublik Jugoslawien. Etwa 1,3 Millionen Menschen flohen in andere Staaten, von denen wahrscheinlich rund die Hälfte EU-Staaten erreichte.

1997, also bereits nach dem Ende des Kriegs, hielten sich noch rund 580 000 Flüchtlinge aus Bosnien-Herzegowina in EU-Staaten auf – darunter mit 340 000 der größte Teil in der Bundesrepublik Deutschland. Die massiven Zerstörungen – insbesondere von Wohnraum und Infrastruktur – behinderten die Rückwanderungen, die in den späten 1990er-Jahren allerdings rasch zunahmen. Vor allem Deutschland setzte dabei auf eine Politik des erhöhten Drucks zur Rückkehr: Ein prekärer Aufenthaltsstatus und Abschiebungen bewirkten, dass sich die Zahl der Flüchtlinge aus Bosnien-Herzegowina in Deutschland bis 2003 auf ein Zehntel des Wertes von 1997 verringerte.

Im letzten Staatenbildungskonflikt in Südosteuropa – dem Krieg im und um den Kosovo – blieben die Flüchtlinge demgegenüber vornehmlich in der Region selbst: Sie überschritten die Grenzen der Nachbarstaaten, um nach dem Ende des Konflikts sogleich wieder zurückzukehren: Von den rund 900 000 Flüchtlingen, die den Kosovo im Frühling und Sommer 1999 verließen, nahm allein der Nachbarstaat Albanien 500 000 auf, Mazedonien weitere über 200 000, Montenegro wahrscheinlich 70 000. Demgegenüber nahm sich die Zahl von ca. 43 000 Asylanträgen in West- und Mitteleuropa zwischen April und Juni 1999 gering aus. Bereits einen Monat nach dem Ende der Kampfhandlungen sollen 80 Prozent aller Flüchtlinge in den Kosovo zurückgekehrt sein.

Ein Element des Anstiegs der Ost-West-Wanderungen nach den Grenzöffnungen 1989/90 bildete die Zunahme der Migration von Minderheiten. Sie strebten teilweise in die Staaten des Westens, wenn sich dort im »Kalten Krieg« eine privilegierende Politik gegenüber solchen konnationalen Gruppen etabliert hatte. Der Zerfall des sowjetischen Imperiums 1990/91 führte dazu, dass Millionen Russen und Ukrainer – die in den Nachfolgestaaten der UdSSR zur Minderheit geworden waren – nach Russland oder in die Ukraine abwanderten. Schätzungen zufolge sollen außerdem die vier Millionen Menschen, die allein zwischen 1989 und 1992 Ostmittel-, Südost- und Osteuropa verließen, überwiegend Angehörige von Minderheiten gewesen sein.

Zu den konnationalen Gruppen zählten die rund 70 000 Pontos-Griechen, die vor allem seit 1987 aus der UdSSR sowie aus deren Nachfolgestaaten nach Griechenland zuwanderten. Mehrere Hunderttausend polnische »Repatrianten« aus der UdSSR oder aus der Ukraine und aus Kasachstan kamen nach Polen. Hunderttausende Juden aus Osteuropa wanderten nach Israel aus oder fanden Aufnahme in der Bundesrepublik Deutschland. Karelier strebten nach Finnland, Tschechen aus Wolhynien (Ukraine) und Serbien in die Tschechische Republik, Slowaken aus Ungarn und der Ukraine in die Slowakei. Den größten Umfang erreichte die Zuwanderung von Aussiedlern, die als Angehörige deutscher Minderheiten in Ostmittel-, Südost- und Osteuropa in der Bundesrepublik aufgenommen wurden.

Die Kategorie des Aussiedlers und deren privilegierte Aufnahme waren bereits mit dem westdeutschen Bundesvertriebenengesetz von 1953 etabliert worden. Von 1950 bis 1987 erreichten fast 1,5 Millionen Aussiedler die Bundesrepublik Deutschland. Sie kamen überwiegend aus Polen und aus Rumänien. Von 1987 an gingen die Zahlen vor dem Hintergrund der politischen Öffnung in der UdSSR rasch nach oben (s. Schaubild 13); seither kamen etwa drei Millionen Aussiedler in die Bundesrepublik Deutschland, mit einem Schwerpunkt in den späten 1980er- und in den frühen 1990er-Jahren. Insgesamt wanderten in den sechs Jahrzehnten von 1950 bis heute mehr als 4,5 Millionen Menschen mit dem Aussiedlerstatus zu.[297]

Dabei handelt es sich um die zweitgrößte Zuwandererkategorie in der Geschichte der Bundesrepublik Deutschland. Anfang der 1990er-Jahre führte ein ganzes Bündel von Maßnahmen zu einer weitreichenden Begrenzung und Steuerung der Aussiedlerzuwanderung – zusammen mit Regelungen zur Förderung der deutschen Min-

9. Spätes 20. und frühes 21. Jahrhundert

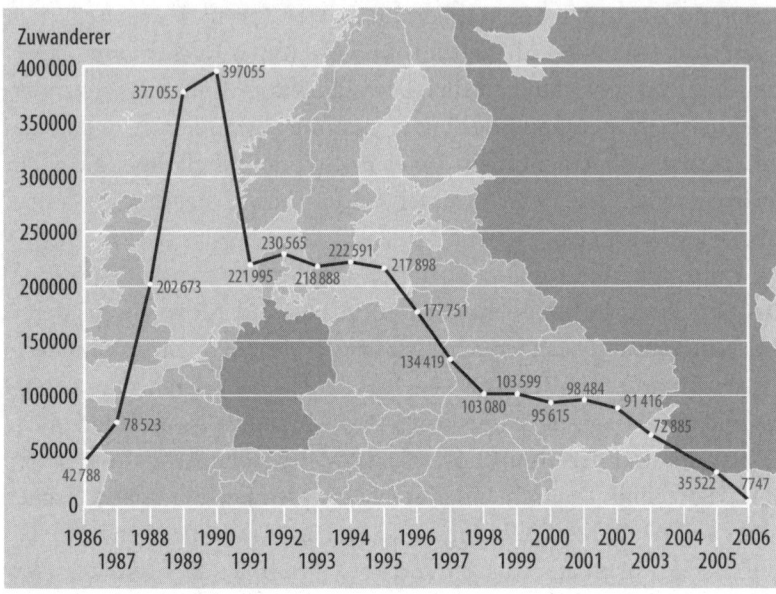

Schaubild 13: Aussiedlerzuwanderung 1986–2006.
Quelle: Bundesministerium des Innern.

derheiten in den Herkunftsgebieten und dem Nachlassen der Wanderungsdynamik angesichts der starken Abnahme der Zahl der Personen, die eine deutsche Herkunft geltend machen konnten. Seit Mitte der 1990er-Jahre sank deshalb die Aussiedlerzuwanderung massiv ab und ist heute in der bundesdeutschen Wanderungsbilanz ein zu vernachlässigender Faktor.

Zunehmende Weltbevölkerung und Migration

Nach Angaben der Vereinten Nationen bevölkerten im Jahr 1960 rund drei Milliarden Menschen die Erde. Die Weltbevölkerung erreichte 1974 die Marke von vier Milliarden und 1987 von fünf Milliarden. Ende des 20. Jahrhunderts umfasste sie schließlich sechs Milliarden, im Jahr 2016 betrug sie rund 7,3 Milliarden. Legt man ein mittleres Szenario zugrunde, wird sie nach UN-Berechnungen 2025 einen Umfang von über acht sowie 2030 von 8,5 Milliarden annehmen. 2050 wird sie wohl bei 9,7 Milliarden liegen und 2100 bei 11,2 Milliarden. Die Entwicklung der Bevölkerung der Erde kennzeichnen gegenwärtig und in den kommenden Jahrzehnten zwei Trends, die gegensätzlicher nicht sein könnten: Im (relativ) reichen Norden der Welt wird die Bevölkerung wegen der niedrigen Geburtenrate stagnieren. Außerdem wird sie immer älter werden, weil der Anteil junger Menschen abnimmt und die Lebenserwartung weiter ansteigt. Im (relativ) armen Süden hingegen nimmt der Umfang der Bevölkerung erheblich zu, und der Anteil der jungen Menschen wächst.[298]

Der weitere Anstieg der Weltbevölkerung wird mithin auch in der Zukunft beinahe ausschließlich durch das Wachstum in den Ländern mit einer ärmeren und armen Bevölkerung hervorgerufen. Hier lebten 2016 rund sechs Milliarden Menschen, 2050 werden es wohl rund 8,4 Milliarden sein. Die Bevölkerung der 48 am wenigsten entwickelten Staaten der Welt, von denen 27 in Afrika liegen, wird sich dabei von derzeit 954 Millionen auf 1,9 Milliarden im Jahr 2050 verdoppeln und bis 2100 auf 3,2 Milliarden ansteigen.

Das Tempo verlangsamt sich allerdings: Hintergrund ist die fortschreitende weltweite Angleichung der Geburtenraten. In den 58 Staaten mit den höchsten Geburtenraten (von denen 39 in Afrika, neun in Asien, sechs in Ozeanien und vier in Lateinamerika liegen) bringen Frauen zurzeit durchschnittlich 4,9 Kinder zur Welt. Dieser Wert wird den Vorausberechnungen der UN zufolge nach einem mittleren Szenario bis 2050 auf 2,8 und bis 2100 auf 2,1 sehr deutlich absinken. Die beiden bevölkerungsreichsten Staaten der Erde werden sich dabei unterschiedlich entwickeln: Voraussichtlich im Jahr 2022 wird die Bevölkerung Indiens jene Chinas übersteigen. Die Bevölkerung Chinas soll ab 2025/2030 infolge der seit Anfang der 1980er-Jahre durchgesetzten Ein-Kind-Politik (die 2015 offiziell beendet wurde) nicht mehr wachsen, vielmehr ab 2050 sogar rapide sinken. Jene Indiens wird ab 2030/35 in eine Stagnationsphase eintreten.

Vielfach wird behauptet, das Niveau der globalen Migrationsbewegungen sei in den vergangenen Jahren und Jahrzehnten vor dem Hintergrund einer beschleunigten Globalisierung deutlich angestiegen – und werde zukünftig weiter ansteigen. Diese Annahme lässt sich nicht bestätigen. Wie das »Vienna Institute of Demography« in einer aufwendigen Studie ermittelte, die die Zu- und Abwanderungen für 196 Staaten weltweit je einzeln erschlossen hat, können für die vergangenen mehr als fünf Jahrzehnte keine erheblichen Veränderungen des Umfangs der Migrationsbewegungen ausgemacht werden: Der Anteil der Migranten an der Weltbevölkerung lag innerhalb von Fünf-Jahres-Perioden seit 1960 recht stabil bei je 0,6 Prozent. Das heißt in absoluten Zahlen beispielsweise für die Jahre von 2005 bis 2010: 41,5 Millionen grenzüberschreitende Migrationen bei einer Weltbevölkerung von rund sieben Milliarden. Nur im Zeitraum von 1990 bis 1995 erreichte der Anteil der Migranten mit 0,75 Prozent einen leicht höheren Wert, der vor allem mit den migratorischen Folgen der Öffnung des »Eisernen Vorhangs« und den weitreichenden Transformationen durch den Zusammenbruch der Sowjetunion sowie anderer politischer Systeme vor allem im östlichen Europa erklärt werden kann.[299]

Auffällig sind an diesen Daten nicht nur das relativ niedrige Niveau der zwischenstaatlichen Migration und die ausgeprägte Stabilität über Jahrzehnte. Darüber hinaus zeigt sich, dass der größte Teil der Bewegungen innerhalb von Weltregionen wie Westafrika, Südamerika oder Ostasien stattfindet, während Migrationen, die die Grenzen von Kontinenten überschreiten, kaum ins Gewicht fallen. Selbst ein Staat wie die Bundesrepublik Deutschland, der seit 2010 relativ starke Zu- und Abwanderungen erlebt, verzeichnete weit überwiegend Bewegungen aus Europa: Bis einschließlich 2014 kamen drei Viertel aller Zuwanderer aus anderen europäischen Staaten.

Festhalten lässt sich auch, dass der Umfang der Zuwanderungen aus dem ärmeren Süden der Welt in den reicheren Norden in den vergangenen Jahrzehnten gering war und Prognosen der Vereinten Nationen zufolge in den kommenden Jahren auch nicht signifikant ansteigen wird – eine Feststellung, die gänzlich den Vorstellungen über die vermeintliche Bedrohung »westlicher« Gesellschaften durch Massenzuwanderungen aus anderen Weltregionen widerspricht. Im Jahr 2014 erreichten beispielsweise nur rund 75 000 Zuwanderer aus afrikanischen Staaten die Bundesrepublik Deutschland, 27 000 wanderten nach Afrika ab.[300]

Verantwortlich für das relativ niedrige Niveau globaler Süd-Nord-Migration sind vornehmlich drei Aspekte: Armut, fehlende Netzwerke und restriktive Migrationspolitiken. Finanzielle Ressourcen bilden eine wesentliche Voraussetzung für die Entwicklung eines individuellen Migrationsprojekts: Reisekosten sind zu bezahlen, irregulär Einreisende müssen in der Regel Schlepper teuer bezahlen. Zudem ist die Ankunft in einem Zielland meist nicht sofort mit der Aufnahme einer bezahlten Tätigkeit verbunden. Anfangsinvestitionen sind nötig, Sparkapital wird verbraucht, Geld muss geliehen werden. Für einen Großteil der Bewohner der Welt ist die Umsetzung eines solchen Migrationsprojekts illusorisch. Zahlreiche Studien belegen: Armut schränkt die Bewegungsfähigkeit massiv ein. Auch deshalb verfügt ein Großteil der Zuwandernden, die in den vergangenen Monaten und Jahren Europa aus Afrika kommend erreichten, über einen relativ guten finanziellen Hintergrund und über eine gute Ausbildung oder einen vergleichsweise hohen Bildungsgrad.[301]

Vor dem Hintergrund einer relativ geringen globalen Süd-Nord-Migration in der jüngeren Vergangenheit ist außerdem die Zahl der Pioniermigranten sowie der Umfang der Kontinente übergreifenden verwandtschaftlich-bekanntschaftlichen Netzwerke und damit das verlässliche Wissen über die Chancen im reichen globalen Norden im größten Teil der ärmeren Bevölkerung der Welt sehr gering. Auch diese Faktoren halten die Zahl der Süd-Nord-Migranten auf einem niedrigen Niveau.

Relativ offen sind die Grenzen im globalen Norden im Wesentlichen nur für Fachkräfte beziehungsweise für Hochqualifizierte, die meist ebenfalls aus dem globalen Norden kommen. Die auch in der Bundesrepublik Deutschland laufenden Diskussionen um die Zukunft der alternden Gesellschaften des reichen Nordens verdeutlichen, dass sich an einer solchen Orientierung auf qualifizierte und hochqualifizierte Zuwanderer wohl in den kommenden Jahren und Jahrzehnten wenig ändern wird: Weder die für eine alternde Gesellschaft angenommenen Herausforderungen einer sinkenden wirtschaftlichen Produktivität und ökonomischen Innovationsfähigkeit noch die Rekrutierung von Pflegekräften oder ärztlichem Personal für eine Bevölkerung, deren Altersdurchschnitt kontinuierlich steigt und in der altersbedingte Erkrankungen unaufhaltsam zunehmen werden, lassen sich durch die Zuwanderung Nicht- oder Geringqualifizierter kompensieren.

Die ökonomisch führenden Staaten der Welt haben migrationspolitische Muster durchgesetzt, die auf eine strikte Kontrolle von Zuwanderung zielen: Das sind zum einen die restriktiven Visa- und Einreisebestimmungen gegenüber potenziellen Zuwanderern, die nicht aufgrund von hoher Qualifikation oder Besitz als begehrte Träger von (»Human«-)Kapital gelten. Zum anderen sind es auch Verträge mit Herkunftsländern, die vor allem darauf ausgerichtet sind, die Rückkehr jener Zuwanderer zu garantieren, die aus ökonomischen Gründen für zeitweilig erforderlich erachtet werden.

Ein solcher Befund widerspricht nicht der Beobachtung, dass Migration weiterhin für Individuen, Familien und Kollektive ein Mittel der Reaktion auf wirtschaftliche, gesellschaftliche und politische Veränderungen und der Wahrnehmung von Chancen ist. Restriktive Regelungen können Wanderungen nicht gänzlich verhindern. Ökonomisch prosperierende Regionen ziehen weiterhin Menschen an und Zuwanderer tragen, wie zahlreiche Studien belegen, zu ihrer Prosperität bei. Auch die ökonomische Bedeutung von Migration für die Herkunftsländer im globalen Süden ist weiterhin hoch. 2016 lagen die Geldüberweisungen, die Migranten an ihre Verwandten allein in den »Entwicklungsländern« schickten, nach Schätzungen der Weltbank bei mindestens 440 Milliarden US-Dollar. Die Beträge übertrafen damit den Umfang der staatlichen Zahlungen im Rahmen der Entwicklungszusammenarbeit um fast das Dreifache.

Unter den Ländern, deren Bevölkerungen besonders hohe amtlich registrierte Rücküberweisungen empfingen, dominieren Indien (über 70 Milliarden US-Dollar), China (rund 60 Milliarden), die Philippinen (über 25 Milliarden) und Mexiko mit mehr als 22 Milliarden US-Dollar. In Tadschikistan machten Rücküberweisungen 52 Prozent des Bruttosozialprodukts, in Kirgisistan 31 Prozent sowie in Nepal und Moldawien jeweils 25 Prozent aus. Geldüberweisungen von Migranten können ein hohes Gewicht für Herkunftsfamilien und -regionen haben. Sie eröffnen Bildungschancen und sorgen für die Verbesserung der Gesundheitsversorgung. Allerdings können sie auch neue Ungleichheiten mit sich bringen, die Inflation befördern oder zu einer Fixierung auf Erwerbsmöglichkeiten andernorts führen, die Potenziale vor Ort vernachlässigt.

Das Wachstum der Städte

Im Jahr 2007 überstieg nach Angaben der UN weltweit erstmals die Zahl der Stadtbewohner jene der Landbewohner. 2015 lebten 54 Prozent der Weltbevölkerung in Städten. Die UN nimmt an, dass bis 2050 die städtische Bevölkerung der Welt um 2,5 Milliarden wachsen wird. Fast 90 Prozent dieses Wachstums konzentriert sich auf Asien und Afrika. 2050 sollen zwei Drittel (rund 6,4 Milliarden) der Erdbevölkerung in Städten leben.[302]

Die Urbanisierungsraten der Kontinente im Vergleich zeigen, dass 2015 Afrika mit einem Wert von 40 Prozent und Asien mit 48 Prozent noch die globalen Schlusslichter bilden. Die höchste Urbanisierungsrate weist Nordamerika mit 82 Prozent auf, gefolgt von Südamerika und der Karibik mit 80 Prozent (s. Schaubild 14). Europa erreichte 76 Prozent, Ozeanien 71 Prozent. Zonen extrem hoher Verstädterung – sieht man von Stadtstaaten wie Singapur, Hongkong oder Macao ab – bilden Japan mit 93,5 Prozent sowie einzelne Emirate am Persischen Golf wie Kuwait (98,3 Prozent) und Katar (99,2 Prozent).

Um 1900 lagen neun von zehn der weltweit größten Städte in Europa oder in den USA. Seit Mitte des 20. Jahrhunderts hat sich die Urbanisierung weltweit verstärkt, wobei vor allem die städtische Bevölkerung in den ärmeren Ländern sprunghaft anstieg. 1950 zählten weltweit nur zwei Städte mehr als zehn Millionen Einwohner, 1990 waren es bereits zehn Städte. Diese zehn »Megacities« beherbergten 153 Millionen Menschen. 2015 gab es 28 solcher »Megacities« mit insgesamt 453 Millionen Einwohnern (zwölf Prozent der weltweiten Stadtbevölkerung und sechs Prozent der Weltbevölkerung), von denen sich 16 in Asien, vier in Lateinamerika, jeweils drei in Afrika und Europa sowie zwei in Nordamerika befinden. Damit liegen die meisten »Me-

9. Spätes 20. und frühes 21. Jahrhundert

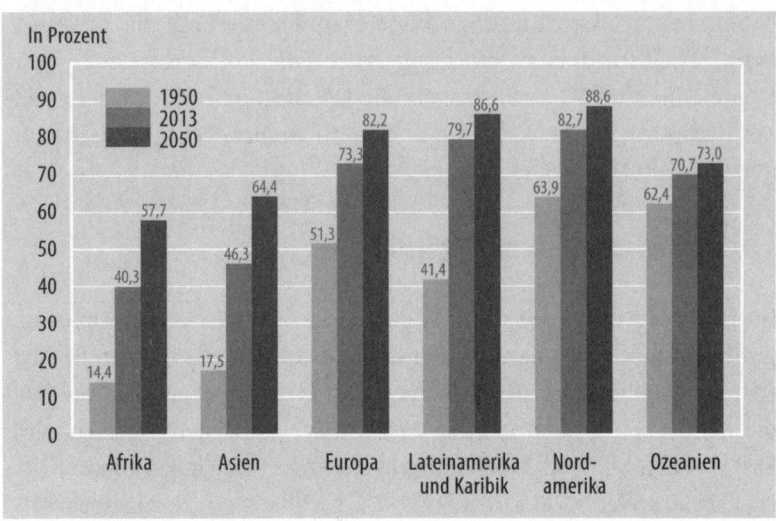

Schaubild 14: Anteil der städtischen Bevölkerung nach Regionen 1950, 2013, 2050.
Datenquelle: Stiftung Weltbevölkerung und UN World Population Prospects. The 2012 Revision.

gacities« im globalen Süden. Bis 2030 soll ihre Zahl auf 41 ansteigen, die beinahe neun Prozent der Weltbevölkerung beherbergen.

Die mit Abstand größte »Megacity« bildet der Großraum Tokio mit rund 38 Millionen Einwohnern 2014, gefolgt von Delhi mit 25 Millionen, Shanghai mit 23 Millionen und Mexiko-Stadt, Mumbai und São Paulo mit je rund 21 Millionen Einwohnern. Obwohl davon auszugehen ist, dass Tokios Bevölkerungszahl ab 2020 sinken wird, bleibt die Stadt die weltweit größte Agglomeration mit voraussichtlich 37 Millionen Einwohnern im Jahr 2030, dicht gefolgt von Delhi, dessen Bevölkerung rasch auf 36 Million anwachsen wird.

Weit vorangeschritten ist zudem bereits die Entwicklung gigantischer »Mega-Regionen« (oder »Metacities«, definiert als städtische Räume mit mehr als 20 Millionen Einwohnern). Sie entwickeln ihre Wachstumsdynamik auch deshalb, weil einzelne »Megacities« zusammenwachsen oder »Megacities« mit anderen Metropolitanregionen in der Umgebung verschmelzen. 2015 umfasste die japanische Mega-Region Tokio-Nagoya-Osaka-Kyoto-Kobe 60 Millionen Menschen. Die Distanz Tokio-Kobe beträgt knapp 430 Kilometer, mehr als ein Viertel der japanischen Bevölkerung lebt in Tokio, knapp die Hälfte in dieser Mega-Region. In Brasilien erstreckt sich ein zusammenwachsender Gürtel von großstädtischen Agglomerationen von São Paulo bis Rio de Janeiro mit rund 43 Millionen Bewohnern, die Mega-Region Hongkong-Shenzhen-Guangzhou zählt gar eine Bevölkerung von 120 Millionen.

Das weltweite Ansteigen des Umfangs der städtischen Bevölkerung findet bis 2030 voraussichtlich zu vier Fünfteln in Afrika und Asien statt. Der weitaus größte Teil der weltweiten Stadtbevölkerung wird auch weiterhin in weniger entwickelten Ländern leben, deren städtische Bevölkerung sich nach Schätzungen der UN von 2,9 Milliarden im Jahr 2015 auf 5,2 Milliarden bis 2050 beinahe verdoppeln soll. Wie rasch die Stadtbevölkerung dabei in den vergangenen Jahrzehnten wuchs und zukünftig wachsen wird, verdeutlichen diese Angaben für die afrikanische Bevölkerung: 1910 soll die Zahl der Stadtbewohner in Afrika bei nur vier Millionen gelegen haben, 1950 waren es 32 Millionen, 1990 dann 197 Millionen. 2014 lag sie bei 455 Millionen, 2030 werden es wahrscheinlich 770 Millionen sein, 2050 schließlich 1,3 Milliarden.[303]

Die nigerianische Stadt Lagos bietet ein wichtiges Beispiel für das Wachstum afrikanischer Städte: 1963 umfasste sie 665 000 Einwohner, heute bildet sie mit einer Bevölkerung von 16 Millionen hinter Kairo die größte Stadt des Kontinents – 2030 soll Lagos 24,2 Millionen Einwohner haben. Kairo wiederum zählte 1950 2,4 Millionen Einwohner, für 2030 werden 24,5 Millionen erwarten.[304] Gegenwärtig wird davon ausgegangen, dass in Afrika ab 2025 mehr Menschen in Städten als auf dem Land leben werden.

Ein Großteil der Städte und urbanen Agglomerationen wuchs in Afrika, Asien oder Südamerika in den vergangenen Jahrzehnten ungeplant. Die Infrastruktur (Straßen, Wasserver- und -entsorgung, Elektrizität, Müllentsorgung) hielt meist nicht Schritt, mit der Folge sozialer Konflikte und der Bildung von Slums. Slums lassen sich definieren als informelle, meist übervölkerte Siedlungen, die gekennzeichnet sind durch eine prekäre Bausubstanz, eine wenig ausgebaute Infrastruktur und geringen Schutz vor Witterungseinflüssen und vor Eindringlingen. Mitte der 2010er-Jahre lebten weltweit wahrscheinlich fast eine Milliarde Menschen in rund 200 000 Slums, mit riesigen Unterschieden in der Verteilung über die Regionen der Welt: Vor allem im sub-saharischen Afrika zählt mit mehr als zwei Dritteln der größte Teil der Städter zu den Slum-Bewohnern, für Asien wird eine Rate von zwei Fünfteln angenommen.[305]

Trotz allem sind die Städte auch in Zukunft für viele Menschen attraktive Zuwanderungsziele: Sie sind Zentren von Wirtschaftswachstum und Innovation, bieten viele und differenzierte Erwerbsmöglichkeiten im formellen und informellen Sektor. Die Gesundheitsversorgung ist in der Regel ebenso besser wie das Angebot an Gütern des täglichen Bedarfs oder die Bildungsmöglichkeiten.[306] Neben dem natürlichen Bevölkerungswachstum wird deshalb auch in Zukunft das Wachstum der Städte zu einem sehr guten Teil Ergebnis von Land-Stadt-Wanderungen sein.[307]

In welchem Maß die forcierte Einbeziehung einer Volkswirtschaft in den Weltmarkt im Kontext einer raschen ökonomischen Globalisierung auf das Städtewachstum, die Land-Stadt-Wanderungen oder überhaupt die intra- und interregionalen Migrationen rückwirken kann, zeigt der Fall der Volksrepublik China. Als 1976 mit Mao Zedong die Gründungsfigur der Volksrepublik starb, lebten 82 Prozent der Gesamtbevölkerung in ländlichen Distrikten. In den 1980er-Jahren begann die ökonomische Umwälzung, die die schrittweise Einführung marktwirtschaftlicher Elemente mit einer Öffnung gegenüber dem Weltmarkt verband und in den 1990er-Jahren immer stärker auf die Förderung des Exports als Wachstumsmotor setzte. Die rasche Industrialisierung des Landes führte zu einer rapiden Urbanisierung: 2009 hatte der Anteil der Stadtbewohner bereits über 46 Prozent erreicht, das entsprach 620 Millionen Menschen. 2011 lebte dann erstmals mehr als die Hälfte der Bevölkerung Chinas in Städten, Ende 2013 schließlich 54 Prozent.

Viele der neuen Stadtbewohner blieben aber nur geduldet, weil sie zwar als Arbeitskräfte unabdingbar schienen, nicht aber über die nötigen Zuzugsgenehmigungen verfügten. Seit der Gründung der Volksrepublik 1949 waren die binnenstaatlichen Migrationsbewegungen durch scharfe Restriktionen gekennzeichnet. Entsprechend dem sowjetischen Vorbild sollten die Kontrolle und Steuerung der intra- und interregionalen Wanderungen die nötigen Arbeitskräfte für das groß angelegte Industrialisierungsprogramm heranführen, zugleich aber auch verhindern, dass es zu einer übermäßig hohen Abwanderung vom Land in die städtischen Zentren kam. Zentrales Instrument wurde die staatliche Kontrolle des Wohnsitzes, die seit 1958 einen Zuzug in ein urbanes Zentrum nur dann erlaubte, wenn eine behördliche Genehmigung vorlag. Bis in die Gegenwart ist eine legale Niederlassung in einer Stadt an die Aufenthaltsgenehmigung gebunden, Sozialleistungen und Zugang zum Bildungswesen erhalten nur jene, die einen legalen Aufenthaltsstatus einer städtischen Gemeinde haben.[308] Obgleich dieses »hukou«-System in den vergangenen Jahrzehnten mehrfach reformiert worden ist, schränkt es die Handlungsmacht von Arbeitsmigranten in den Städten weiterhin massiv ein. Erst wenige Regionen oder Städte wie Shenyang, Chongqing oder Chengdu haben seit 2007 die Diskriminierungen der Zuwanderer aufgehoben und erproben neue Konzepte für die Inklusion der Arbeitsmigranten.[309]

In den chinesischen Städten des Jahres 2010 lag die Zahl der Land-Stadt-Wanderer Volkszählungsergebnissen zufolge bei 221 Millionen. Überwiegend arbeiteten sie im produzierenden Gewerbe, im Baugewerbe, im Handel und im Gaststättengewerbe – umgekehrt bedeutete die Konzentration auf solche Gewerbe eine Monopolisierung bestimmter Erwerbsbereiche durch Land-Stadt-Arbeitswanderer: Laut den Angaben der Volkszählung des Jahres 2000 stellten interregionale Arbeitswanderer 80 Prozent aller Beschäftigten im Baugewerbe und 68 Prozent jener im produzierenden Gewerbe.

Dabei blieb es in der Folgezeit: Auch Ende 2013 machten sie nach amtlichen Angaben 82 Prozent aller Arbeitskräfte im Baugewerbe und 74 Prozent im produzierenden Gewerbe aus. Die Veränderungen weisen auf enorme Verschiebungen des Gewichts der Wirtschaftssektoren in China hin. Zwischen 1978 und 2008 ging die Zahl der Beschäftigten in der Landwirtschaft von 70,5 Prozent auf 39,6 Prozent zurück. Im Gegenzug stieg die Zahl der Beschäftigten in der Industrie von 17,3 Prozent auf 27,6 Prozent an sowie im Dienstleistungsbereich von 12,2 Prozent auf 32,8 Prozent. Über 300 Millionen Arbeitskräfte verließen die Landwirtschaft zugunsten von Industrie und Dienstleistungen.[310] Die Hälfte aller Beschäftigten in den chinesischen Städten waren 2013 Arbeitswanderer aus ländlichen Distrikten. Zumeist handelte es sich um Menschen im besten Erwerbsalter, nur ein kleiner Teil der Land-Stadt-Migranten war älter als 40 Jahre.[311]

Die Richtung der Migrationsbewegungen hat sich seit den 1990er-Jahren nicht wesentlich verändert: Ziele der Binnenmigranten sind die megaurbanen Regionen im Perlflussdelta, Shanghai, das Delta des Jangtsekiang sowie die Peking/Tianjin-Region, die sich entlang der chinesischen Ostküste erstrecken. Die Provinzen, die die meisten Binnenwanderer zählten, sind Guangdong, Zhejiang, Jiangsu und Shandong. Das südostchinesische Guangdong nahm im Jahr 2004 allein rund 28 Prozent aller Arbeitswanderer vom Land auf. Diese stellten fast 43 Prozent der Gesamtbevölkerung der Provinz. Über die Zusammensetzung der Land-Stadt-Bewegung gibt es widersprüchliche Angaben: Männer scheinen lange die interregionale Migration geprägt zu haben, seit Mitte des ersten Jahrzehnts des 21. Jahrhunderts hat der Anteil der Frauen aber offenbar zugenommen. Immer noch aber soll der Männeranteil bei zwei Dritteln liegen.

Land-Stadt-Arbeitswanderer sind auch weiterhin meist in informellen Segmenten des Arbeitsmarkts beschäftigt. Diese bleiben gekennzeichnet durch hohe gesundheitliche Belastungen, schwere körperliche Anstrengungen und schlechte Lohnbedingungen: Die interregionalen Migranten arbeiten in der Regel länger für deutlich weniger Geld als die Arbeitskräfte, die dauerhaft in den Städten leben. Dies wird von den lokalen Behörden häufig geduldet, um die Neuansiedlung von Firmen zu ermöglichen. Auch die Arbeitswanderer akzeptieren diese Bedingungen, weil die Löhne jene in den Herkunftsgebieten in der Regel weit übersteigen und die Arbeitsverhältnisse der Landwirtschaft oder im ländlichen Kleingewerbe keineswegs besser sind. Viel spricht dafür, dass der Umfang der interregionalen Wanderungen in China noch steigen wird, falls das Wachstum von Industrieproduktion und Dienstleistungen anhält. Das ökonomische Wachstum ist in den küstennahen städtischen Ballungsräumen auf die Zuwanderung vom Land oder aus den kleineren Städten angewiesen.

Das chinesische Beispiel verdeutlicht das hohe wirtschaftliche Potenzial der interregionalen Migration: Sie verringerte in den vergangenen Jahren Erwerbslosigkeit und Unterbeschäftigung in einigen Teilen des Landes und versorgte zugleich Regionen, die über einen hohen Arbeitskräftebedarf verfügten, der regional nicht gedeckt werden konnte, mit dringend benötigten Arbeitskräften. Vermutlich hat die interregionale Migration in den vergangenen Jahren das Wachstum des Bruttosozialprodukts Chinas zu ca. 16 Prozent getragen. Darüber hinaus schickten chinesische Land-Stadt-Wanderer allein im Jahr 2005 Lohnersparnisse im Umfang von 30 Milliarden US-Dollar an zurückbleibende Familienmitglieder, 2013 sollen es bereits 45 Milliarden gewesen sein. Sie haben auf diese Weise die ausgeprägte ländliche Armut vermindert und möglicherweise einen Beitrag zum wirtschaftlichen Aufschwung in den weniger entwickelten Gebieten Chinas geleistet.

Die Arbeitsmigration von Chinesen in andere Teile der Welt hat mit dem Ende des »Kalten Kriegs« und mit der Lockerung der chinesischen Migrationspolitik Anfang der 1990er-Jahre deutlich zugenommen. Allerdings sind chinesische Herkunftskollektive vornehmlich in Asien und den Amerikas keine Phänomene der Gegenwart. Sie gehen vielmehr zumeist auf die Intensivierung der europäischen Kolonialherrschaft seit Mitte des 19. Jahrhunderts zurück[312] sowie auf die Kriege in und um China im 20. Jahrhundert und die damit einhergehenden Fluchtbewegungen.

Im Jahr 1955 sollen elf Millionen Chinesen außerhalb der Volksrepublik China und der Republik Taiwan gelebt haben. Ihre Zahl stieg bis zum Jahr 2000 auf über 27 Millionen an. Den stärksten Zuwachs erlebte Europa. Hier wuchs die Zahl der Chinesen von 14 000 im Jahr 1955 auf 955 000 im Jahr 2000 an. Trotz aller Veränderungen blieb Südostasien das dominierende Ziel der Migration. Vier Fünftel aller Auslandschinesen weltweit leben hier. Seit der Wende vom 20. zum 21. Jahrhundert haben sich mit afrikanischen Groß- und Hafenstädten neue Ziele chinesischer Migration etabliert.[313]

Angesichts der absehbaren Stagnation der chinesischen Bevölkerung und deren Rückgang ab den 2020er-Jahren, dem zu beobachtenden Anstieg der Lohnkosten sowie der damit verbundenen Hebung des Wohlstandsniveaus und der Zunahme der Mittelschicht, ist es nicht unwahrscheinlich, dass China zukünftig zunehmend Ziel von grenzüberschreitender Migration werden wird.

Klimawandel und Umweltveränderungen

Unbestreitbar wächst der Umfang ökologisch labiler Regionen aufgrund von Desertifikation (also der Ausbreitung von Wüsten), Versalzung, Versteppung, Überschwemmung und Verschmutzung Jahr um Jahr.[314] Trotz der Aktualität des Problems und der vielfältigen Debatten über die Reichweite des globalen Klimawandels sind unsere Kenntnisse über die Bedeutung umweltbedingter Bestimmungsfaktoren im Migrationsgeschehen und, umgekehrt, über den Stellenwert des Faktors Migration bei globalen Umweltveränderungen weiterhin relativ gering. Das zeigen schon die ausgesprochen unterschiedlichen Einschätzungen über den Umfang der umweltbedingten globalen Migration. Anfang des 21. Jahrhunderts ging der Hochkommissar der Vereinten Nationen für Flüchtlinge von 24 Millionen Menschen aus, die aufgrund der wachsenden Belastung der Umwelt mobilisiert wurden. Das Internationale Komitee vom Roten Kreuz schätzte die Zahl der Betroffenen dagegen auf 500 Millionen. Neuere Schätzungen des Wissenschaftlichen Beirats der Bundesregierung »Globale Umweltveränderungen« sprechen von 25 bis 60 Millionen Menschen, die ihre Herkunftsgebiete bislang wegen des Klimawandels verlassen mussten; das UN-Klimabüro (UNFCCC) geht davon aus, dass diese Zahl bis ins Jahr 2050 auf 150 Millionen steigen wird.[315]

Die große Spannweite der Schätzungen ist auch auf den geringen Grad definitorischer Klarheit zurückzuführen. Die Verwendung des Begriffs »Umweltflüchtlinge« oder »Klimaflüchtlinge« für die unterschiedlichsten Formen umweltbedingter Migrationen verdeckt eher die Komplexität der zugrundeliegenden Hintergründe und Motivationen, weil sie auf eine Gewichtung umweltbedingter und anderer Bestimmungsfaktoren verzichtet. Die Überlastung der Umwelt ihrer Herkunftsgebiete ist selten der einzige Hintergrund für die Abwanderung von Menschen. Vielmehr wirkt sie in aller Regel mit ökonomischen und sozialen, aber auch kulturellen und politischen Faktoren zusammen. Deshalb sind viele Wissenschaftler und internationale Organisationen dazu übergegangen, die Definitionen enger zu fassen und jene Migrationen zu ermitteln, die unmittelbar durch Umweltkatastrophen ausgelöst worden sind. Für diesen Kontext setzt sich aktuell der Begriff der »Katastrophenvertriebenen« durch. Ihre Zahl ist für 2014 mit 19,3 Millionen angegeben worden. Über 90 Prozent der für diesen Zusammenhang relevanten Umweltkatastrophen ließen sich auf Klima- beziehungsweise Wetterereignisse zurückführen (Stürme, Trockenheit, vor allem aber Flutkatastrophen und Überschwemmungen), weniger als zehn Prozent waren durch Veränderungen der Erdkruste (Erdbeben, Vulkanausbrüche) ausgelöst worden.

»Katastrophenvertriebene« wurden zwar in rund 100 Staaten weltweit gezählt, dennoch lassen sich klare regionale Schwerpunkte ausmachen: 87 Prozent aller Menschen, die vor Umweltkatastrophen auswichen, lebten in Asien, das 60 Prozent der Weltbevölkerung beherbergt. 95 Prozent aller seit 2008 gezählten 175 Millionen »Katastrophenvertriebenen« waren Bürger armer Staaten. Umweltkatastrophen treten in jenen Zonen der Erde gehäuft auf, in denen der Umfang der Bevölkerung steigt. Zugleich sind die Menschen und Gesellschaften hier besonders verletzlich – wegen des starken Bevölkerungszuwachses, der Armut, schwacher Staaten sowie gesellschaftlicher und zwischenstaatlicher Konflikte.

Die Klimaforschung geht davon aus, dass der Meeresspiegel im 20. Jahrhundert insgesamt um 15 bis 20 Zentimeter angestiegen ist. Seit Anfang der 1990er-Jahre hebt er sich um ca. drei Zentimeter pro Jahrzehnt. Aktuelle Modelle rechnen mit einem Anstieg bis zum Jahr 2100 von einem Meter.[316] Gegenwärtig leben rund zwei Drittel aller Menschen keine 100 Kilometer vom Meer entfernt. Von den 50 größten Städten der Welt finden sich 30 am Meer.[317] Im Pazifischen und im Indischen Ozean leben rund sieben Millionen Menschen auf Inseln, die durch den Anstieg des Meeresspiegels bedroht sind (als »Sinking Islands«, wie die Malediven, die Marshall-Inseln, Palau und die Salomon-Inseln).[318]

Tiefliegende Regionen am Golf von Bengalen, die schon in der Vergangenheit Jahr um Jahr überschwemmt wurden, sind ebenfalls gefährdet. Das gilt beispielsweise für die Küstenzone Bangladeschs, wo der Anstieg des Meeresspiegels aufgrund des Klimawandels im Jahr 2050 zwischen 1,44 und 2,09 Meter betragen kann. Das hätte eine Verringerung der Siedlungsfläche um 16 bis 18 Prozent zur Folge, auf der 13 bis 15 Prozent der Bevölkerung des Landes leben. Von Bewegungen innerhalb des Landes abgesehen, könnte vor diesem Hintergrund zukünftig die Abwanderung nach Indien steigen, das bereits jetzt das wichtigste Ziel der Migration aus Bangladesch ist. Die gegenwärtigen Bemühungen Indiens, die Grenzen nach Bangladesch für Migranten zu schließen, zeigen, trotz eines hohen Aufwands – die Errichtung eines stark gesicherten Zauns über eine Länge von fast 3500 Kilometern –, bislang nur geringe Wirkung.[319] Für Ägypten sprechen Schätzungen für 2050 von einem Anstieg des Meeresspiegels zwischen 1,01 und 1,44 Meter. Dies könnte einen Verlust an besiedlungsfähiger Fläche von 15 bis 19 Prozent zur Folge haben und 14 bis 16 Prozent der Gesamtbevölkerung betreffen. Der größte Teil der Betroffenen dürfte innerhalb des Landes ausweichen.[320]

Der Anstieg des Meeresspiegels führt auch zu einem Verlust von Ackerland. Dies wiederum hat Folgen für die Nahrungssicherheit. Viele der tiefer gelegenen Küstenregionen Asiens sind insofern »Kornkammern« der Welt, als sich hier ein großer Teil der globalen Reisproduktion konzentriert, von der Millionen Menschen direkt oder indirekt abhängig sind. Schätzungen sprechen von einer unmittelbaren Gefährdung der Reisversorgung von rund 200 Millionen Menschen durch den Anstieg des Meeresspiegels.

Umweltbedingte Krisen verschlechtern fast immer ohnehin prekäre ökonomische Grundlagen, sodass nur die temporäre oder dauerhafte Abwanderung eine Verbesserung der Lebenssituation zu bieten scheint. Umweltbedingte Krisen bringen häufig kulturelle Krisen mit sich, werden politisch instrumentalisiert oder führen zu politischen Konflikten, die wiederum Migration forcieren können. In Regionen, in denen geringe politische Stabilität und schwach ausgeprägte staatliche Problemlösungskapazitäten, krisenanfällige Ökonomien und gesellschaftlicher Unfrieden herrschen, werden umweltbedingte Krisen die »Vulnerabilität«, also die Verletzbarkeit der Region noch steigern. Hier können sie sogar als Katalysator wirken und den Zusammenbruch einer ohnehin labilen politischen, gesellschaftlichen und wirtschaftlichen Ordnung anstoßen. Demgegenüber kann davon ausgegangen werden, dass stabile politische, gesellschaftliche und ökonomische Systeme Reaktionsmuster entwickeln, die eine konfliktärmere Bewältigung der Folgen umweltbedingter Krisen erwarten lassen.[321]

Nur mit Mühe lassen sich räumliche Bewegungen von Menschen einordnen, die vor Projekten ausweichen müssen, die den Anspruch verfolgen, die Zukunftsfähigkeit von Gesellschaften zu erhöhen, aber auch Katastrophen verhindern zu können. Meist handelte es sich um große Infrastrukturmaßnahmen (Staudämme, Hafenanlagen, Flughäfen). Zwischen 1949 und dem Jahr 2000 sollen an die 20 Millionen Menschen in Indien und mehr als 45 Millionen in China vor dem Hintergrund solcher Projekte evakuiert beziehungsweise vertrieben worden sein. Schätzungen sprechen für die 1990er-Jahre sogar von 90 bis 100 Millionen Betroffenen, davon mussten demnach allein 40 bis 80 Millionen dem Bau von großen Staudämmen weichen.[322] Im Jahr 2012 sollen allein in Indien 9,1 Millionen Personen betroffen gewesen sein, in Nigeria 6,1 Millionen und in China 5,7 Millionen. Für das Jahr 2013 belaufen sich die Zahlen auf 7,2 Millionen für die Philippinen, 5,9 Millionen in China, 2,1 Millionen für Indien und 1,2 Millionen in Bangladesch.[323] In der Regel betrafen sie Menschen, die von der Nutzung des Bodens oder anderer natürlicher Ressourcen (zum Beispiel Fischerei oder Jagd) lebten. Der Verlust der Existenzgrundlage bedeutete, selbst wenn Entschädigungen gezahlt oder neue Unterkünfte zur Verfügung gestellt wurden, nicht selten eine erhebliche Beschränkung der Handlungsmacht der Betroffenen.

In den Kontext solcher Großprojekte gehört auch der rasante Ausbau der Städte in vielen Ländern des globalen Südens. Häufig trifft der Bau neuer Stadtquartiere oder die Ansiedlung von Unternehmen die Bewohner von Slums oder von alten, als unmodern geltenden Stadtvierteln. Im indischen Delhi mussten in den vergangenen Jahren mehr als 300 000 Menschen wegen des Ausbaus der Infrastruktur der Stadt ihre als ärmlich geltenden Wohnquartiere verlassen.[324] In noch größerem Umfang ist dieses Phänomen in China zu beobachten. Allein bei der Errichtung der Sportstätten für die Olympiade in Peking 2008 sollen 1,5 Millionen Menschen gegen ihren Willen umgesiedelt worden sein. Das galt auch für an die zwei Millionen Menschen, die im Zuge des Baus der Drei-Schluchten-Talsperre im Jangtsekiang seit 1993 ausweichen mussten, weil ein mehr als 600 Kilometer langer Stausee entstand. Begründet wurde der Bau nicht nur mit dem Energiebedarf für eine wachsende Ökonomie, sondern auch mit den Erfordernissen des Hochwasserschutzes, hatten doch Überschwemmungen des Jangtsekiang allein im 20. Jahrhundert Millionen von Toten zur Folge gehabt – Umsiedlungen unter Zwang also, um Todesopfer und Vertreibungen durch Überschwemmungen zu vermeiden.[325]

Der Blick auf das umweltbedingte Migrationsgeschehen wirft zugleich die Frage nach potenziellen Zuwanderungszielen auf. Voraussichtlich wird es dabei nicht zu trans- oder interkontinentalen Massenmigrationen kommen: Bewegungen über größere Distanzen sind kostenträchtige Projekte. Eine verschlechterte ökonomische Situation aufgrund von Umweltveränderungen kann die Bewegungsfähigkeit beschränken. Die lange Geschichte des Ausweichens vor Hungerkatastrophen und der migratorischen Reaktionen auf »Failed States« macht deutlich, dass wegen der geringen Ressourcen vieler Betroffener die Reaktionen auf Klimawandel und Umweltveränderungen vor allem das lokale und regionale Wanderungsgeschehen in den Risikozonen der Welt beeinflussen werden. Auch nach Einschätzung des Wissenschaftlichen Beirats der Bundesregierung »Globale Umweltveränderungen« wird der reiche Norden der Welt als Hauptverursacher des Klimawandels aller Voraussicht nach nicht oder nur in geringerem Maß von umweltbedingten Veränderungen des Wanderungsgeschehens im globalen Süden betroffen sein. Der größte Teil der Bewegungen wird kleinräumig bleiben oder als Süd-Süd-Migration stattfinden.

Verschiedene Hilfsorganisationen fordern eine Erweiterung der Genfer Flüchtlingskonvention und die Anerkennung der Folgen des Klimawandels als Schutzgrund. Das ist bislang von internationalen Organisationen und Staaten abgelehnt worden: Wegen der unterschiedlichen, sich überlagernden Migrationsmotive der Betroffenen lasse sich ein umweltbedingter Hintergrund kaum klar fassen. Darüber hinaus führe die Erweiterung des Kanons der Fluchtgründe dazu, restriktive Flüchtlingspolitiken mancher Staaten zu forcieren. Außerdem überschreite ohnehin ein Großteil der Betroffenen keine nationalen Grenzen, weshalb sie zu der Gruppe der »Binnenvertriebenen« (»internally displaced persons«, IDPs) zu zählen seien, die nicht unter die Genfer Flüchtlingskonvention fallen. Bislang haben lediglich Schweden und Finnland einen gesetzlichen Rahmen im Kontext umweltbedingter Migrationen geschaffen. In Finnland können Betroffene humanitären Schutz bei einer Umweltkatastrophe einfordern und einen befristeten Aufenthaltstitel erhalten; Asyl oder subsidiärer Schutz werden allerdings nicht gewährt. In den USA können Personen um den sogenannten »Temporary Protected Status« (TPS) auch aufgrund von Umweltkatastrophen nachsuchen, wenn sie belegen, dass eine Rückkehr in ihr Herkunftsland eine Gefahr für Leib und Leben bedeutet.

Deutschland und die globale Flüchtlingsfrage

»Flüchtlinge« sind laut der 1951 verabschiedeten Genfer Flüchtlingskonvention jene Migranten, die vor Gewalt über Staatsgrenzen ausweichen, weil ihr Leben, ihre körperliche Unversehrtheit, Freiheit und Rechte direkt oder sicher erwartbar bedroht sind. 147 Staaten haben die Konvention seither unterzeichnet und sich verpflichtet, Flüchtlinge dann anzuerkennen, wenn diese eine Verfolgung wegen »ihrer Rasse, Religion, Nationalität, Zugehörigkeit zu einer bestimmten sozialen Gruppe oder wegen ihrer politischen Überzeugung« nachweisen können. Die Genfer Flüchtlingskonvention wurde entwickelt, um einen Rechtsrahmen für den Umgang mit der europäischen Flüchtlingsfrage des Zweiten Weltkriegs zu finden. Sie war deshalb zunächst weder auf globale Fluchtbewegungen ausgerichtet noch auf die Zukunft. Eine Erweiterung der Konvention über europäische Flüchtlinge und über Fluchtbewegungen über das Jahr 1949 hinaus erfolgte erst 1967 im Kontext der weitreichenden Kämpfe um die Ablösung der europäischen Kolonialherrschaft, die Millionen von Flüchtlingen produzierten. Das heißt: Europa bildete im 20. Jahrhundert lange das Hauptproblem der globalen Flüchtlingsfrage – Europa als Kriegsschauplatz und Europa als Träger eines weltumspannenden Kolonialismus.

1948 schrieb die »Allgemeine Erklärung der Menschenrechte« der Vereinten Nationen erstmals ein individuelles Asylrecht fest. Artikel 14, Absatz 1 lautet: »Jeder Mensch hat das Recht, in anderen Ländern vor Verfolgungen Asyl zu suchen und zu genießen.« Nur selten allerdings wurde diese Formel in nationales Recht überführt. Eine Ausnahme bildete die Bundesrepublik Deutschland. Der 1948/49 geschaffene Artikel 16, Absatz 2, Satz 2 des Grundgesetzes bot mit der Formulierung »Politisch Verfolgte genießen Asylrecht« ein im internationalen Vergleich weitreichendes Grundrecht auf dauerhaften Schutz: Darauf habe jeder politisch Verfolgte, der nach Westdeutschland komme, ohne Einschränkungen einen verfassungsrechtlich einklagbaren Anspruch.[326]

Das in den Diskussionen des Parlamentarischen Rates 1948/49 entwickelte Asylgrundrecht bildete eine Reaktion auf die vor allem rassistisch motivierten Austreibungen aus dem Deutschland des »Dritten Reichs« und markierte damit eine symbolische Distanzierung von der nationalsozialistischen Vergangenheit. Zudem demonstrierte es gegenüber den drei westlichen Besatzungsmächten die Anerkennung der nach dem Zweiten Weltkrieg vor allem bei der Gründung der Vereinten Nationen festgeschriebenen menschenrechtlichen Regelungen. Noch stärker bestimmend aber war ein weiterer Aspekt: Die Mitglieder des Parlamentarischen Rates gingen davon aus, dass der größte Teil derjenigen, die das Asylrecht im Westen in Anspruch nehmen könnten, aus der Sowjetischen Besatzungszone käme. Jede Präzisierung des Asylartikels aber müsse zu unerwünschten Beschränkungen der Möglichkeit ihrer Aufnahme führen. Die Konkurrenz der politischen Systeme in Ost und West im Kontext des »Kalten Kriegs« und die bevorstehende Teilung Deutschlands bildeten mithin wesentliche Perspektiven für die Formulierung eines Grundrechts auf Asyl.

Weil das Grundgesetz den Tatbestand der »politischen Verfolgung« nicht näher definierte, ergab sich in den folgenden Jahrzehnten ein konfliktreicher, bis heute andauernder Prozess des ständigen Neudefinierens: Zu klären galt es, was das Politische ist und welche Form und Reichweite die Verfolgung zu gewärtigen hat. In den 1950er-Jahren vertrat die Bundesregierung auch international die Auffassung, der junge westdeutsche Staat könne insbesondere angesichts der Millionen deutscher Vertriebener aus dem Osten und der Massenzuwanderung aus der DDR nicht auch noch Flüchtlinge aus dem Ausland aufnehmen.

Tendenzen der Öffnung ergaben sich erst mit den Ereignissen in Ungarn 1956. In Westdeutschland wurden die dortigen revolutionären Ereignisse mit großer Sympathie verfolgt. Nach der Niederschlagung durch die sowjetische Rote Armee wichen rund 225 000 Ungarn über die österreichische und zu einem kleineren Teil über die jugoslawische Grenze aus. Allenthalben gab es Solidaritätsbekundungen für die im Westen als Freiheitskämpfer verstandenen Ungarn im Kontext einer sich verschärfenden Blockkonfrontation im »Kalten Krieg«. Die ungarischen Zuwanderer galten Vielen als Verbündete im Kampf gegen den Kommunismus, denen jede Unterstützung zuteilwerden müsse. Drei Wochen nach dem Beginn der militärischen Operationen der sowjetischen Roten Armee beschloss das Bundeskabinett die Aufnahme von 10 000 Ungarn.

Die asylpolitische Öffnung umfasste Hilfen zur Integration: Dazu zählte nicht nur die Unterstützung bei der Suche nach Wohnungen sowie Sprachkurse, sondern auch Kredite zur Existenzgründung und Leistungen für jene, die nicht erwerbsfähig waren. Dass die Unterstützung relativ großzügig ausfiel, lag auch an der günstigen Situation des westdeutschen Arbeitsmarkts, der sich rasch der Vollbeschäftigung näherte und auf zusätzliche Arbeitskräfte angewiesen war. Insgesamt übertraf die Zahl der aufgenommenen Ungarn die Ende November 1956 vom Bundeskabinett beschlossenen 10 000 und erreichte schließlich rund 16 000. Nach den USA (80 000), Kanada (37 000), Großbritannien (22 000) und Österreich (18 000) zählte damit die Bundesrepublik zu den wichtigsten Aufnahmestaaten.[327]

Dennoch sollte das Gewicht der Bundesrepublik als Asylland nicht überschätzt werden, denn in den 20 Jahren von der Staatsgründung 1949 bis 1968 beantragten nur knapp über 70 000 Menschen Asyl. In

9. Spätes 20. und frühes 21. Jahrhundert

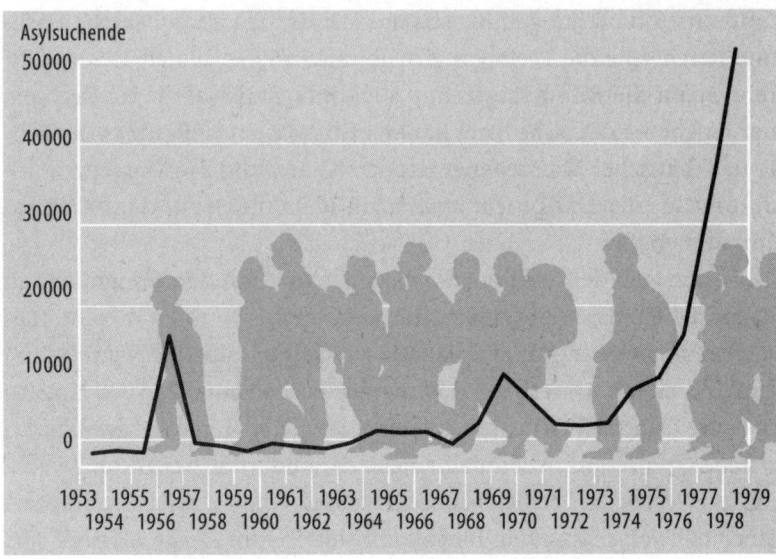

Schaubild 15: Zahl der Asylsuchenden in der Bundesrepublik Deutschland 1953–1979. Datenquelle: Bundesamt für Migration und Flüchtlinge.

den ersten 30 Jahren der Existenz der Bundesrepublik schwankten die Asylbewerberzahlen zwischen dem Minimum von rund 2000 im Jahr 1953 und dem Maximum von ca. 51 000 im Jahr 1979. Bis in die 1960er-Jahre kamen Asylsuchende weit überwiegend von jenseits des »Eisernen Vorhangs« aus Ost-, Ostmittel- und Südosteuropa: Die jährlichen Anteile von Asylsuchenden aus dem »Ostblock« schwankten zwischen 72 und 94 Prozent. Diese Phase kennzeichnete neben der Aufnahme von Ungarn die Asylvergabe an rund 4000 Tschechoslowaken nach dem »Prager Frühling« 1968 (s. Schaubild 15).

Die Bereitwilligkeit, mit der tschechische und slowakische Zuwanderer aufgenommen wurden, resultierte erneut auch aus dem hohen Arbeitskräftebedarf und der Tatsache, dass die Asylsuchenden in aller Regel jung waren sowie über fachliche und akademische Ausbildungen verfügten. Deutlich kontroverser als im Fall der Gewährung von Asyl für Ungarn und Tschechoslowaken fielen die Debatten über die Aufnahme von Flüchtlingen nach dem Militärputsch in Griechenland 1967 und in Chile 1973 aus. Das Muster einer antikommunistisch konnotierten Flüchtlingsaufnahme griff hier nicht. Dass schließlich linksgerichteten beziehungsweise kommunistischen griechischen und chilenischen Flüchtlinge trotz der heftigen Kritik weiter Kreise in der Bundesrepublik, Schutz gewährt wurde, spricht für eine verbreitete Akzeptanz der Vorstellung, Asyl sei ein universales Menschenrecht und dürfe nicht entlang politischer Einstellungen verhandelt werden. Das Engagement zahlreicher Hilfsorganisationen und anderer zivilgesellschaftlicher Akteure trug dazu bei, dass die Aufnahme von Griechen und Chilenen überhaupt möglich wurde.[328]

Neben sicherheitspolitischen und ideologischen Bedenken konnten bei der Diskussion um die Flüchtlingsaufnahme auch außenpolitische Rücksichtnahmen treten. Das zeigte sich in den innenpolitischen Konflikten um die Aufnahme von Algeriern im Kontext des Algerienkriegs, der 1962 zur Unabhängigkeit vom französischen »Mutterland« führte. Algeriern einen Flüchtlingsstatus zuzubilligen, glich einem Affront gegenüber dem französischen Verbündeten. Zugleich wollte die Bundesrepublik aber verhindern, wegen einer strikten Abwehr algerischer Asylgesuche und eines allzu scharfen Vorgehens gegen Algerier in Westdeutschland in den Ruf zu geraten, die höchst umstrittene französische Kolonialpolitik zu unterstützen. Als innenpolitisch konfliktreich erwies sich in den 1960er-Jahren auch die Diskussion um die Aufnahme jugoslawischer Staatsbürger. Zwischen 1963 und 1966 stellten sie mehr als die Hälfte aller Asylbewerber. Insbesondere wegen der Kämpfe unterschiedlicher Nationalitätenorganisationen gegeneinander galt die Aufnahme von Jugoslawen als sicherheitspolitisch bedenklich und als außenpolitisch riskant.

Die asylrechtlichen Bestandteile des neuen Ausländergesetzes von 1965 lösten zwar nicht das Definitionsproblem dessen, was »politische Verfolgung« ausmachte, brachten aber eine Vereinheitlichung des Verfahrens zur Anerkennung von Flüchtlingen aus dem Ausland: Als Zentralstelle zuständig war nun das »Bundesamt für die Anerkennung ausländischer Flüchtlinge« in Nürnberg-Zirndorf. Als zukünftig bedeutsam erwies sich die Einführung der »Duldung« in den Fällen, in denen der Antrag von Asylbewerbern abgelehnt worden war. Mit der Duldung verbindet sich bis heute zwar nicht das Recht auf einen Auf-

9. Spätes 20. und frühes 21. Jahrhundert

enthalt, sie bildet aber einen zeitweiligen Schutz vor einer Abschiebung in das Herkunftsland aus politischen oder humanitären Erwägungen der bundesdeutschen Behörden.[329]

Auch wenn bereits seit den späten 1960er-Jahren Teile der bundesdeutschen Administration auf eine Beschränkung des Zugangs zum Asyl drängten und in der medialen sowie politischen Debatte die Stimmen lauter wurden, die von einer zunehmend missbräuchlichen Nutzung des Rechtsinstruments ausgingen, blieb das Grundrecht auf Asyl zunächst noch unangetastet. Mehrere höchstrichterliche Urteile führten vielmehr in den 1970er-Jahren zu einer Beseitigung von Barrieren, die die Behörden aufgerichtet hatten, um zu verhindern, dass Flüchtlinge das Asylrecht in Anspruch nahmen. Besondere politische und mediale Aufmerksamkeit erreichten in der Bundesrepublik die vietnamesischen Flüchtlinge seit Mitte der 1970er-Jahre.

Die Aufnahme der »boat people« war kennzeichnend für den Bedeutungsgewinn der Flüchtlingszuwanderung von außerhalb Europas. Seit Anfang der 1970er-Jahre war die Zahl der nicht-europäischen Asylsuchenden deutlich angestiegen. Zu Beginn der 1980er-Jahre kamen vor dem Hintergrund des Militärputsches in der Türkei, des Systemwechsels im Iran mit der Einrichtung der »Islamischen Republik« sowie der innenpolitischen Konflikte in Polen angesichts des Aufstiegs der Gewerkschaftsbewegung »Solidarność« neue umfangreiche Zuwanderungen hinzu. 1980 überschritt deshalb die Zahl der Asylsuchenden erstmals in der Geschichte der Bundesrepublik die Marke von 100 000. Zwar ging der Umfang der Asylzuwanderung zunächst wieder zurück, stieg aber ab Mitte der 1980er-Jahre wieder an. Hintergrund war nun insbesondere die politische und wirtschaftliche Krise in Ost-, Ostmittel- und Südosteuropa. Zunächst wuchs die Zahl jener Polen, Ungarn und Tschechoslowaken rasch, die Asyl in Mittel- und Westeuropa beantragten. Bald folgten Rumänen, Bulgaren und Albaner. Die Zahl der Asylantragssteller in der Bundesrepublik wuchs 1988 erneut auf einen Wert von über 100 000, erreichte 1990 rund 190 000 und 1992 schließlich den Höchststand von fast 440 000. Zugleich änderte sich die Zusammensetzung der Gruppe der Asylbewerber wiederum grundlegend: 1986 waren noch rund 75 Prozent aus dem globalen Süden gekommen. 1993 hingegen stammten 72 Prozent aus Europa.[330]

In West- und Mitteleuropa bildeten weitreichende und scharf geführte politische und publizistische Diskussionen um mögliche Grenzen der Aufnahmebereitschaft (»Asylantenflut«, »Das Boot ist voll«) und um den vorgeblichen Missbrauch von Asylrechtsregelungen eine erste Reaktion, auf die bald Einschränkungen des Grenzübertritts und des Zugangs zu den Asylverfahren folgten. In der Bundesrepublik setzten 1986 neue Versuche ein, die Asylmigration einzudämmen: Sie reichten von der Sperre der Einreisewege über die DDR und Ost-Berlin durch die Einführung von Anschlussvisa seit Oktober 1986 bis zur Asylrechtsnovelle vom Januar 1987, die unter anderem restriktive Visavorschriften für Staatsangehörige von neun afrikanischen und asiatischen Hauptherkunftsländern umfasste. Diese Reaktionen auf den Anstieg der Asylantragszahlen entsprachen einem längerfristigen Trend; denn je häufiger seit den späten 1970er-Jahren das bundesdeutsche Asylrecht in Anspruch genommen worden war, desto stärker wurde es mit Hilfe gesetzlicher Maßnahmen und Verordnungen eingeschränkt.

Zu diesem Zeitpunkt galt die Bundesrepublik längst als ein anerkanntes Mitglied der westlichen Staatenwelt. Sie glaubte nun, anders als zum Zeitpunkt der Formulierung des Asylgrundrechts 1948/49, nicht mehr belegen zu müssen, dass sie menschenrechtliche Standards einhalten wollte. Die nationalsozialistische Vergangenheit galt zudem als soweit »bewältigt«, dass kaum mehr Veranlassung bestand, mit einem offenen Asylrecht symbolische Distanzierung zu demonstrieren. Und die grundlegende innerdeutsche Zielrichtung der Aufnahme von Flüchtlingen aus der Sowjetischen Besatzungszone beziehungsweise DDR spielte ohnehin schon lange keine Rolle mehr: Bereits 1951 waren die deutlich ansteigenden Zuwanderungen aus der DDR durch die Einführung des asylähnlichen »Notaufnahmeverfahrens« aus dem Asylrecht ausgeklammert worden.

Mit der deutschen Vereinigung 1990 verloren die genannten Hintergründe für die Schaffung eines weitreichenden Asylrechts endgültig ihre Bedeutung; der Weg zur lange umstrittenen Grundgesetzänderung, die 1993 schließlich erfolgte, stand damit offen. Der »Kalte

Krieg« war beendet – und die Flüchtlingsaufnahme zählte nicht mehr als Erfolgsnachweis in der globalen Systemkonkurrenz. Sie erschien vielmehr als Zusatzbelastung für den Sozialstaat, zumal Ende der 1980er- und Anfang der 1990er-Jahre nicht nur die Zahl der Asylsuchenden in der Bundesrepublik wuchs: 1987 bereits waren die Aussiedlerzahlen massiv angestiegen. Sie übersprangen 1988 knapp die Marke von 200 000 und erreichten 1990 schließlich fast 400 000 (s. Schaubild 16). Hinzu kam in Westdeutschland die Zuwanderung aus der späten DDR beziehungsweise aus den neuen Bundesländern: 1989 erreichten fast 390 000 und 1990 rund 395 000 Menschen das Gebiet der alten Bundesrepublik. Außerdem wurden zeitweilig Hunderttausende Bürgerkriegsflüchtlinge aus dem Raum Ex-Jugoslawiens aufgenommen, die allerdings nicht zum Asylverfahren zugelassen wurden.

Die bisweilen scharf polemisch geführte politische und publizistische Debatte um die Reform des Asylrechts Anfang der 1990er-Jahre wurde seit Herbst 1991 von zunehmender Gewalt gegen Fremde durch vornehmlich jugendliche Täter begleitet. Die Akzeptanz von Gewalt

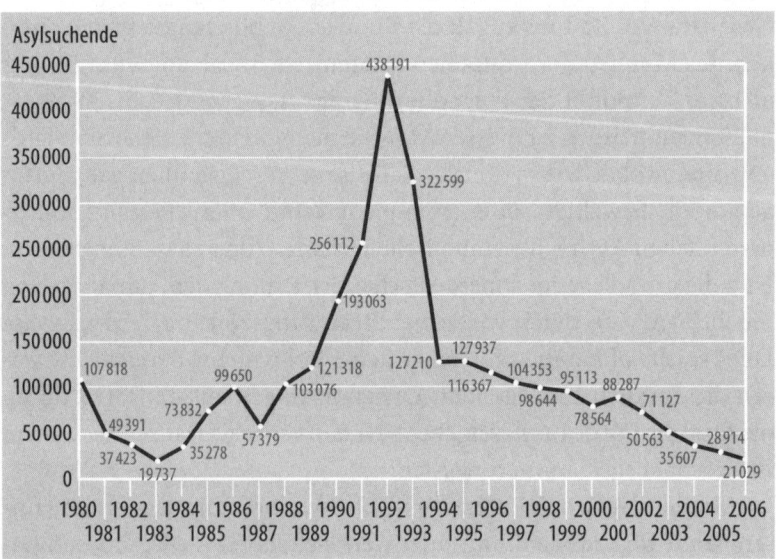

Schaubild 16: Zahl der Asylsuchenden in der Bundesrepublik Deutschland 1980 – 2007. Quelle: Bundesamt für Migration und Flüchtlinge.

gegen »Fremde« durch größere Teile der Gesellschaft, zunächst in den Neuen Bundesländern, dann auch im Westen der Republik nahm zu. Opfer waren anfangs meist Flüchtlinge: In Hoyerswerda wurden im September 1991 Asylsuchende angegriffen, verletzt und aus ihren Unterkünften vertrieben. In Hünxe wurden im Oktober 1991 zwei Flüchtlingskinder bei einem Brandanschlag schwer verletzt, in Rostock-Lichtenhagen wurden Asylbewerber im August 1992 in ihren in Brand gesetzten Unterkünften belagert und angegriffen. In Mölln im November 1992 und in Solingen im Mai 1993 verbrannten schließlich mehrere Mitglieder türkischer Familien nach Anschlägen in ihren Häusern. Sie hatten seit Langem in Deutschland gelebt oder waren dort geboren und aufgewachsen.

Die Änderung des Grundrechts auf Asyl auf der Basis des im Dezember 1992 vereinbarten »Asylkompromisses« der Regierungskoalition von CDU/CSU und FDP mit der oppositionellen SPD wurde am 1. Juli 1993 rechtskräftig. Nach dem seither gültigen Artikel 16a des Grundgesetzes hat in aller Regel keine Chance mehr auf Asyl, wer aus »verfolgungsfreien« Ländern stammt oder über sogenannte »sichere Drittstaaten« einreist, mit denen Deutschland lückenlos umgeben ist. Asylrechtsreform und verschärfte Grenzkontrollen drückten die Zahl der Asylsuchenden 1993 auf ca. 320 000. 1998 unterschritten sie schließlich wieder die Schwelle von 100 000 und sanken in der Folge weiter.

Die Zahl der vom Flüchtlingshochkommissar der Vereinten Nationen (UNHCR) für die vergangenen Jahrzehnte ermittelten Flüchtlinge schwankt, allerdings in relativ geringem Maß. Ausmachen lassen sich für die Zeit nach dem Ende des »Kalten Kriegs« zwei Hochphasen im globalen Fluchtgeschehen: die frühen 1990er-Jahre und die Mitte der 2010er-Jahre. Zwischen 1990 und 1994 bewegten sich die Flüchtlingszahlen zwischen dem Höchststand von 20,5 Millionen im Jahr 1992 und 18,7 Millionen 1994. Ähnlich hohe Werte wurden Mitte der 2010er-Jahre wieder erreicht: 19,5 Millionen 2014 und 21,3 Millionen Mitte 2016. Zwischen diesen beiden Hochphasen lagen die Flüchtlingszahlen niedriger. Sie erreichten innerhalb des Zeitraums von 1997 bis 2012 einen Höchstwert von 15,9 Millionen im Jahr 2007, die niedrigste Anzahl verzeichnete mit 13,5 Millionen das Jahr 2004. We-

9. Spätes 20. und frühes 21. Jahrhundert

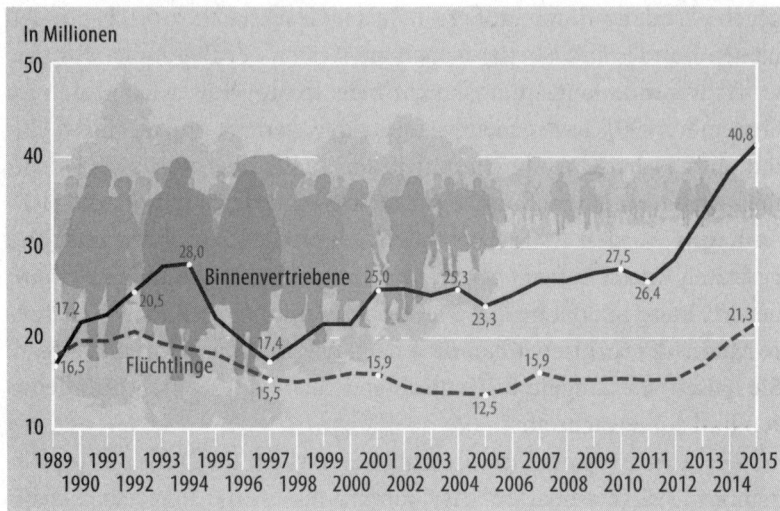

Schaubild 17: Zahl der Flüchtlinge und Binnenvertriebenen weltweit 1989–2015.
Datenquelle: UNHCR.

sentlich stärker als die Zahl der Flüchtlinge veränderte sich die Zahl der »Binnenvertriebenen« (s. Schaubild 17). Weil diese Kategorie keine Staatsgrenzen überschreitet, fällt sie nicht in den Regelungsbereich der Genfer Flüchtlingskonvention und auch nicht in das Mandat des UNHCR. Deshalb sind die UN-Angaben diesbezüglich noch deutlich unsicherer als die Zahl der Schutzsuchenden, die Grenzen überschritten haben. Auch bei den »Binnenvertriebenen« lässt sich ein Schwerpunkt Anfang der 1990er-Jahre ausmachen, 1994 zählte der UNHCR 28 Millionen. Während die Zahl der Flüchtlinge seit Anfang der 2000er-Jahre allerdings ein Tief erreichte, steigt jene der »Binnenvertriebenen« seither mehr oder minder kontinuierlich an, von 21,2 Millionen im Jahr 2000 bis auf 40,8 Millionen 2015.[331]

Flucht ist selten ein linearer Prozess, vielmehr bewegen sich Flüchtlinge meist in Etappen: Häufig lässt sich zunächst ein überstürztes Ausweichen in die nächste Stadt oder einen anderen als sicher erscheinenden Zufluchtsort in der unmittelbaren Nähe ausmachen, dann die Weiterwanderung zu Verwandten und Bekannten in einer benachbarten Region oder einem Nachbarstaat oder das Aufsuchen eines informellen oder regulären Lagers. Muster von (mehrfacher) Rückkehr und erneuter Flucht finden sich ebenfalls häufig. Hintergrund ist dabei nicht nur die Dynamik der sich stets verändernden und verschiebenden Konfliktlinien, sondern auch die Unmöglichkeit, an einem Fluchtort Sicherheit oder Erwerbs- oder Versorgungsmöglichkeiten zu finden. Häufig müssen sich Menschen auf Dauer oder auf längere Sicht auf die Existenz als Flüchtling einrichten.

Durch die oft extrem beschränkte Handlungsmacht der Betroffenen ist Flucht also häufig durch Immobilisierung gekennzeichnet: vor Grenzen oder unüberwindlichen natürlichen Hindernissen, wegen des Mangels an (finanziellen) Ressourcen, aufgrund von migrationspolitischen Maßnahmen, fehlenden Papieren oder gering ausgeprägten Netzwerken. Daher rührt auch das Phänomen der Verstetigung von Lagern mit der Folge einer »Camp-Urbanisierung« und der Entwicklung von »Camp-Cities« mit zum Teil Großstadtcharakter. Ein Großteil der Flüchtlinge weltweit ist immobilisiert, unterliegt in sogenannten »protracted refugee situations« einem nicht selten prekären Schutz, hat aber zum Teil durch die Unterbindung von Bewegung Handlungsmacht eingebüßt und ist extrem sozial verletzlich.

Größere Fluchtdistanzen sind relativ selten, weil die finanziellen Mittel dafür fehlen und Transit- oder Zielländer die Migration behindern. Weil Flüchtlinge zudem überwiegend nach einer raschen Rückkehr streben, suchen sie ohnehin in aller Regel Sicherheit in der Nähe der überwiegend im globalen Süden liegenden Herkunftsregionen. 95 Prozent aller afghanischen Flüchtlinge (2015: 2,6 Millionen) leben vor diesem Hintergrund in den Nachbarländern Pakistan oder Iran. Ähnliches gilt für Syrien, das sich seit 2011 im Bürgerkrieg befindet: Der Großteil der syrischen Flüchtlinge, rund 4,8 Millionen, sind in die Nachbarländer Türkei (2016: 2,7 Millionen), Jordanien (660 000), Irak (225 000) und Libanon (1 Million) ausgewichen. Mit 7,6 Millionen lag dabei die Zahl der Menschen, die vor Gewalt innerhalb Syriens flohen und zu Binnenvertriebenen wurden, sogar noch deutlich höher. Angesichts dessen überrascht es nicht, dass Staaten des globalen Südens 2015 nicht weniger als 86 Prozent aller weltweit registrierten Flüchtlinge und 99 Prozent aller Binnenvertriebenen beherbergten – mit seit

9. Spätes 20. und frühes 21. Jahrhundert

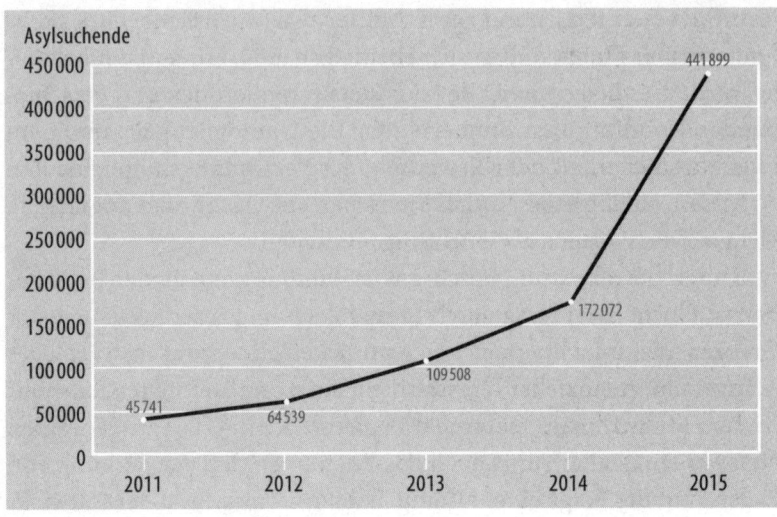

Schaubild 18: Zahl der Asylsuchenden in der Bundesrepublik Deutschland 2011–2015. Quelle: Bundesamt für Migration und Flüchtlinge.

Jahren steigender Tendenz im Vergleich zum Anteil des globalen Nordens. Noch 2003 hatte der Anteil der ärmeren Länder an den Flüchtlingen weltweit lediglich bei 70 Prozent gelegen.[332] Vornehmlich der globale Süden ist also von der Zunahme der weltweiten Zahl der Flüchtlinge und Binnenvertriebenen seit Anfang der 2010er-Jahre betroffen.

Obgleich in den vergangenen Jahren die Zahl der Flüchtlinge im Vergleich zur Zahl der »Binnenvertriebenen« nicht übermäßig stark angestiegen ist, lässt sich beobachten, dass Europa und insbesondere die Bundesrepublik Deutschland seit 2011 deutlich vermehrt zum Ziel von globalen Fluchtbewegungen geworden sind (s. **Schaubild 14**). Dabei stellt sich insbesondere die Frage, warum 2015 weitaus mehr Flüchtlinge in die Bundesrepublik kamen als in den Jahren zuvor. Sechs Elemente eines komplexen Zusammenhangs seien hier skizziert. Die Reihenfolge der Argumente repräsentiert keine Hierarchie, alle genannten Faktoren stehen in einem unmittelbaren Wechselverhältnis zueinander[333]:

1. Finanzielle Mittel: Unzählige Studien belegen, dass Armut die Bewegungsfähigkeit massiv einschränkt. Ein Großteil der Menschheit kann sich eine Migration über weite Distanzen nicht leisten. 2015 aber lagen wichtige Herkunftsländer von Asylsuchenden in der EU in relativer geographischer Nähe (Syrien, Irak, Südosteuropa). Die Kosten für das Unternehmen Flucht von dort hielten sich mithin in Grenzen – zumindest im Vergleich zu Bewegungen aus anderen globalen Konfliktherden etwa in West- oder Ostafrika, Südasien oder Lateinamerika. Hinzu kam, dass mit der Türkei auch das wichtigste Erstziel des Großteils syrischer Flüchtlinge unmittelbar an EU-Länder grenzt – und zugleich vor dem Hintergrund der hohen Flüchtlingszahl im Land, eines prekären Aufenthaltsstatus und sehr beschränkten Zugangs zu Bildung und zum regulären Arbeitsmarkt nur geringe Zukunftsperspektiven bot.

2. **Netzwerke:** Migration findet vornehmlich in Netzwerken statt, die durch Verwandtschaft und Bekanntschaft konstituiert sind. Deutschland war 2015 auch deshalb zum wichtigsten europäischen Ziel von Asylsuchenden geworden, weil es hier seit Längerem recht umfangreiche Herkunftskollektive gab, die für Menschen, die vor Krieg, Bürgerkrieg und Maßnahmen autoritärer Systeme auswichen, eine zentrale Anlaufstation bildeten. Das galt nicht nur für Syrer, sondern auch für Iraker, Afghanen, Eritreer und Südosteuropäer. Weil migrantische Netzwerke die Wahrscheinlichkeit für weitere Migration erhöhen, hat die Zuwanderung von Asylsuchenden in die Bundesrepublik die 2015 zu beobachtende Dynamik gewonnen.

3. **Aufnahmeperspektiven:** Staaten entscheiden mit weiten Ermessensspielräumen über die Aufnahme von Migranten und den Status jener, die als Flüchtlinge anerkannt werden. Die Bereitschaft, Schutz zu gewähren, bildet immer ein Ergebnis vielschichtiger Prozesse des Aushandelns durch Individuen, Kollektive und (staatliche) Institutionen, deren Beziehungen, Interessen, Kategorisierungen und Praktiken sich stets wandeln. Mit der permanenten Veränderung der politischen, administrativen, publizistischen, wissenschaftlichen und öffentlichen Wahrnehmung von Migration verbindet sich ein Wandel im Blick auf die Frage, wer unter welchen Umständen als Flücht-

ling verstanden und wem in welchem Ausmaß und mit welcher Dauer Schutz oder Asyl zugebilligt wird. In den frühen 2010er-Jahren und bis weit in das Jahr 2015 hinein ließ sich eine relativ große Aufnahmebereitschaft in der Bundesrepublik Deutschland beobachten. Verantwortlich dafür war vor dem Hintergrund der günstigen Situation von Wirtschaft und Arbeitsmarkt eine positive Zukunftserwartung in Politik, Wirtschaft und Gesellschaft. Die seit Jahren laufende breite Diskussion um Fachkräftemangel und demographische Veränderungen führte ebenso zu einer Öffnung wie die Akzeptanz menschenrechtlicher Standards und die Anerkennung des Erfordernisses des Schutzes vornehmlich syrischer Flüchtlinge, aus der auch eine große Bereitschaft zu ehrenamtlichem Engagement resultierte.

4. **Aufhebung von Migrationsbarrieren:** Seit den 1990er-Jahren hat die EU ein System zur Abwehr von Fluchtbewegungen aufgebaut. Eine vielgestaltige europäische migrationspolitische Zusammenarbeit mit Staaten wie Libyen, Ägypten, Tunesien, Marokko, Albanien oder der Ukraine verhinderte seither weitgehend, dass Flüchtlinge die Grenzen der EU erreichen und um Asyl nachsuchen konnten. Diese EU-Vorfeldsicherung ist aufgrund der Destabilisierung diverser Staaten am Rand der EU (unter anderem im Kontext des »Arabischen Frühlings«, aber auch des Ukraine-Konflikts) zusammengebrochen. Der Zerfall der politischen Systeme war eng verbunden mit den tiefgreifenden Folgen der weltweiten Finanz- und Wirtschaftskrise seit 2007/08. Sie verschärfte die gesellschaftlichen Konflikte in zahlreichen EU-Anrainerstaaten, beschnitt die staatlichen Handlungsmöglichkeiten und minimierte die Bereitschaft und die Reichweite einer Zusammenarbeit mit der EU.

5. **Auflösung des »Dublin-Systems«:** Die Weltwirtschaftskrise wirkte nicht nur auf den äußeren Ring der Vorfeldsicherung gegen Flüchtlingszuwanderung jenseits der Grenzen der EU, sondern auch in den inneren Ring hinein. Das seit den frühen 1990er-Jahren entwickelte »Dublin-System« führte zu einer Abschließung der EU-Kernstaaten und insbesondere Deutschlands gegen weltweite Fluchtbe-

wegungen, indem es die Verantwortung für die Durchführung eines Asylverfahrens jenen europäischen Staaten überließ, in die Flüchtlinge einreisten. Das konnten nur Staaten an der EU-Außengrenze sein. Lange funktionierte das System, insbesondere deshalb, weil die Zahl der Flüchtlinge, die europäische Grenzen erreichten, seit Mitte der 1990er-Jahre relativ niedrig lag. Aufgrund der Finanz- und Wirtschaftskrise und im Kontext des Anstiegs der Zahl der Asylsuchenden aber waren diverse europäische Grenzstaaten, vornehmlich Griechenland und Italien, in den vergangenen Jahren immer weniger bereit und in der Lage, die ungleich verteilten Lasten des Dublin-Systems zu tragen, die Flüchtlinge zu registrieren und in das jeweilige nationale Asylverfahren einzufügen.

6. **Die Bundesrepublik als »Ersatz-Zufluchtsland«:** Die weltweite Finanz- und Wirtschaftskrise führte innerhalb der EU dazu, dass die Bereitschaft traditionsreicher und sehr gewichtiger Asylländer wie etwa Frankreich oder Großbritannien sehr erheblich sank, Flüchtlingen Schutz zu gewähren. In diesem Kontext wurde die Bundesrepublik 2015 gewissermaßen ein Ersatz-Zufluchtsland und damit zu einem neuen Ziel im globalen Fluchtgeschehen.

Die globale Flüchtlingsfrage ist erst mit der deutlich vermehrten Zahl von Schutzsuchenden 2015 Gegenstand intensiver Diskussionen in Deutschland und Europa geworden – zuvor war das sehr selten der Fall, nicht zuletzt, weil das System des Schutzes vor Flüchtlingszuwanderung der EU über viele Jahre zu funktionieren schien. Seit den frühen 1990er-Jahren haben sich die EU-Staaten vor allem auf Abwehrinstrumente einigen können. Die Vergemeinschaftung einer Politik des Schutzes für Flüchtlinge ist bereits seit Jahren Teil der EU-Agenda. Einige wesentliche Vereinbarungen konnten vor allem 2004/05 getroffen werden – just in einer Phase geringer Flüchtlingszahlen: Mindeststandards für Aufnahme und Versorgung von Asylsuchenden sowie Verfahrensgarantien und Regelungen zum subsidiären Schutz. Der Rahmen aber muss als fragmentiert bezeichnet werden, gewissermaßen ein in den Anfängen steckengebliebenes Projekt.

9. Spätes 20. und frühes 21. Jahrhundert

Migration bildet im zweiten Jahrzehnt des 21. Jahrhunderts ein zentrales Thema politischer und medialer Diskussionen in Deutschland sowie in ganz Europa. Trotz der hohen und konstanten Aufmerksamkeit bleibt die Wahrnehmung räumlicher Bevölkerungsbewegungen sehr selektiv: Im Vordergrund stehen die Aufnahme und Unterbringung von Flüchtlingen sowie die Bedingungen und Folgen der Gewährung von Schutz und Asyl angesichts eines deutlichen Anstiegs der Zahl der Schutzsuchenden. Zwischenzeitlich wurde außerdem die Zuwanderung aus den neuen EU-Staaten Rumänien und Bulgarien unter dem Stichwort »Armutsmigration« ein Schwerpunkt von Berichterstattung und politischen Debatten. Im Vordergrund stehen Bewegungen, die als (potenzielle) Gefahr für die Sozialsysteme, die innere und äußere Sicherheit, aber auch für den gesellschaftlichen Frieden in Bundesrepublik und EU eingeschätzt werden. Dass Europa nur ein kleiner Teil der umfangreichen Fluchtbewegungen aus und in den Kriegs- und Krisenzonen der Welt erreicht, gerät demgegenüber ebenso wenig in den Fokus wie die Normalität der europäischen Migrationssituation mit ihren umfangreichen räumlichen Bewegungen zur Wahrnehmung von Erwerbs- und Bildungschancen andernorts.

Anhang

Bild Seite 239: Ein Asylsuchender übersteigt den Zaun einer französischen Aufnahmeeinrichtung 2016.

Anmerkungen

1 Manning, Migration in World History, S. 16–75; Bellwood, First Migrants; Ehret, The Civilizations of Africa, S. 1–25
2 Bade, Europa in Bewegung, S. 11
3 Rosen, Die Völkerwanderung, S. 30f.
4 Schmidt, Migration, S. 534
5 Rosen, Völkerwanderung, S. 32f.
6 Zedler, Grosses vollständiges Universallexicon
7 Kurze Zusammenfassung jüngster Diskussionen: Meier, Die »Völkerwanderung«
8 Schunka, Konfession und Migrationsregime in der Frühen Neuzeit, S. 30–32
9 Grimm, Deutsches Wörterbuch
10 Niggemann, Migration in der Frühen Neuzeit, S. 293–321
11 Zusammenführend: Borgolte, Migrationen im Mittelalter
12 Breite Perspektive: Sänger, Minderheiten und Migration in der griechisch-römischen Welt
13 Cohen (Hg.), The Cambridge Survey of World Migration; Gungwu (Hg.), Global History and Migrations; Hoerder, Cultures in Contact; Manning, Migration in World History; Kraler (Hg.), Migrationen; Ness (Hg.), The Encyclopedia of Global Human Migration; Fisher, Migration; Oltmer, Globale Migration
14 Begriffe und Ansätze: McNeill/Adams (Hg.), Human Migration; Hoerder/Moch (Hg.), European Migrants; Yans-McLaughlin (Hg.), Immigration Reconsidered; Bade, Sozialhistorische Migrationsforschung; Lucassen/Lucassen (Hg.), Migration, Migration History, History; Hoerder/Lucassen/Lucassen, Terminologien und Konzepte in der Migrationsforschung; Oltmer, Migration vom 19. bis zum 21. Jahrhundert
15 Überblickende Perspektiven zur europäischen überseeischen Migration: Nugent, Crossings; Baines, Emigration from Europe 1815–1930; Bade, Europa in Bewegung, S. 121–168
16 Van der Woude/Hayami/Vries (Hg.), Urbanization in History; Hohenberg/Lees, The Making of Urban Europe 1000–1994; Lenger, Metropolen der Moderne, Kap. II und III; zum deutschen Beispiel: Langewiesche, Wanderungsbewegungen in der Hochindustrialisierungsperiode; Hochstadt, Mobility and Modernity
17 Weibliche ebenso wie männliche Migranten sind gemeint, wenn der Einfachheit halber in der Folge von „Migranten" die Rede ist.
18 In europäischer Perspektive: Oltmer/Kreienbrink/Sanz Diaz (Hg.), Das »Gastarbeiter«-System
19 Bade, Sozialhistorische Migrationsforschung

[20] Lucassen, Naar de Kusten van de Noordzee
[21] Hierzu s. z. B.: Schneider, Wissensproduktion im Staat
[22] Münz/Seifert/Ulrich, Zuwanderung nach Deutschland, S. 35–42
[23] Zu den Dimensionen, auf die der Begriff des Lebensmittelpunktes in diesem Kontext verweist s. Oswald, Migrationssoziologie, S. 14–16
[24] Gould, European Inter-Continental Emigration; Wyman, Round-trip to America; zum deutschen Fall: Moltmann, American-German Return Migration in the Nineteenth and Early Twentieth Centuries; Kamphoefner, Umfang und Zusammensetzung der deutsch-amerikanischen Rückwanderung; Schniedewind, Begrenzter Aufenthalt im Land der unbegrenzten Möglichkeiten
[25] Tilly, Migration in Modern European History, hier S. 72
[26] Datenquelle hier und im Folgenden: Bade, Europa in Bewegung, S. 121–168; Nugent, Crossings, S. 27–107; Baines, Emigration from Europe; Moch, Moving Europeans, S. 147–160; Körner, Internationale Mobilität der Arbeit, S. 29–60
[27] Magee/Thompson, Lines of Credit, Debts of Obligation
[28] Bommes, Migrantennetzwerke in der funktional differenzierten Gesellschaft
[29] Zur Bedeutung der Briefkommunikation: Elliott/Gerber/Sinke (Hg.), Letters across Borders; wichtige Briefeditionen, die Formen und Ausmaß der transatlantischen Informationsvermittlung anschaulich vermitteln: Helbich (Hg.), »Amerika ist ein freies Land ...«; ders./Kamphoefner/Sommer (Hg.), Briefe aus Amerika
[30] Hoerder/Lucassen/Lucassen, Terminologien und Konzepte, S. 35.
[31] Fuchs, Heirat in der Fremde
[32] Brinkmann, Von der Gemeinde zur »Community«
[33] Bungert, Festkultur und Gedächtnis
[34] King/Reynolds, Casalattico, Dublin and the Fish and Chip Connection; Walz, Region – Profession – Migration, S. 16, 435
[35] Mutafov, Der bulgarische Gartenbau in Europa
[36] Walz, Region – Profession – Migration, S. 17f., 437–449
[37] Lourens/Lucassen, Arbeitswanderung und berufliche Spezialisierung
[38] Dhingra, Life Behind the Lobby
[39] Walz, Region – Profession – Migration
[40] Portes/Sensenbrenner, Embeddedness and Immigration, hier S. 1332
[41] Benson/O'Reilly (Hg.), Lifestyle Migration; Benson/Osbaldiston (Hg.), Understanding Lifestyle Migration
[42] Findley, A Migration Channels Approach
[43] Cohen, Expatriate Communities
[44] Scholz, Nomadismus; Leder/Streck (Hg.), Shifts and Drifts in Nomad-Sedentary Relations; Gertel/Calkins (Hg.), Nomaden in unserer Welt

45 Oltmer, Kleine Globalgeschichte der Flucht im 20. Jahrhundert
46 Oltmer, Krieg, Migration und Zwangsarbeit im 20. Jahrhundert; ders., Migration, Krieg und Militär in der Frühen und Späten Neuzeit
47 Kulischer, Europe on the Move, S. 264
48 Vielfältiges Wissen stellt hierzu zur Verfügung: Brandes/Sundhaussen/Troebst (Hg.), Lexikon der Vertreibungen
49 Oltmer, Flucht, Vertreibung und Asyl im 19. und 20. Jahrhundert
50 Hierzu und zum Folgenden: Oltmer, Einführung: Europäische Migrationsverhältnisse und Migrationsregime in der Neuzeit; ders. (Hg.), Handbuch Staat und Migration
51 Zusammenfassend: Reinhard, Die Unterwerfung der Welt, S. 311–401
52 Lucassen/Lucassen, The Mobility Transition Revisited, S. 355f.; im Detail für die Abwanderung aus den wichtigsten europäischen Herkunftsländern s. die Beiträge in: Canny (Hg.), Europeans on the Move
53 Hierzu s. die Beiträge im Kapitel »America on the Eve of the Conquest«, in: Leslie Bethell (Hg.), The Cambridge History of Latin America, Bd. 1, S. 3–148
54 Zum Gesamtkomplex: Eltis/Engerman (Hg.), The Cambridge World History of Slavery; Meissner/Mücke/Weber, Schwarzes Amerika; Zeuske, Handbuch Geschichte der Sklaverei
55 Bucciferro, Natives, Africans, and the Population of Brazil 1545–1850, S. 2
56 Gliech, Saint-Domingue und die Französische Revolution
57 Kolchin, American Slavery, 1619–1877
58 Fertig, Migration from the German-speaking Parts of Central Europe; Fogleman, Hopeful Journeys; Wokeck, Trade in Strangers
59 Fata, Migration im kameralistischen Staat Josephs II.
60 Brandes, Von den Zaren adoptiert; Schippan, Die deutsche Massenauswanderung an die Wolga
61 Fertig, Lokales Leben, atlantische Welt, S. 80f.
62 Niggemann, »Peuplierung«
63 Dölemeyer, Die Hugenotten; Lachenicht, Hugenotten in Europa und Nordamerika; Niggemann, Hugenotten
64 Walker, Der Salzburger Handel; Emrich, Die Emigration der Salzburger Protestanten; Walz, Die Ansiedlung der Salzburger Emigranten in Ostpreußen; Haver, Von Salzburg nach Amerika
65 Erfolgreicher Versuch, die Entwicklung von Wirtschaft und Territorium der USA in globale Bezüge einzubetten: Tyrell, Transnational Nation, S. 20–38, S. 74–83
66 Cohn, Mass Migration under Sail
67 Grabbe, Vor der großen Flut
68 Zur Geschichte der nicht-europäischen Zuwanderung in die USA: Reimers,

Other Immigrants; zur chinesischen Zuwanderung: Kuhn, Chinese Among Others, S. 141–143; Hsu, Dreaming of Gold, S. 29–33; Fan, Chinese Americans; Young, Alien Nation; zu den Zuwanderungsbeschränkungen: Gyory, Closing the Gate

69 Mahl, Contract Labour and the Chinese, S. 296

70 Bonacich, Patterns of Asian Immigration and Exclusion, S. 62; http://www.census.gov/population/www/documentation/twps0029/tab04.html

71 Yang, Asian Immigration to the United States, S. 74f.

72 Steidl, Ein ewiges Hin und Her

73 Gould, European Inter-Continental Emigration; Wyman, Round-trip to America; Schniedewind, Begrenzter Aufenthalt

74 Zu den Überfahrtsbedingungen: Günther, Auf dem Weg in die Neue Welt; Feys, The Battle for the Migrants

75 Fenske, Die deutsche Auswanderung

76 Bade, Die deutsche überseeische Massenauswanderung; Helbich, »Alle Menschen sind dort gleich...«

77 Brinck, Die deutsche Auswanderungswelle; Häberlein, Vom Oberrhein zum Susquehanna

78 Hippel, Auswanderung aus Südwestdeutschland

79 Just, Politische Flüchtlinge gehen nach Amerika; Reiter, Politisches Asyl im 19. Jahrhundert; Klemke, »Eine Anzahl überflüssiger Menschen«; ders., Die deutsche politische Emigration nach Amerika; Honeck, We Are the Revolutionists

80 Conzen, Making their own America

81 Kamphoefner, Westfalen in der Neuen Welt, S. 85–93

82 Henkel, »Ein besseres Loos zu erringen, als das bisherige war«, S. 79f.

83 Bölsker-Schlicht, Sozialgeschichte des ländlichen Raumes

84 Hierzu und zum Folgenden: Kamphoefner, Westfalen in der Neuen Welt

85 Meyer, In-Migration and Out-Migration in an Area of Heavy Industry

86 Lubinski, Entlassen aus dem Untertanenverband; Uwe Reich, Aus Cottbus und Arnswalde; Östreich, »Des rauhen Winters ungeachtet...«

87 Bade, Land oder Arbeit?

88 Plaß, Überseeische Massenmigration

89 Hansen, Die deutsche Auswanderung im 19. Jahrhundert

90 Moltmann, Die Transportation von Sträflingen, S. 148

91 Rössler, »Unnütze Subjekte, Vagabunden und Verbrecher«

92 Bade, Vom Export der sozialen Frage

93 Moltmann, Die Transportation von Sträflingen, S. 148

94 Hierzu und zum Folgenden: Renate Vollmer, Auswanderungspolitik und soziale Frage

Anmerkungen

95 Hierzu und zum Folgenden: Smolka, Die Auswanderung als politisches Problem, S. 74–94, 149–273; Fenske, Die deutsche Auswanderung
96 Gelberg, Auswanderung nach Übersee, S. 10–17; Engelsing, Bremen als Auswandererhafen, S. 131–135; Hoerder, Auswandererverschiffung über Bremen/Bremerhaven
97 Fahrmeir, Klassen-Grenzen
98 »Paßwesen«, in: Das Staats-Lexikon, S. 331
99 So die dritte Zeile des zweiten Absatzes des bekannten Sonnets »The New Colossus« von Emma Lazarus aus dem Jahr 1883, das die New Yorker Freiheitsstatue auf einer Bronzetafel am Sockel ziert.
100 http://www.ellisisland.org/genealogy/ellis_island_history.asp
101 Koman, Ellis Island, S. 31
102 Interviewte: Josephine Garzieri Calloway, eingewandert 1922 aus Italien; Ellis Island Oral History Project, http://www.nps.gov/elis/historyculture/upload/Josephine_Garzieri_CALLOWAY.pdf
103 Karlsberg, Geschichte und Bedeutung der deutschen Durchwandererkontrolle; Just, Ost- und südosteuropäische Amerikawanderung; Brinkmann, »Travelling with Ballin«
104 Feys (Hg.), Maritime Transport and Migration
105 Collomp, Labour Unions
106 Forberg, Ausländerbeschäftigung
107 Lucassen, The Great War and the Origins of Migration Control; ders., Het paspoort als edelste deel van een mens
108 Lucassen, Migrant Labour in Europe, S. 195–198; Moch, Moving Europeans, S. 102–143
109 Ehmer, Migration of Journeymen; Reith, Arbeitsmigration und Gruppenkultur deutscher Handwerksgesellen
110 Steidl, Auf nach Wien!
111 Bade, Altes Handwerk, Wanderzwang und Gute Policey; Elkar, Lernen durch Wandern?
112 Pallach, Deutsche Handwerker im Frankreich des 18. Jahrhunderts
113 Lourens/Lucassen, Gilden und Wanderung: Die Niederlande
114 Reith, Tiroler Bauhandwerker in Mitteleuropa
115 Hier und im Folgenden: Lourens/Lucassen, Arbeitswanderung und berufliche Spezialisierung
116 Fontaine, History of Pedlars in Europe; Reininghaus (Hg.), Wanderhandel in Europa
117 Oberpenning, Migration und Fernhandel im »Tödden-System«
118 Schnier, Die Wanderhändler des Eichsfeldes
119 Stöger, Die Migration europäischer Bergleute; Seresse, Die Einwanderung deutscher Berg- und Hüttenleute nach Norwegen

[120] Fremdling, Die Rolle ausländischer Facharbeiter bei der Einführung neuer Techniken
[121] Cotte, Britische technische Experten in Frankreich
[122] Fremdling, Der Puddler
[123] Schumacher, Auslandsreisen deutscher Unternehmer; zahlreiche Beispiele aus dem norddeutschen Raum bietet: Rössler, Der Lehrmeister England
[124] Weber, Industriespionage
[125] Peter (Hg.), Schnorrer, Verschwörer, Bombenwerfer?
[126] Reulecke, Geschichte der Urbanisierung in Deutschland, S. 68; Matzerath, Urbanisierung in Preußen, S. 365–399
[127] Krabbe, Die deutsche Stadt im 19. und 20. Jahrhundert, S. 72
[128] Bade, Europa in Bewegung, S. 41–44.
[129] Bleek, Mobilität und Sesshaftigkeit in deutschen Großstädten, S. 7
[130] Köllmann, Industrialisierung, Binnenwanderung und »Soziale Frage«, S. 117
[131] Langewiesche, Wanderungsbewegungen in der Hochindustrialisierungsperiode, S. 19f.
[132] Kamphoefner, Soziale und demographische Strukturen der Zuwanderung in deutsche Großstädte, S. 102–105
[133] Hierzu und zum Folgenden: Bleek, Mobilität und Seßhaftigkeit in deutschen Großstädten, S. 15
[134] Hochstadt, Migration in Germany: An Historical Study, S. 211f.
[135] Langewiesche, Wanderungsbewegungen in der Hochindustrialisierungsperiode, S. 9, 12
[136] Heberle/Meyer, Die Großstädte im Strome der Binnenwanderung, S. 16
[137] Moch, Moving Europeans, S. 131–143; Lees/Lees, Cities and the Making of Modern Europe, Kap. 5
[138] Zahlreiche Beispiele: Gabaccia, Italy's Many Diasporas, Kap. 3
[139] MacRaild, Irish Migrants in Modern Britain, S. 42–74
[140] Kocka, Arbeitsverhältnisse und Arbeiterexistenzen, S. 362–371
[141] Holmes, Forgotten Migrants: Foreign Workers in Switzerland
[142] Hierzu und zum Folgenden: Jersch-Wenzel, Bevölkerungsentwicklung und Berufsstruktur; Richarz, Die Entwicklung der jüdischen Bevölkerung, S. 28
[143] Hierzu und zum Folgenden: Kleßmann, Polnische Bergarbeiter im Ruhrgebiet; Murzynowska, Die polnischen Erwerbsauswanderer im Ruhrgebiet; Stefanski, Zum Prozeß der Emanzipation und Integration von Außenseitern; Hauschildt, Polnische Arbeitsmigranten in Wilhelmsburg; Steinert, »Berlin – Polnischer Bahnhof!«; Frackowiak, Wanderer im nationalen Niemandsland; McCook, The Borders of Integration
[144] Hochstadt, Städtische Wanderungsbewegungen in Deutschland, S. 594
[145] Kessler, Russische und ukrainische Saisonarbeitskräfte in den Getreidean-

baugebieten Neurußlands und des nördlichen Kaukasus; Lucassen, Migrant Labour in Europe, S. 196
146 Hierzu und zum Folgenden: Lucassen, Naar de Kusten van de Noordzee; Bölsker-Schlicht, Die Hollandgängerei im Osnabrücker Land und im Emsland
147 Oltmer, Bäuerliche Ökonomie und Arbeitskräftepolitik im Ersten Weltkrieg, S. 96-102, 313-326
148 Tenfelde, Ländliches Gesinde in Preußen
149 Uhlig, Die Schwabenkinder aus Tirol und Vorarlberg; Zimmermann/Brugger (Hg.), Die Schwabenkinder
150 Zum Gesamtzusammenhang: Bade, Massenwanderung und Arbeitsmarkt im deutschen Nordosten
151 Diverse Beispiele bietet: Weber-Kellermann, Erntebrauch in der ländlichen Arbeitswelt; viele Informationen zu einzelnen Regionen können zudem den zeitgenössischen Enquêten des Vereins für Socialpolitik entnommen werden: Bäuerliche Zustände in Deutschland; Die Verhältnisse der Landarbeiter in Deutschland
152 Kaerger, Die Sachsengängerei, S. 25; Lezius, Das Problem der Sachsengängerei
153 Morelli, Les Belges en France
154 Hierzu und zum Folgenden: Bade, Politik und Ökonomie der Ausländerbeschäftigung im preußischen Osten
155 Conrad, Globalisierung und Nation, Kap. 4
156 Amenda, »Einfallstore«; ders., Globale Grenzgänger
157 Pohl, Aufbruch der Weltwirtschaft, S. 185-212
158 Im Überblick: Merkl, Verkehrsgeschichte und Mobilität
159 Bähr/Mertins, Die lateinamerikanische Groß-Stadt, S. 41f.
160 Zur Zuwanderung und Bevölkerungszusammensetzung bis in das 19. Jahrhundert: Newson, The Demographic Impact of Colonization
161 Newton, The »Nazi Menace« in Argentinia, S. 21
162 Zu Lateinamerika im Überblick: Nugent, Crossings, S. 111-135; Hensel, Ein Kontinent in Bewegung; Sánchez-Alonso, Labor and Immigration; Sánchez-Albornoz, The Population of Latin America, hier S. 121-139; Miguez, Foreign Mass Migration to Latin America; zu Argentinien: Taylor, Peopling the Pampa; Moya, Spanish Emigration to Cuba and Argentina; Devoto, A History of Spanish and Italian Migration to the South Atlantic Regions of the Americas
163 Clementi, Gender Relations and Migration Strategies in the Rural Italian South
164 Mörner, Historia Social latinoamericana, S. 101
165 Solberg, The Prairies and the Pampas, S. 95f.; Nugent, Crossings, S. 104f.;

Pionierstudie zur Etablierung spezifischer migratorischer Arbeitsmärkte: Piore, Birds of Passage

166 Hierzu und zum Folgenden: Treadgold, The Great Siberian Migration; Forsyth, A History of the Peoples of Siberia, S. 190–228; Dahlmann, Sibirien.; Hartley, Siberia

167 Geyer, Der russische Imperialismus, S. 144–169, 239–247

168 Reardon-Anderson, Reluctant Pioneers, S. 147–159; Umeno, Han Chinese Immigrants in Manchuria

169 Überblick: Peattie, The Japanese Colonial Empire, S. 260–270

170 Hierzu und zum Folgenden: Berger, South Africa in World History, S. 65–108; Feinstein, An Economic History of South Africa, S. 47–73, 99–112; zur Zuwanderung in den Beschäftigungsbereich Bergbau im Detail: Moodie/Ndatshe, Going for Gold

171 Maylam, South Africa's Racial Past, S. 115–142

172 Huynh, From Demand for Asiatic Labor to Importation of Indentured Chinese Labor

173 Zu den migrationspolitischen Rahmenbedingungen und Konflikten um die Anwerbung von indischen Arbeitskräften im Überblick: McKeown, Melancholy Order

174 Zu Durban: Jürgens/Bähr, Inder in Südafrika

175 Emmer, Immigration into the Caribbean, S. 255

176 Tinker, A New System of Slavery; Mann, South Asian Labour, Migration and Diaspora, S. 347–359; ders., »How many people were crying oceans...«

177 Silverstein, Politics and Railroads in Burma and India, S. 18, 28

178 Kaur, Indian Ocean Crossing, S. 146f.

179 Kwong, China: Profit-driven Institutions and Emigration Promotion, S. 1006

180 Nivet, Les réfugiés français de la Grande Guerre; Leenders, Ongenode gasten, S. 137–261; Roodt, Oorlogsgasten; Amara, Zo trokken zij; Kushner, Local Heroes: Belgian Refugees in Britain

181 Hoffmann-Holter, »Abreisendmachung«, S. 23–30

182 Gatrell, A whole Empire Walking, S. 3–32

183 Stibbe, Civilian Internment and Civilian Internees in Europe

184 Koller, The Recruitment of Colonial Troops in Africa and Asia; Fogarty, Race and War in France

185 Cross, Immigrant Workers in Industrial France, S. 18–44; Horne, Immigrant Workers in France during World War I, S. 57, Tab. 1 u. 2; Singer-Kérel, Foreign Workers in France, S. 285f.; Gary S. Cross, Towards Social Peace and Prosperity, S. 615–618

186 Summerskill, China on the Western Front; Guoqi, Strangers on the Western Front

Anmerkungen

187 Thiel, »Menschenbassin Belgien«; Westerhoff, Zwangsarbeit im Ersten Weltkrieg
188 Bryas, Les Peuples en marche, S. 31
189 Oltmer, Migration und Politik in der Weimarer Republik, S. 89–138
190 Kirk, Europe's Population in the Interwar Years, S. 105
191 Hirschon (Hg.), Crossing the Aegean; Zürcher, Griechisch-orthodoxe und muslimische Flüchtlinge und Deportierte in Griechenland und der Türkei; Pitsoulis, Vertreibung und Diplomatie
192 Oltmer, Migration und Politik in der Weimarer Republik, S. 238–245
193 Schlögel (Hg.), Der große Exodus; ders. (Hg.), Russische Emigration in Deutschland 1918 bis 1941; Dodenhoeft, »Laßt mich nach Rußland heim«; Volkmann, Die russische Emigration in Deutschland 1919–1929
194 Zusammenfassend: Krohn u. a. (Hg.), Handbuch der deutschsprachigen Emigration 1933–1945
195 Torpey, The Great War and the Birth of the Modern Passport System
196 Oltmer, Einführung: Europäische Migrationsverhältnisse und Migrationsregime, S. 21–26.
197 Thalheim, Das deutsche Auswanderungsproblem der Nachkriegszeit; Bickelmann, Deutsche Überseeauswanderung in der Weimarer Zeit
198 Hutchinson, Legislative History of American Immigration Policy; Higham, Strangers in the Land; Zolberg, A Nation by Design
199 Hierzu s. insgesamt: Daniels, Asian America
200 Rinke, Der letzte freie Kontinent, S. 294
201 Bindernagel, Migration und Erinnerung, S. 28
202 Žuravlev, Ich bitte um Arbeit in der Sowjetunion
203 Kaufhold, Migration und Weltwirtschaftskrise
204 Anderson, On Hobos and Homelessness
205 Worster, Dust Bowl. The Southern Plains in the 1930s; Lookingbill, Dust Bowl, USA, S. 89–107
206 In erweiterter Perspektive: Green, The Other Americans in Paris
207 Kulischer, Europe on the Move, S. 264
208 MacKinnon, Refugee Flight at the Outset of the Anti-Japanese War; Lary, The Chinese People at War
209 Im Überblick: Herbert, Fremdarbeiter; Spoerer, Zwangsarbeit unter dem Hakenkreuz sowie die Beiträge in: Herbert (Hg.), Europa und der »Reichseinsatz«
210 Zu den Kriegsgefangenen im Zweiten Weltkrieg: Streit, Keine Kameraden; Bischof/Karner/ Stelz-Marx (Hg.), Kriegsgefangene des Zweiten Weltkrieges; Overmans, Die Kriegsgefangenenpolitik des Deutschen Reiches
211 Spoerer, Die soziale Differenzierung der ausländischen Zivilarbeiter, Kriegsgefangenen und Häftlinge im Deutschen Reich, S. 569–572

212 Sik, Die Zwangsanwerbung von Koreanern für Japan
213 Naitou, Korean Forced Labor in Japan's Wartime Empire, S. 98
214 Utsumi, Japan's Korean Soldiers in the Pacific War, S. 86 f.
215 Rainolds, History, Memory, Compensation, and Reconciliation, S. 329
216 Amrith, Migration and Diaspora in Modern Asia, S. 108 f.
217 Min, Korean »Comfort Women«
218 Lie, The State as Pimp, S. 255; Ahn, Japan's »Comfort Women« and Historical Memory, S. 33 f.
219 Hierzu s. im Detail: Heinemann, »Rasse, Siedlung, deutsches Blut«; Kotzian, Die Umsiedler
220 Überblick: Rössler (Hg.), Der »Generalplan Ost«; Benz, Der Generalplan Ost; Aly, »Judenumsiedlung«
221 Dinnerstein, America and the Survivors of the Holocaust; Jacobmeyer, Vom Zwangsarbeiter zum Heimatlosen Ausländer; Wyman, DP: Europe's Displaced Persons 1945-1951; Holleuffer, Zwischen Fremde und Fremde; Cohen, In War's Wake; Holian, Between National Socialism and Soviet Communism
222 Stepień, Der alteingessene Fremde
223 Krause, Flucht vor dem Bombenkrieg; Klee, Im »Luftschutzkeller des Reiches«
224 Wichtige neuere Gesamtdarstellungen: Beer, Flucht und Vertreibung der Deutschen; Douglas, »Ordnungsgemäße Überführung«; Kossert, Kalte Heimat; Piskorski, Die Verjagten
225 Steinert, Migration und Politik; Nerger-Focke, Die deutsche Amerikaauswanderung nach 1945; Freund, Aufbrüche nach dem Zusammenbruch; Biedermann, Eine bezahlte Passage; Sternberg, Auswanderungsland Bundesrepublik
226 Stöver, Der Kalte Krieg
227 Slany, Female Migration from Central-Eastern-Europe, S. 46f.
228 Heidemeyer, Flucht und Zuwanderung aus der SBZ/DDR; Ackermann, Der »echte« Flüchtling; Schmelz, Migration und Politik im geteilten Deutschland; Melis/Bispinck (Hg.), »Republikflucht«; Hürtgen, Ausreise per Antrag; Wolff, Deutsch-deutsche Migrationsverhältnisse
229 Zahlreiche Beispiele: Greiner, Krieg ohne Fronten; Feichtinger/Malinowski, »Eine Million Algerier lernen im 20. Jahrhundert zu leben«
230 Hierzu und zum Folgenden: Wiesner, Victims and Survivors; Robinson, Terms of Refuge; Zolberg/Suhrke/Aguayo, Escape from Violence, S. 160-170
231 Beuchling, Vom Bootsflüchtling zum Bundesbürger, S. 49
232 Lam, The Exodus of Hoa Refugees from Vietnam
233 Thompson, Refugee Workers in the Indochina Exodus, S. 151, 160-169
234 Amer, The Boat People Crisis of 1978-79 and the Hong Kong Experience, S. 37

235 Vo, The Vietnamese Boat People, S. 168
236 Swent, Asian Refugees in America
237 Beuchling, Vom Bootsflüchtling zum Bundesbürger, S. 51
238 Ha, Asiatische Deutsche
239 Kim, Der Korea-Krieg und die Gesellschaft, S. 52–109
240 Sakamoto, Japanische Ausländerpolitik, S. 41; Chiavacci, Japans neue Immigrationspolitik
241 Watt, When Empire comes Home, S. 1, 17f., 39
242 Eckert, Afrikanische Intellektuelle und Aktivisten in Europa und die Dekolonisation Afrikas
243 Goebel, Anti-Imperial Metropolis
244 Smith, Europe's Invisible Migrants
245 Conrad, Dekolonisierung in den Metropolen, S. 144f.
246 Smeets/Steijlen, In Nederland gebleven; Willems, De uittocht uit Indië; Bosma/Raben/Willems, De geschiedenis van Indische Nederlanders
247 Stora, Ils venaient d'Algérie; Talbot, The End of European Colonial Empires and Forced Migration, S. 35
248 Jordi, 1962: L'arrivée des Pieds-Noirs; Choi, Decolonization and the French of Algeria; Borutta/Jansen (Hg.), Vertriebene und Pieds-Noirs in Postwar Germany and France
249 Maciel, »Retornados«; Santos Lourenço/Keese, Die blockierte Erinnerung, S. 232–238
250 Mamdani, From Citizen to Refugee
251 Chatterji, The Spoils of Partition, S. 105
252 Butalia, The Other Side of Silence
253 Robinson, Too much Nationality, S. 345
254 Rahman/Schendel, »I am not a Refugee«, S. 558f.
255 Mize/Swords, Consuming Mexican Labor, S. 4, 11
256 Scruggs, Texas and the Bracero Program, S. 251
257 Rodriguez, »Workers Wanted«, S. 458f.
258 Mize/Swords, Mexican Labor, S. 32, 428, 440f.
259 Henderson, Beyond Borders, S. 114f.
260 Sperber/Amuedo-Dorantes/Bansak, U.S. Border Control
261 Cornelius, Death at the Border
262 Angelucci, US Border Enforcement and the Net Flow of Mexican Illegal Migration, S. 311
263 Vaughan/Hincapié/Maura, Worksite Enforcement, S. 319f., 326
264 US Census Bureau, Census Briefs, The Hispanic Population 2010
265 Haines/Sumption, Legal Immigration Selection System, S. 13f.

Anhang

266 Detaillierte Informationen: Waters/Ueda (Hg.), The New Americans
267 Im konzisen Überblick: Caestecker/Vanhaute, Zuwanderung von Arbeitskräften in die Industriestaaten Westeuropas, S. 39-41
268 Roberto Sala, Vom »Fremdarbeiter« zum »Gastarbeiter«
269 Zur Geschichte der Anwerbeverträge als migrationspolitisches Instrument im Europa des 20. Jahrhunderts: Rass, Institutionalisierungsprozesse auf einem internationalen Arbeitsmarkt
270 Sturm-Martin, Liberale Tradition und internationales Image
271 Delaney, Demography, State and Society
272 Zentrale Überblicke: Holmes, John Bull's Island; Layton-Henry, The Politics of Immigration; Hansen, Citizenship and Immigration in Post-War Britain
273 Paul, Whitewashing Britain, S. 111-190; Schönwälder, Einwanderung und ethnische Pluralität, S. 367-495
274 Überblick zu dieser frühen Einwanderung: Lucassen, The Immigrant Threat, S. 113-143
275 Stora, Ils venaient d'Algérie, S. 100f.; Sturm-Martin, Zuwanderungspolitik in Großbritannien und Frankreich, S. 81f., 87, 140
276 Gilette/Sayad, L'immigration algérienne en France, S. 258
277 Wesentliche überblickende Beiträge: Noiriel, Le creuset français; Amar/Milza, L'immigration en France; Tribalat, De l'immigration à l'assimilation; Blanc-Chaléard, Les immigrés et la France; Hargreaves, Multi-Ethnic France
278 Rass, Institutionalisierungsprozesse auf einem internationalen Arbeitsmarkt, Tabelle 1 und 2, S. 492f.
279 Rieker, »Ein Stück Heimat findet man ja immer«, S. 103-106
280 Hunn, »Nächstes Jahr kehren wir zurück...«, S. 39-70
281 Bade, Vom Auswanderungsland zum Einwanderungsland?, S. 59-95
282 Bade/Bommes, Migration und politische Kultur im »Nicht-Einwanderungsland«
283 Goedings, Labor Migration in an Integrating Europe
284 Hierzu und zum Folgenden: Berlinghoff, Das Ende der »Gastarbeit«
285 Pudlat, Schengen; Siebold, Zwischen Grenzen
286 Winckler, Arab Political Demography
287 Jupp, From White Australia to Woomera
288 Thränhardt, Abschottung und Globalisierung, S. 24, 38
289 Zimmermann, Japans Migrationspolitik, S. 17.
290 Masterson/Funada, The Japanese in Peru and Brazil
291 Japan Statistical Yearbook 2012
292 Morawska, The New-Old Transmigrants, their Transnational Lives, and Ethnicization
293 Morawska, Transnational Migrations in the Enlarged European Union

Anmerkungen

294 Dietz, Europäische Integration von unten?
295 Dietz, Die Bundesrepublik Deutschland im Fokus neuer Ost-West-Wanderungen
296 Selm (Hg.), Kosovo's Refugees in the European Union; Barutciski/Suhrke, Lessons from the Kosovo Refugee Crisis; Calic, Die »ethnischen Säuberungen« im ehemaligen Jugoslawien
297 Bade/Oltmer (Hg.), Aussiedler; Panagiotidis, Staat, Zivilgesellschaft und Aussiedlermigration
298 UN Department of Economic and Social Affairs, Population Division, World Population Prospects. The 2012 Revision
299 Abel, Estimates of Global Bilateral Migration Flows; Abel/Sander, Quantifying Global International Migration Flows
300 Statistisches Bundesamt
301 Haas, The Myth of Invasion
302 United Nations Department of Economic and Social Affairs/Population Division, World Urbanization Prospects: The 2014 Revision, S. 1, 7
303 Birch/Wachter, World Urbanization, S. 3; UN Department of Economic and Social Affairs, Population Division, World Urbanization Prospects. The 2011 Revision, S. 3
304 United Nations Department of Economic and Social Affairs/Population Division, World Urbanization Prospects: The 2014 Revision, S. 93
305 López Moreno, Living with Shelter Deprivations
306 Hanna/Hanna, Urban Dynamics in Black Africa, S. 39–54; Saunders, Arrival City, S. 23
307 Im Überblick: Zlotnik, The Dimensions of Migration in Africa; Hugo, Urbanisation in Asia; Cerrutti/Bertoncello, Urbanisation and International Migration Patterns in Latin America
308 Überblick: Friedmann, China's Urban Transition; Lin/Meulder/Wang, Understanding the »Village in the City«; Wang, China: Rural Migration; Lary, Chinese Migrations, S. 141f.
309 Wang, The Impact of Remittances on Rural Poverty Reduction, S. 41
310 Peilin, The World's Largest Labor Force Migration, S. XX
311 Fan/Chen, The New-Generation Migrant Workers in China, S. 20
312 Suryadinata, Chinese Migration and Adaptation in Southeast Asia, S. 71
313 Amrith, Migration and Diaspora in Modern Asia, S. 43, 73
314 Im knappen Überblick: Latif, Die Herausforderung globalen Klimawandels, S. 4–12
315 Hierzu und zum Folgenden überblickend: Wissenschaftlicher Beirat der Bundesregierung »Globale Umweltveränderungen«, Welt im Wandel – Sicherheitsrisiko Klimawandel, S. 124–138; McLeman/Brown, Climate Chan-

ge and Human Migration, S. 175–177; Felgentreff/Geiger (Hg.), Migration und Umwelt; Felgentreff/Pott (Hg.), Climate and Migration

316 Rahmstorf/Schellnhuber, Der Klimawandel; Latif, Globale Erwärmung

317 Small/Nicholls, Global Analysis of Human Settlement in Coastal Zones

318 Oliver-Smith, Sea Level Rise, Local Vulnerability and Involuntary Migration

319 Effects of Future Climate Change on Cross-Border-Migration in North Africa and India, S. 411; Arnold, Migration, S. 217f.

320 Zu Bangladesch und Ägypten: Jacobson, Environmental Refugees, S. 32–35

321 Hierzu s. z. B. McDowell/Morell, Displacement Beyond Conflict, S. 117–136

322 McDonald/Webber/Yuefang, Involuntary Resettlement as an Opportunity for Development, S. 84

323 Permanente Berichterstattung: Internal Displacement Monitoring Centre, http://www.internal-displacement.org

324 Mathur, Displacement and Resettlement in India, S. 17f.

325 Lary, Chinese Migrations, S. 161f.

326 Überblicke: Klausmeier, Vom Asylbewerber zum »Scheinasylant«; Wolken, Das Grundrecht auf Asyl; Münch, Asylpolitik

327 Doesschate, Ungarische Flüchtlinge seit 1956; Poutrus, Zuflucht im Nachkriegsdeutschland, S. 874–879

328 Poutrus, Zuflucht im Nachkriegsdeutschland, S. 873–885

329 Schönwälder, »Ist nur Liberalisierung Fortschritt?«

330 Hierzu und zum Folgenden: Bade/Oltmer, Normalfall Migration, S. 86–88, 106–117

331 UNHCR, Forced Displacement in 2015

332 Permanent aktualisierte statistische Angaben zur globalen Flüchtlingsfrage: UNHCR, Statistics Catalogue, http://www.unhcr.org

333 Hierzu und zum Folgenden: Oltmer, Schutz für Flüchtlinge; ders., Flucht und Flüchtlinge

Literaturverzeichnis

Abel, Guy J./Sander, Nikola, Quantifying Global International Migration Flows, in: Science 343. 2014. S. 1520– 1522.

Abel, Guy J., Estimates of Global Bilateral Migration Flows by Gender between 1960 und 2015, Wien 2016.

Ackermann, Volker, Der »echte« Flüchtling. Deutsche Vertriebene und Flüchtlinge aus der DDR 1945–1961, Osnabrück 1995.

Ahn, Yonson, Japan's »Comfort Women« and Historical Memory: The Neo-nationalist Counter-attack, in: Saaler, Sven/Schwentker, Wolfgang (Hg.), The Power of Memory in Modern Japan, Folkestone 2008. S. 32–53.

Aly, Götz, »Judenumsiedlung«. Überlegungen zur politischen Vorgeschichte des Holocaust, in: Herbert, Ulrich (Hg.), Nationalsozialistische Vernichtungspolitik 1939–1945, Frankfurt a. M. 1998. S. 67–97.

Amar, Marianne/Milza, Pierre, L'immigration en France au XXe siècle, Paris 1990.

Amara, Michaël, Zo trokken zij. Het verhaal van een unieke volksverhuizing in Belgie, in: Vluchten voor de oorlog. Belgische vluchtelingen 1914–1918, Löwen 2004. S. 6–36.

Amenda, Lars, »Einfallstore«. Hafenstädte, Migration und Kontrolle 1890–1930, in: Comparativ 17. 2007, H. 2. S. 27–36.

Amenda, Lars, Globale Grenzgänger. Chinesische Seeleute und Migranten und ihre Wahrnehmung in Westeuropa 1880–1930, in: WerkstattGeschichte, 53. 2009. S. 7–27.

Amer, Ramses, The Boat People Crisis of 1978–79 and the Hong Kong Experience Examined through the Ethnic Chinese Dimension, in: Yok, Wah (Hg.), The Chinese/Vietnamese Diaspora. Revisiting the Boat People, London 2011. S. 36–48.

Amrith, Sunil S., Migration and Diaspora in Modern Asia, Cambridge 2011.

Anderson, Nels, On Hobos and Homelessness, Chicago 1998.

Angelucci, Manuela, US Border Enforcement and the Net Flow of Mexican Illegal Migration, in: Economic Development & Cultural Change 60. 2012, H. 2. S. 311–357.

Arnold, Guy, Migration. Changing the World, London 2012.

Bade, Klaus J., Massenwanderung und Arbeitsmarkt im deutschen Nordosten von 1880 bis zum Ersten Weltkrieg. Überseeische Auswanderung, interne Abwanderung und kontinentale Zuwanderung, in: Archiv für Sozialgeschichte 20. 1980. S. 265-323.

Bade, Klaus J., Politik und Ökonomie der Ausländerbeschäftigung im preußischen Osten 1885-1914: die Internationalisierung des Arbeitsmarkts im »Rahmen der preußischen Abwehrpolitik«, in: Puhle, Hans-Jürgen/Wehler, Hans-Ulrich (Hg.), Preußen im Rückblick, Göttingen 1980. S. 273-299.

Bade, Klaus J., Altes Handwerk, Wanderzwang und Gute Policey. Gesellenwanderung zwischen Zunftökonomie und Gewerbereform, in: Vierteljahrschrift für Sozial- und Wirtschaftsgeschichte 69. 1982. S. 1-37.

Bade, Klaus J., Vom Auswanderungsland zum Einwanderungsland? Deutschland 1880-1980, Berlin 1983.

Bade, Klaus J., (Hg.), Auswanderer – Wanderarbeiter – Gastarbeiter. Bevölkerung, Arbeitsmarkt und Wanderung in Deutschland seit der Mitte des 19. Jahrhunderts, 2 Bde., Ostfildern 1984.

Bade, Klaus J., Vom Export der sozialen Frage zur importierten sozialen Frage: Deutschland im transnationalen Wanderungsgeschehen seit der Mitte des 19. Jahrhunderts, in: ebd. S. 9-72.

Bade, Klaus J., Die deutsche überseeische Massenauswanderung im 19. und 20. Jahrhundert, in: ebd. S. 259-299.

Bade, Klaus J., Sozialhistorische Migrationsforschung, in: Hinrichs, Ernst/van Zon, Henk (Hg.), Bevölkerungsgeschichte im Vergleich: Studien zu den Niederlanden und Nordwestdeutschland, Aurich 1988. S. 63-74.

Bade, Klaus J., Europa in Bewegung. Migration vom späten 18. Jahrhundert bis zur Gegenwart, München 2000.

Bade, Klaus J./Bommes, Michael, Migration und politische Kultur im »Nicht-Einwanderungsland«, in: Bade, Klaus J./Münz, Rainer (Hg.), Migrationsreport 2000. Fakten – Analysen – Perspektiven, Frankfurt a. M./New York 2000. S. 163-204.

Bade, Klaus J./Oltmer, Jochen (Hg.), Aussiedler: deutsche Einwanderer aus Osteuropa, Göttingen ²2003.

Bade, Klaus J., Sozialhistorische Migrationsforschung, Göttingen 2004.

Bade, Klaus J./Oltmer, Jochen, Normalfall Migration, Bonn 2004.

Bade, Klaus J., Land oder Arbeit? Transnationale und interne Migration im deutschen Nordosten vor dem Ersten Weltkrieg (Internet-Ausgabe 2005 der Habil. Erlangen 1979, http://www.imis.uni-osnabrueck.de/fileadmin/_Publikationen/PDFs/BadeHabil.pdf).

Bade, Klaus J./Emmer, Pieter C./Lucassen, Leo/Oltmer, Jochen (Hg.),

Enzyklopädie Migration in Europa vom 17. Jahrhundert bis zur Gegenwart, Paderborn ³2010.

Bähr, Jürgen/Mertins, Günter, Die lateinamerikanische Groß-Stadt, Stuttgart 1995.

Baily, Samuel L./Miguez, Eduardo José (Hg.), Mass Migration to Modern Latin America, Wilmington 2003.

Baines, Dudley, Emigration from Europe 1815–1930, Cambridge 1995.

Barutciski, Michael/Suhrke, Astri, Lessons from the Kosovo Refugee Crisis. Innovations in Protection and Burden-sharing, in: Journal of Refugee Studies 14. 2001. S. 95–134.

Bäuerliche Zustände in Deutschland. Berichte, veröffentlicht vom Verein für Socialpolitik, 3 Bde., Leipzig 1883.

Beer, Mathias, Flucht und Vertreibung der Deutschen. Voraussetzungen, Verlauf, Folgen, München 2011.

Bellwood, Peter, First Migrants. Ancient Migration in Global Perspective, Chichester 2013.

Benson, Michaela/O'Reilly, Karen (Hg.), Lifestyle Migration. Expectations, Aspirations and Experiences, Farnham 2009.

Benson, Michaela/Osbaldiston, Nick (Hg.), Understanding Lifestyle Migration. Theoretical Approaches to Migration and the Quest for a Better Way of Life, Houndsmill 2014.

Benz, Wolfgang, Der Generalplan Ost. Zur Germanisierungspolitik des NS-Regimes in den besetzten Ostgebieten 1939–1945, in: ders. (Hg.), Die Vertreibung der Deutschen aus dem Osten, Frankfurt a. M. 1995. S. 45–57.

Berger, Iris, South Africa in World History, Oxford 2009.

Berlinghoff, Marcel, Das Ende der »Gastarbeit«. Europäische Anwerbestopps 1970–1974, Paderborn 2013.

Bethell, Leslie (Hg.), The Cambridge History of Latin America, Bd. 1, Cambridge 1985.

Beuchling, Olaf, Vom Bootsflüchtling zum Bundesbürger. Migration, Integration und schulischer Erfolg in einer vietnamesischen Exilgemeinschaft, Münster 2003.

Bickelmann, Hartmut, Deutsche Überseeauswanderung in der Weimarer Zeit, Wiesbaden 1980.

Biedermann, Bettina, Eine bezahlte Passage. Die Auswanderung von Deutschen nach Australien in den 1950er Jahren, Marburg 2006.

Bindernagel, Franka, Migration und Erinnerung. Öffentliche Erinnerungskultur deutschsprachiger Migrant/innen in Buenos Aires, Diss. FU Berlin 2014.

Birch, Eugenie L./Wachter, Susan M., World Urbanization. The Critical Issue of the Twenty-First Century, in: dies. (Hg.), Global Urbanization, Philadelphia 2011. S. 3–23.

Bischof, Günter/Karner, Stefan/Stelz-Marx, Barbara (Hg.), Kriegsgefangene des Zweiten Weltkrieges, Wien 2005.

Blanc-Chaléard, Marie-Claude, Les immigrés et la France, XIX–XXe siècle, Paris 2003.

Bleek, Stephan, Mobilität und Sesshaftigkeit in deutschen Großstädten während der Urbanisierung, in: Geschichte und Gesellschaft 15. 1989. S. 5–33.

Bölsker-Schlicht, Franz, Die Hollandgängerei im Osnabrücker Land und im Emsland. Ein Beitrag zur Geschichte der Arbeiterwanderung vom 17. bis zum 19. Jahrhundert, Sögel 1987.

Bölsker-Schlicht, Franz, Sozialgeschichte des ländlichen Raumes im ehemaligen Regierungsbezirk Osnabrück im 19. und frühen 20. Jahrhundert, in: Westfälische Forschungen 40. 1990. S. 223–250.

Bommes, Michael, Migrantennetzwerke in der funktional differenzierten Gesellschaft, in: ders./Tacke, Veronika (Hg.), Netzwerke in der funktional differenzierten Gesellschaft, Wiesbaden 2011. S. 241–256.

Bonacich, Edna, Some Basic Facts: Patterns of Asian Immigration and Exclusion, in: Cheng, Lucie/Bonacich, Edna (Hg.), Labor Immigration under Capitalism. Asian Workers in the United States before World War II, Berkeley 1984. S. 60–78.

Borgolte, Michael, Migrationen im Mittelalter. Ein Handbuch, Berlin/Boston 2014.

Borutta, Manuel/Jansen, Jan C. (Hg.), Vertriebene and Pieds-Noirs in Postwar Germany and France. Comparative Perspectives, London 2016.

Bosma, Ulbe/Raben, Remco/Willems, Wim, De geschiedenis van Indische Nederlanders, Amsterdam 2006.

Brandes, Detlef, Von den Zaren adoptiert. Die deutschen Kolonisten und die Balkansiedler in Neurussland und Bessarabien 1751–1914, München 1993.

Brandes, Detlef/Sundhaussen, Holm/Troebst, Stefan (Hg.), Lexikon der Vertreibungen. Deportation, Zwangsaussiedlung und ethnische Säuberung im Europa des 20. Jahrhunderts, Köln 2010.

Brinck, Andreas, Die deutsche Auswanderungswelle in die britischen Kolonien Nordamerikas um die Mitte des 18. Jahrhunderts, Stuttgart 1993.

Brinkmann, Tobias, Von der Gemeinde zur »Community«. Jüdische Einwanderer in Chicago 1840–1900, Osnabrück 2002.

Brinkmann, Tobias, »Travelling with Ballin«. The Impact of American Immigration Policies on Jewish Transmigration within Central Europe, 1880–1914, in: International Review of Social History 53. 2008. S. 459–484.

Bryas, Madeleine de, Les Peuples en marche. Les Migrations politiques et économiques en Europe depuis la guerre mondiale, Paris 1926.

Bucciferro, Justin R., A Forced Hand: Natives, Africans, and the Population of Brazil 1545–1850, in: Revista de Historia Económica 2013. S. 1–33.

Bulmer-Thomas, Victor/Coatsworth, John H./Cortés Conde, Roberto (Hg.), The Cambridge Economic History of Latin America, Bd. 1: The Colonial Era and the Short Nineteenth Century, Cambridge 2006.

Bungert, Heike, Festkultur und Gedächtnis. Die Konstruktion einer deutschamerikanischen Ethnizität 1848–1914, Paderborn 2016.

Butalia, Uravashi, The Other Side of Silence. Voices from the Partition of India, Durham 2000.

Caestecker, Frank/Vanhaute, Eric, Zuwanderung von Arbeitskräften in die Industriestaaten Westeuropas. Eine vergleichende Analyse der Muster von Arbeitsmarktintegration und Rückkehr 1945–1960, in: Oltmer/Kreienbrink/Sanz Díaz (Hg.), Das »Gastarbeiter«-System. S. 39–52.

Calic, Marie-Janine, Die »ethnischen Säuberungen« im ehemaligen Jugoslawien, in: Brunnbauer, Ulf (Hg.), Definitionsmacht, Utopie, Vergeltung. »Ethnische Säuberungen« im östlichen Europa des 20. Jahrhunderts, Berlin 2006. S. 125–143.

Canny, Nicholas (Hg.), Europeans on the Move. Studies on European Migration, 1500–1800, Oxford 1994.

Cerrutti, Marcela/Bertoncello, Rodolfo, Urbanisation and International Migration Patterns in Latin America, in: Tienda, Marta (Hg.), Africa on the Move. African Migration and Urbanisation in Comparative Perspective, Johannesburg 2006. S. 140–157.

Chatterji, Joya, The Spoils of Partition. Bengal and India 1947–1967, Cambridge 2007.

Chiavacci, David, Japans neue Immigrationspolitik, Wiesbaden 2011.

Choi, Sung-Eun, Decolonization and the French of Algeria. Bringing the Settler Colony Home, Houndmills 2016.

Clementi, Andreina de, Gender Relations and Migration Strategies in the Rural Italian South, in: Gabaccia, Donna/Iacovetta, Franca (Hg.), Women, Gender and Transnational Lives. Italian Workers of the World, Toronto 2005. S. 77-79.

Cohen, Erik, Expatriate Communities, in: Current Sociology 24. 1976. S. 95-129.

Cohen, Gerard Daniel, In War's Wake. Europe's Displaced Persons in the Postwar Order, Oxford 2011.

Cohen, Robin (Hg.), The Cambridge Survey of World Migration, Cambridge 1995.

Cohn, Raymond L., Mass Migration under Sail. European Immigration to the Antebellum United States, Cambridge 2009.

Collomp, Catherine, Labour Unions and the Nationalisation of Immigration Restrictions in the United States, 1880-1924, in: Fahrmeir, Andreas/Faron, Olivier/Weil, Patrick (Hg.), Migration Control in the North Atlantic World. The Evolution of State Practices in Europe and the United States from the French Revolution to the Inter-War Period, New York 2003. S. 237-252.

Conrad, Sebastian, Globalisierung und Nation im Deutschen Kaiserreich, München 2006.

Conrad, Sebastian, Dekolonisierung in den Metropolen, in: Geschichte und Gesellschaft 37. 2011. S. 135-156.

Conzen, Kathleen Neils, Making their own America. Assimilation Theory and the German Peasant Pioneer, New York 1990.

Cornelius, Wayne A., Death at the Border: Efficacy and Unintended Consequences of US Immigration Control Policy, in: Geddes, Andrew (Hg.), Internationale Migration, Bd. 3, Los Angeles 2011. S. 1-28.

Cotte, Michael, Britische technische Experten in Frankreich in der ersten Hälfte des 19. Jahrhunderts, in: Bade/Emmer/Lucassen/Oltmer (Hg.), Enzyklopädie Migration. S. 427-429.

Cross, Gary S., Towards Social Peace and Prosperity. The Politics of Immigration in France during the Era of World War I, in: French Historical Studies 11. 1980. S. 610-632.

Cross, Gary S., Immigrant Workers in Industrial France. The Making of a New Laboring Class, Philadelphia 1983.

Dahlmann, Dittmar, Sibirien. Vom 16. Jahrhundert bis zur Gegenwart, Paderborn 2009.

Daniels, Roger, Asian America. Chinese and Japanese in the United States since 1850, Seattle 1988.

Delaney, Edna, Demography, State and Society. Irish Migration to Britain, 1921–1971, Liverpool 2000.
Devoto, Fernando J., A History of Spanish and Italian Migration to the South Atlantic Regions of the Americas, in: Baily/Miguez (Hg.), Foreign Mass Migration to Latin America. S. 29–49.
Dhingra, Pawan, Life Behind the Lobby. Indian American Motel Owners and the American Dream, Stanford 2002.
Dietz, Barbara, Europäische Integration von unten? Mittel- und osteuropäische Migranten in Deutschland und die Rolle transnationaler Netzwerke im EU-Erweiterungsprozess, München 2005.
Dietz, Barbara, Die Bundesrepublik Deutschland im Fokus neuer Ost-West-Wanderungen, in: Oltmer (Hg.), Handbuch Staat und Migration. S. 999–1019.
Dinnerstein, Leonard, America and the Survivors of the Holocaust. The Evolution of the United States Displaced Persons Policy, 1945–1952, New York 1982.
Dodenhoeft, Bettina, »Laßt mich nach Rußland heim«. Russische Emigranten in Deutschland von 1918 bis 1945, Frankfurt a. M. 1993.
Dölemeyer, Barbara, Die Hugenotten, Stuttgart 2006.
Doesschate, Jan Willem ten, Ungarische Flüchtlinge seit 1956, in: Bade/Emmer/Lucassen/Oltmer (Hg.), Enzyklopädie Migration. S. 1065–1067.
Douglas, Ray M., »Ordnungsgemäße Überführung«. Die Vertreibung der Deutschen nach dem Zweiten Weltkrieg, München 2012.
Dudley, Kirk, Europe's Population in the Interwar Years, Princeton 1956.

Echternkamp, Jörg (Hg.), Die deutsche Kriegsgesellschaft 1939 bis 1945, 2. Halbbd., München 2005.
Eckert, Andreas, Afrikanische Intellektuelle und Aktivisten in Europa und die Dekolonisation Afrikas, in: Geschichte und Gesellschaft 37. 2011. S. 244–274.
Effects of Future Climate Change on Cross-Border-Migration in North Africa and India, in: Population and Development Review 36. 2010. S. 408–412.
Ehmer, Josef, Migration of Journeymen as Nineteenth-Century Mass Migration, in: Leboutte, René (Hg.), Migrations and Migrants in Historical Perspective, Brüssel 2002. S. 97–109.
Elkar, Rainer S., Lernen durch Wandern? Einige kritische Anmerkungen zum Thema »Wissenstransfer durch Migration«, in: Schulz (Hg.), Handwerk in Europa. S. 213–232.

Elliott, Bruce S./Gerber, David A./Sinke, Susan M. (Hg.), Letters across Borders. The Epistolary Practices of International Migrants, New York 2006.
Eltis, David/Engerman, Stanley L. (Hg.), The Cambridge World History of Slavery, Bd. 3: AD 1420–AD 1804, Cambridge 2011.
Emmer, Pieter C., Immigration into the Caribbean: The Introduction of Chinese and East Indian Indentured Laborers between 1839 and 1917, in: ders./Mörner, Magnus (Hg.), European Expansion and Migration, New York 1992. S. 245–276.
Emrich, Gabriele, Die Emigration der Salzburger Protestanten 1731–1732. Reichsrechtliche und konfessionspolitische Aspekte, Münster 2002.
Engelsing, Rolf, Bremen als Auswandererhafen 1683–1880, Bremen 1961.

Fahrmeir, Andreas, Klassen-Grenzen. Migrationskontrolle im 19. Jahrhundert, in: Rechtsgeschichte. Zeitschrift des Max-Planck-Instituts für europäische Rechtsgeschichte 12. 2008. S. 125–138.
Fan, C. Cindy, Chinese Americans: Immigration, Settlement, and Social Geography, in: Ma, Laurence J. C./Cartier, Carolyn (Hg.), The Chinese Diaspora. Space, Place, Mobility, and Identity, Lanham 2003. S. 261–292.
Fan, Cindy/Chen, Chen, The New-Generation Migrant Workers in China, in: Wu, Fulong (Hg.), Rural Migrants in Urban China, London/New York 2014. S. 17–35.
Fata, Márta, Migration im kameralistischen Staat Josephs II. Theorie und Praxis der Ansiedlungspolitik in Ungarn, Siebenbürgen, Galizien und der Bukowina von 1768 bis 1790, Münster 2014.
Feichtinger, Moritz/Malinowski, Stephan, »Eine Million Algerier lernen im 20. Jahrhundert zu leben«. Umsiedlungslager und Zwangsmodernisierung im Algerienkrieg, 1954–1962, in: Journal of Modern European History 8. 2010. S. 107–135.
Feinstein, Charles H., An Economic History of South Africa. Conquest, Discrimination and Development, Cambridge 2005.
Felgentreff, Carsten/Geiger, Martin (Hg.), Migration und Umwelt (IMIS-Beiträge, H. 44), Osnabrück 2013.
Felgentreff, Carsten/Pott, Andreas (Hg.), Climate and Migration, Themenheft von »Die Erde« 147. 2016, H. 1.
Fenske, Hans, Die deutsche Auswanderung in der Mitte des 19. Jahrhunderts. Öffentliche Meinung und amtliche Politik, in: Geschichte in Wissenschaft und Unterricht 24. 1973. S. 221–236.

Fertig, Georg, Migration from the German-speaking Parts of Central Europe 1600–1800. Estimates and Explanations, Berlin 1991.

Fertig, Georg, Lokales Leben, atlantische Welt. Die Entscheidung zur Auswanderung vom Rhein nach Nordamerika im 18. Jahrhundert, Osnabrück 2000.

Feys, Torsten (Hg.), Maritime Transport and Migration. The Connections between Maritime and Migration Networks, St. John's 2007.

Feys, Torsten, The Battle for the Migrants. The Introduction of Steamshipping on the North Atlantic and its Impact on the European Exodus, St. John's 2013.

Findley, Allan, A Migration Channels Approach to the Study of High Level Manpower Movements: A Theoretical Perspective, in: International Migration 28. 2009. S. 15–23.

Fisher, Michael H., Migration. A World History, New York 2014.

Fogarty, Richard S., Race and War in France. Colonial Subjects in the French Army, 1914–1918, Baltimore 2008.

Fogleman, Aaron S., Hopeful Journeys. German Immigration, Settlement, and Political Culture in Colonial America, 1717–1775, Philadelphia 1996.

Fontaine, Laurence, History of Pedlars in Europe, Cambridge 1996.

Forberg, Martin, Ausländerbeschäftigung, Arbeitslosigkeit und gewerkschaftliche Sozialpolitik. Das Beispiel der Freien Gewerkschaften zwischen 1890 und 1918, in: Archiv für Sozialgeschichte 27. 1987. S. 51–81.

Forsyth, James, A History of the Peoples of Siberia. Russia's North Asian Colony 1581–1990, Cambridge 1992.

Frackowiak, Johannes, Wanderer im nationalen Niemandsland. Polnische Ethnizität in Mitteldeutschland von 1880 bis zur Gegenwart, Paderborn 2011.

Fremdling, Rainer, Der Puddler – Zur Sozialgeschichte eines Industriehandwerkers, in: Engelhardt, Ulrich (Hg.), Handwerkerschaft und Industrialisierung in Deutschland, Stuttgart 1984. S. 637–665.

Fremdling, Rainer, Die Rolle ausländischer Facharbeiter bei der Einführung neuer Techniken im Deutschland des 19. Jahrhunderts (Textilindustrie, Maschinenbau, Schwerindustrie), in: Archiv für Sozialgeschichte 24. 1984. S. 1–46.

Freund, Alexander, Aufbrüche nach dem Zusammenbruch. Die deutsche Nordamerika-Auswanderung nach dem Zweiten Weltkrieg, Göttingen 2004.

Frevert, Ute/Oltmer, Jochen (Hg.), Europäische Migrationsregime. Themenheft von »Geschichte und Gesellschaft« 25. 2009, H. 1.
Friedmann, John, China's Urban Transition, Minneapolis/London 2005.
Fuchs, Robert, Heirat in der Fremde. Deutschamerikaner in Cincinnati im späten 19. Jahrhundert, Paderborn 2014.

Gabaccia, Donna, Italy's Many Diasporas, Seattle 2000.
Gans, Judith/Replogle, Elaine M./Tichenor, Daniel J. (Hg.), Debates on U.S. Immigration, Los Angeles 2012.
Gatrell, Peter, A whole Empire Walking. Refugees in Russia during World War I, Bloomington 1999.
Gelberg, Birgit, Auswanderung nach Übersee. Soziale Probleme der Auswandererbeförderung in Hamburg und Bremen von der Mitte des 19. Jahrhunderts bis zum Ersten Weltkrieg, Hamburg 1973.
Gertel, Jörg/Calkins, Sandra (Hg.), Nomaden in unserer Welt. Die Vorreiter der Globalisierung. Von Mobilität und Handel, Herrschaft und Widerstand, Bielefeld 2012.
Geyer, Dietrich, Der russische Imperialismus. Studien über den Zusammenhang von innerer und auswärtiger Politik 1860–1914, Göttingen 1977.
Gilette, Alain/Sayad, Abdelmalek, L'immigration algérienne en France. Paris ²1984.
Gliech, Oliver, Saint-Domingue und die Französische Revolution. Das Ende der weißen Herrschaft in einer karibischen Plantagenwirtschaft, Köln 2011.
Goebel, Michael, Anti-Imperial Metropolis. Interwar Paris and the Seeds of Third World Nationalism, Cambridge 2015.
Goedings, Simone, Labor Migration in an Integrating Europe. National Migration Policies and the Free Movement of Workers 1950–1968, Den Haag 2005.
Gould, J. D., European Inter-Continental Emigration. The Road Home: Return Migration from the U.S.A., in: Journal of European Economic History 9. 1980. S. 41–112.
Grabbe, Hans-Jürgen, Vor der großen Flut: Die europäische Migration in die Vereinigten Staaten von Amerika 178–1820, Stuttgart 2001.
Green, Nancy L., The Other Americans in Paris. Businessmen, Countesses, Wayword Youth, 1880–1941, Chicago 2014.
Greiner, Bernd, Krieg ohne Fronten. Die USA in Vietnam, Hamburg 2007.

Grimm, Jacob und Wilhelm, Deutsches Wörterbuch, Leipzig 1951.
Günther, Markus, Auf dem Weg in die Neue Welt. Die Atlantiküberquerung im Zeitalter der Massenauswanderung 1818–1914, Augsburg 2005.
Gungwu, Wang (Hg.), Global History and Migrations, Boulder 1997.
Guoqi, Xu, Strangers on the Western Front. Chinese Workers in the Great War, Cambridge 2011.
Gyory, Andrew, Closing the Gate. Race, Politics, and the Chinese Exclusion Act, Chapel Hill/London 1998.

Ha, Kien Nghi, Asiatische Deutsche. Vietnamesische Diaspora and beyond, Berlin 2012.
Haas, Hein de, The Myth of Invasion. The Inconvenient Realities of African Migration to Europe, in: Third World Quarterly 29. 2008. S. 1305–1322.
Häberlein, Mark, Vom Oberrhein zum Susquehanna. Studien zur badischen Auswanderung nach Pennsylvania im 18. Jahrhundert, Stuttgart 1993.
Haines, David W./Sumption, Madeleine, Legal Immigration Selection System, in: Gans/Replogle/Tichenor (Hg.), Debates on U.S. Immigration. S. 11–26.
Hanna, William J./Hanna, Judith L., Urban Dynamics in Black Africa, New Brunswick/London ²2009.
Hansen, Christine, Die deutsche Auswanderung im 19. Jahrhundert – ein Mittel zur Lösung sozialer und sozialpolitischer Probleme?, in: Moltmann (Hg.), Deutsche Amerikaauswanderung im 19. Jahrhundert. S. 8–61.
Hansen, Randall, Citizenship and Immigration in Post-War Britain, Oxford 2000.
Hargreaves, Alec G., Multi-Ethnic France. Immigration, Politics, Culture and Society, New York 2007.
Hartley, Janet M., Siberia. A History of the People, New Haven 2014.
Hauschildt, Elke, Polnische Arbeitsmigranten in Wilhelmsburg bei Hamburg während des Kaiserreichs und der Weimarer Republik, Dortmund 1986.
Haver, Charlotte E., Von Salzburg nach Amerika. Mobilität und Kultur einer Gruppe religiöser Emigranten im 18. Jahrhundert, Paderborn 2011.
Heberle, Rudolf/Meyer, Fritz, Die Großstädte im Strome der Binnenwanderung. Wirtschafts- und bevölkerungswissenschaftliche Un-

tersuchungen über Wanderung und Mobilität in deutschen Städten, Leipzig 1937.
Heidemeyer, Helge, Flucht und Zuwanderung aus der SBZ/DDR 1945/ 1949–1961. Die Flüchtlingspolitik der Bundesrepublik Deutschland bis zum Bau der Berliner Mauer, Düsseldorf 1994.
Heinemann, Isabel, »Rasse, Siedlung, deutsches Blut«. Das Rasse- und Siedlungshauptamt der SS und die rassenpolitische Neuordnung Europas, Göttingen 2003.
Helbich, Wolfgang (Hg.), »Amerika ist ein freies Land...« Auswanderer schreiben nach Deutschland, Darmstadt 1985.
Helbich, Wolfgang, »Alle Menschen sind dort gleich ...« Die deutsche Amerika-Auswanderung im 19. und 20. Jahrhundert, Düsseldorf 1988.
Helbich, Wolfgang/Kamphoefner, Walter D./Sommer, Ulrike (Hg.), Briefe aus Amerika. Deutsche Auswanderer schreiben aus der Neuen Welt 1830–1930, München 1998.
Henderson, Timothy J., Beyond Borders. A History of Mexican Migration to the United States, Chichester 2011.
Henkel, Anne-Katrin, »Ein besseres Loos zu erringen, als das bisherige war«. Ursachen, Verlauf und Folgewirkungen der hannoverschen Auswanderungsbewegung im 18. und 19. Jahrhundert, Hameln 1996.
Hensel, Silke, Ein Kontinent in Bewegung. Bevölkerungsentwicklung und Migration in Lateinamerika, 19. und 20. Jahrhundert, in: Kaller-Dietrich, Martina (Hg.), Lateinamerika. Geschichte und Gesellschaft im 19. und 20. Jahrhundert, Wien 2004. S. 77–98.
Herbert, Ulrich, Fremdarbeiter. Politik und Praxis des »Ausländer-Einsatzes« in der Kriegswirtschaft des Dritten Reiches, Berlin 1985.
Herbert, Ulrich (Hg.), Europa und der »Reichseinsatz«. Ausländische Zivilarbeiter, Kriegsgefangene und KZ-Häftlinge in Deutschland 1938–1945, Essen 1991.
Higham, John, Strangers in the Land. Patterns of American Nativism, 1860–1925, New York 1988.
Hippel, Wolfgang von, Auswanderung aus Südwestdeutschland. Studien zur württembergischen Auswanderung und Auswanderungspolitik im 18. und 19. Jahrhundert, Stuttgart 1984.
Hirschon, Renée (Hg.), Crossing the Aegean. An Appraisal of the 1923 Compulsory Population Exchange between Greece and Turkey, New York 2003.

Hochstadt, Steve, Migration in Germany: An Historical Study, Ph.D. Brown University 1983.

Hochstadt, Steve, Städtische Wanderungsbewegungen in Deutschland 1850–1914, in: Melville, Ralph (Hg.), Deutschland und Europa in der Neuzeit. Festschrift Karl Otmar Frhr. von Aretin, 2. Halbbd., Stuttgart 1988. S. 575–598.

Hochstadt, Steve, Mobility and Modernity. Migration in Germany, 1820–1989, Ann Arbor 1999.

Hoerder, Dirk, Auswandererverschiffung über Bremen/Bremerhaven. Staatliche Schutzmaßnahmen und Erfahrungen der Migranten, in: Zeitschrift für Kulturaustausch 39. 1989. S. 279–291.

Hoerder, Dirk, Cultures in Contact. World Migrations in the Second Millennium, Durham 2002.

Hoerder, Dirk/Moch, Leslie Page (Hg.), European Migrants. Global and Local Perspectives, Boston 1996.

Hoerder, Dirk/Lucassen, Jan /Lucassen, Leo, Terminologien und Konzepte in der Migrationsforschung, in: Bade/Emmer/Lucassen/Oltmer (Hg.), Enzyklopädie Migration. S. 28–53.

Hoffmann-Holter, Beatrix, »Abreisendmachung«. Jüdische Kriegsflüchtlinge in Wien 1914 bis 1923, Wien 1995.

Hohenberg, Paul M./Lees, Lynn Hollen, The Making of Urban Europe 1000–1994, Cambridge ²1995.

Holian, Anna, Between National Socialism and Soviet Communism. Displaced Persons in Postwar Germany, Ann Arbor 2011.

Holleuffer, Henriette von, Zwischen Fremde und Fremde. Displaced Persons in Australien, den USA und Kanada 1946–1952, Osnabrück 2001.

Holmes, Colin, John Bull's Island. Immigration and British Society, 1871–1971, Basingstoke 1988.

Holmes, Madlyne, Forgotten Migrants: Foreign Workers in Switzerland before World War I, Rutherford 1998.

Honeck, Mischa, We Are the Revolutionists. German-Speaking Immigrants and American Abolitionists after 1848, Athens 2011.

Horne, John, Immigrant Workers in France during World War I, in: French Historical Studies 14. 1985. S. 57–88.

Hsu, Madeline Yuan-yin, Dreaming of Gold, Dreaming of Home. Transnationalism and Migration between the United States and South China, 1882–1943, Stanford 2000.

Hürtgen, Renate, Ausreise per Antrag: Der lange Weg nach drüben.

Eine Studie über Herrschaft und Alltag in der DDR-Provinz, Göttingen 2014.
Hugo, Graeme, Urbanisation in Asia. An Overview, in: Tienda, Marta (Hg.), Africa on the Move. African Migration and Urbanisation in Comparative Perspective, Johannesburg 2006. S. 115–139.
Hunn, Karin, »Nächstes Jahr kehren wir zurück...« Die Geschichte der türkischen »Gastarbeiter« in der Bundesrepublik, Göttingen 2005.
Hutchinson, Edward P., Legislative History of American Immigration Policy 1798–1965, Philadelphia 1981.
Huynh, Tu T., From Demand for Asiatic Labor to Importation of Indentured Chinese Labor. Race Identity in the Recruitment of Unskilled Labor for South Africa's Gold Mining Industry, 1903–1910, in: Journal of Chinese Overseas 4. 2008. S. 51–68.

Jacobmeyer, Wolfgang, Vom Zwangsarbeiter zum Heimatlosen Ausländer. Die Displaced Persons in Westdeutschland 1945–1951, Göttingen 1985.
Jacobson, Jodi L., Environmental Refugees. A Yardstick of Habitability, Washington 1998.
Japan Statistical Yearbook, Tokio 2012.
Jersch-Wenzel, Stefi, Bevölkerungsentwicklung und Berufsstruktur, in: Brenner, Michael/Jersch-Wenzel, Stefi/Meyer, Michael A., Deutsch-jüdische Geschichte in der Neuzeit, Bd. 2: Emanzipation und Akkulturation 1780–1871, München 1996. S. 57–95.
Jordi, Jean-Jacques, 1962: L'arrivée des Pieds-Noirs, Paris 2002.
Jupp, James, From White Australia to Woomera. The Story of Australian Immigration, Cambridge 2002.
Jürgens, Ulrich/Bähr, Jürgen, Inder in Südafrika, in: Geographische Rundschau 48. 1996. S. 358–365.
Just, Michael, Politische Flüchtlinge gehen nach Amerika, in: Zeitschrift für Kulturaustausch 32. 1982. S. 435–440.
Just, Michael, Ost- und südosteuropäische Amerikawanderung 1881–1914. Transitprobleme in Deutschland und Aufnahme in den Vereinigten Staaten, Stuttgart 1988.

Kaerger, Karl, Die Sachsengängerei, Berlin 1890.
Kamphoefner, Walter D., Soziale und demographische Strukturen der Zuwanderung in deutsche Großstädte des späten 19. Jahrhunderts, in: Teuteberg, Hans Jürgen (Hg.), Urbanisierung im 19. und 20. Jahrhundert, Köln 1983. S. 95–116.

Kamphoefner, Walter D., Umfang und Zusammensetzung der deutschamerikanischen Rückwanderung, in: Amerikastudien 33. 1988. S. 291–307.
Kamphoefner, Walter D., Westfalen in der Neuen Welt. Eine Sozialgeschichte der Auswanderung im 19. Jahrhundert, Göttingen 2006.
Karlsberg, Bernhard, Geschichte und Bedeutung der deutschen Durchwandererkontrolle, Diss. Hamburg 1921.
Kaufhold, Jan, Migration und Weltwirtschaftskrise. Ausgewählte Binnenwanderungen im Deutschen Reich in der Endphase der Weimarer Republik und den ersten Jahren der NS-Herrschaft, Diss. Osnabrück 2014.
Kaur, Amarjit, Indian Ocean Crossing. Indian Labor Migration and Settlement in Southeast Asia, 1870 to 1940, in: Gabaccia, Donna R./Hoerder, Dirk (Hg.), Connecting Seas and Connected Ocean Rims – Indian, Atlantic and Pacific Oceans and China Seas Migrations from the 1830s to the 1930s, Leiden 2011. S. 134–166.
Kessler, Gijs, Russische und ukrainische Saisonarbeitskräfte in den Getreideanbaugebieten Neurußlands und des nördlichen Kaukasus im späten 19. und frühen 20. Jahrhundert, in: Bade/Emmer/Lucassen/Oltmer (Hg.), Enzyklopädie Migration. S. 902–904.
Kim, Dong-Choon, Der Korea-Krieg und die Gesellschaft, Münster 2007.
King, Russell/Reynolds, Brian, Casalattico, Dublin and the Fish and Chip Connection. A Classic Example of Chain Migration, in: Studi emigrazione 31. 1994. S. 298–426.
Klausmeier, Simone, Vom Asylbewerber zum »Scheinasylant«. Asylrecht und Asylpolitik in der Bundesrepublik Deutschland seit 1973, Berlin 1984.
Klee, Katja, Im »Luftschutzkeller des Reiches«. Evakuierte in Bayern 1939–1953. Politik, soziale Lage, Erfahrungen, München 1999.
Klemke, Ulrich, »Eine Anzahl überflüssiger Menschen«. Die Exilierung politischer Straftäter nach Übersee: Vormärz und Revolution 1848/49, Frankfurt a. M. 1994.
Klemke, Ulrich, Die deutsche politische Emigration nach Amerika 1815–1848. Biographisches Lexikon, Frankfurt a. M. 2007.
Kleßmann, Christoph, Polnische Bergarbeiter im Ruhrgebiet 1870–1945, Göttingen 1978.
Kocka, Jürgen, Arbeitsverhältnisse und Arbeiterexistenzen. Grundlagen der Klassenbildung im 19. Jahrhundert, Bonn 1990.
Kolchin, Peter, American Slavery, 1619–1877, New York 2003.
Köllmann, Wolfgang, Industrialisierung, Binnenwanderung und »So-

ziale Frage«. Zur Entstehungsgeschichte der deutschen Industriegroßstadt im 19. Jahrhundert, in: ders., Bevölkerung in der industriellen Revolution, Göttingen 1974. S. 106-124.

Körner, Heiko, Internationale Mobilität der Arbeit. Eine empirische und theoretische Analyse der internationalen Wirtschaftsmigration im 19. und 20. Jahrhundert, Darmstadt 1990.

Koller, Christian, The Recruitment of Colonial Troops in Africa and Asia and their Deployment in Europe during the First World War, in: Stibbe (Hg.), Captivity. S. 111-133.

Koman, Rita G., Ellis Island. The Immigrants' Experience, in: OAH Magazine of History 13. 1999. S. 31-37.

Kossert, Andreas, Kalte Heimat. Die Geschichte der deutschen Vertriebenen nach 1945, München 2008.

Kotzian, Ortfried, Die Umsiedler. Die Deutschen aus West-Wolhynien, Galizien, der Bukowina, Bessarabien, der Dobrudscha und in der Karpartenukraine, München 2005.

Krabbe, Wolfgang R., Die deutsche Stadt im 19. und 20. Jahrhundert. Eine Einführung, Göttingen 1989.

Kraler, Albert (Hg.), Migrationen. Globale Entwicklungen seit 1850, Wien 2007.

Krause, Michael, Flucht vor dem Bombenkrieg. »Umquartierungen« im Zweiten Weltkrieg und die Wiedereingliederung der Evakuierten in Deutschland 1943-1963, Düsseldorf 1997.

Krohn, Claus-Dieter u. a. (Hg.), Handbuch der deutschsprachigen Emigration 1933-1945, Darmstadt 1998.

Kuhn, Philip A., Chinese Among Others. Emigration in Modern Times, Lanham 2008.

Kulischer, Eugene M., Europe on the Move. War and Population Changes, 1917-47, New York 1948.

Kushner, Tony, Local Heroes: Belgian Refugees in Britain during the First World War, in: Immigrants & Minorities 18. 1999. S. 1-28.

Kwong, Peter, China: Profit-driven Institutions and Emigration Promotion, in: Ness, Immanuel (Hg.), The Encyclopedia of Global Human Migration. S. 1004-1011.

Lachenicht, Susanne, Hugenotten in Europa und Nordamerika. Migration und Integration in der Frühen Neuzeit, Frankfurt a. M. 2010.

Lam, Tom, The Exodus of Hoa Refugees from Vietnam and their Settlement in Guangxi: China's Refugee Settlement Strategies, in: Journal of Refugee Studies 13. 2000. S. 374-390.

Langewiesche, Dieter, Wanderungsbewegungen in der Hochindustrialisierungsperiode. Regionale, interstädtische und innerstädtische Mobilität in Deutschland 1880–1914, in: Vierteljahrschrift für Sozial- und Wirtschaftsgeschichte 64. 1977. S. 1–40.

Lary, Diana, The Chinese People at War. Human Suffering and Social Transformation, 1937–1945, Cambridge 2010.

Lary, Diana, Chinese Migrations. The Movement of People, Goods, and Ideas over four Millennia, Lanham 2012.

Latif, Mojib, Die Herausforderung globalen Klimawandels. Perspektiven der Wirtschaftspolitik 11. 2010.

Latif, Mojib, Globale Erwärmung, Stuttgart 2012.

Layton-Henry, Zig, The Politics of Immigration. Immigration, »Race« and »Race« Relations in Post-War Britain, Oxford 1992.

Leder, Stefan/Streck, Bernhard (Hg.), Shifts and Drifts in Nomad-Sedentary Relations, Wiesbaden 2005.

Leenders, Marij, Ongenode gasten. Van traditioneel asielrecht naar immigrantiebeleid, 1815–1938, Hilversum 1993.

Lees, Andrew/Lees, Lynn Hollen, Cities and the Making of Modern Europe, 1750–1914, Cambridge 2007.

Lenger, Friedrich, Metropolen der Moderne. Eine europäische Stadtgeschichte seit 1850, München ²2014.

Lezius, Martin, Das Problem der Sachsengängerei in seiner jüngsten Entwicklung, Neudamm 1913.

Lie, John, The State as Pimp: Prostitution and the Patriarchal State in Japan in the 1940s, in: The Sociological Quarterly 38. 1997. S. 251–263.

Lin, Yanliu/Meulder, Bruno de/ Wang, Shifu, Understanding the »Village in the City« in Guangzhou. Economic Integration and Development Issue and their Implications for the Urban Migrant, in: Urban Studies 48. 2011. S. 3583–3598.

Lookingbill, Brad D., Dust Bowl, USA. Depression America and the Ecological Imagination 1929–1941, Athens 2001.

López Moreno, Eduardo, Living with Shelter Deprivations. Slum Dwellers in the World, in: UN Department of Economic and Social Affairs, Population Division (Hg.), Population Distribution, Urbanization, Internal Migration and Development: An International Perspective, New York 2011. S. 31–51.

Lourens, Piet/Lucassen, Jan, Arbeitswanderung und berufliche Spezialisierung. Die lippischen Ziegler im 18. und 19. Jahrhundert, Osnabrück 1999.

Lourens, Piet/Lucassen, Jan, Gilden und Wanderung: Die Niederlande, in: Schulz, Knut (Hg.), Handwerk in Europa. S. 65–79.
Lubinski, Axel, Entlassen aus dem Untertanenverband. Die Amerika-Auswanderung aus Mecklenburg-Strelitz im 19. Jahrhundert, Osnabrück 1997.
Lucassen, Jan, Naar de Kusten van de Noordzee. Trekarbeid in Europees perspektief 1600–1900, Gouda 1984.
Lucassen, Jan, Migrant Labour in Europe 1600–1900: The Drift to the North Sea, London 1987.
Lucassen, Leo, Het paspoort als edelste deel van een mens. Een aanzet to een sociale geschiedenis van het Nederlandse vreemdelingenbeleid, in: Holland 27. 1995. S. 263–283.
Lucassen, Leo, The Great War and the Origins of Migration Control in Western Europe and the United States (1880–1920), in: Böcker, Anita (Hg.), Regulation of Migration. International Experiences, Amsterdam 1998. S. 45–72.
Lucassen, Jan/Lucassen, Leo (Hg.), Migration, Migration History, History. Old Paradigms and New Perspectives, Bern ³2005. S. 28–53.
Lucassen, Leo, The Immigrant Threat. The Integration of Old and New Migrants in Western Europe since 1850, Urbana/Chicago 2005.
Lucassen, Jan/Lucassen, Leo, The Mobility Transition Revisited, 1500–1900: What the Case of Europe can offer to Global History?, in: Journal of Global History 4. 2009. S. 347–378.

Maciel, Cármen, »Retornados« aus den ehemaligen Kolonien in Portugal seit den 1970er Jahren, in: Bade/Emmer/Lucassen/Oltmer (Hg.), Enzyklopädie Migration. S. 898–900.
MacKinnon, Stephen, Refugee Flight at the Outset of the Anti-Japanese War, in: Lary, Diana/MacKinnon, Stephen (Hg.), Scars of War, the Impact of Warfare on Modern China, Vancouver/Toronto 2001. S. 118–134.
MacRaild, Donald M., Irish Migrants in Modern Britain, 1750–1922, Basingstoke 1999.
Magee, Gary B./Thompson, Andrew S., Lines of Credit, Debts of Obligation. Migrant Remittances to Britain, c. 1875–1913, in: Economic History Review 59. 2006. S. 539–577.
Mahl, William, Contract Labour and the Chinese, in: White, Richard (Hg.), Railroaded: The Transcontinentals and the Making of Modern America, New York 2011. S. 293–305.

Mamdani, Mahmood, From Citizen to Refugee. Uganda Asians Come to Britain, Chicago ²2011.
Mann, Michael, South Asian Labour, Migration and Diaspora, c. 1720–1970, in: Internationales Asienforum 34. 2003. S. 209–230.
Mann, Michael, »How many people were crying oceans…« Südasiatische Migration im Indischen Ozean, in: Rothermund, Dietmar (Hg.), Der Indische Ozean. Das afro-asiatische Mittelmeer als Kultur- und Wirtschaftsraum, Wien 2004. S. 123–144.
Manning, Patrick, Migration in World History, London ²2013.
Masterson, Daniel M./Funada, Sayaka, The Japanese in Peru and Brazil. A Comparative Perspective, in: Baily/Miguez (Hg.), Mass Migration to Modern Latin America. S. 113–135.
Mathur, Hari Mohan, Displacement and Resettlement in India. The Human Cost of Development, London/New York 2013.
Matzerath, Horst, Urbanisierung in Preußen 1815–1914, Stuttgart 1985.
Maylam, Paul, South Africa's Racial Past. The History and Historiography of Racism, Segregation, and Apartheid, Aldershot 2001.
McCook, Brian, The Borders of Integration. Polish Migrants in Germany and the United States, 1870–1924, Athens 2011.
McDonald, Brooke/Webber, Michael/Yuefang, Duan, Involuntary Resettlement as an Opportunity for Development. The Case of Urban Resettlers of the Three Gorges Project, China, in: Journal of Refugee Studies 21. 2008. S. 83–102.
McDowell, Christopher/Morell, Gareth, Displacement Beyond Conflict. Challenges for the 21st Century, New York/Oxford 2010.
McKeown, Adam, Melancholy Order. Asian Migration and the Globalization of Borders, New York 2008.
McLeman, Robert/Brown, Oli, Climate Change and Human Migration, in: Koser, Khalid/Martin, Susan (Hg.), The Migration-Displacement Nexus. Patterns, Processes, and Policies, New York/Oxford 2011. S. 168–196.
McNeill, William H./Adams, Ruth S. (Hg.), Human Migration. Patterns and Policies, Bloomington 1978.
Meier, Mischa, Die »Völkerwanderung«, in: Aus Politik und Zeitgeschichte 66. 2016, Nr. 26/27. S. 3–10.
Meissner, Jochen/Mücke, Ulrich/Weber, Klaus, Schwarzes Amerika. Eine Geschichte der Sklaverei, München 2008.
Melis, Damian van/Bispinck, Henrik (Hg.), »Republikflucht«. Flucht und Abwanderung aus der SBZ/DDR 1945 bis 1961, München 2006.

Merkl, Christoph Maria, Verkehrsgeschichte und Mobilität, Stuttgart 2008.

Meyer, Susanne, In-Migration and Out-Migration in an Area of Heavy Industry. The Case of Georgsmarienhütte, 1856–1870, in: Hoerder, Dirk/Nagler, Jörg (Hg.), People in Transit. German Migrations in Comparative Perspective 1820–1930, Cambridge 1995. S. 177–199.

Miguez, Eduardo José, Foreign Mass Migration to Latin America in the Nineteenth and Twentieth Centuries – An Overview, in: Baily/ Miguez (Hg.), Mass Migration to Modern Latin America. S. XIII– XXV.

Min, Pyong Gap, Korean »Comfort Women«. The Intersection of Colonial Power, Gender, and Class, in: Gender and Society 17. 2003. S. 938–957.

Mize, Ronald L./Swords, Alicia C. S., Consuming Mexican Labor. From the Bracero Program to NAFTA, Toronto 2011.

Moch, Leslie Page, Moving Europeans. Migration in Western Europe since 1650, Bloomington 1992.

Moltmann, Günter (Hg.), Deutsche Amerikaauswanderung im 19. Jahrhundert, Stuttgart 1976.

Moltmann, Günter, Die Transportation von Sträflingen im Rahmen der deutschen Amerikaauswanderung des 19. Jahrhunderts, in: ebd. S. 148.

Moltmann, Günter, American-German Return Migration in the Nineteenth and Early Twentieth Centuries, in: Central European History 13. 1980. S. 378–392.

Moodie, T. Dunbar/Ndatshe, Vivienne, Going for Gold. Men, Mines, and Migration, Berkeley 1994.

Morawska, Ewa, The New-Old Transmigrants, their Transnational Lives, and Ethnicization. A Comparison of 19th/20th and 20th/21st Century Situations, Florenz 1999.

Morawska, Ewa, Transnational Migrations in the Enlarged European Union. A Perspective from East Central Europe, San Domenico 2000.

Morelli, Anne, Les Belges en France aux XIXe et XXe siècles, in: Historiens & géographes 382. 2003. S. 267–276.

Mörner, Magnus, Historia Social latinoamericana. Nuevos enfoques, Buenos Aires 1979.

Moya, José C., Spanish Emigration to Cuba and Argentina, in: Baily/ Miguez (Hg.), Foreign Mass Migration to Latin America. S. 9–28.

Münch, Ursula, Asylpolitik in der Bundesrepublik Deutschland. Entwicklung und Alternativen, Opladen ²1998.

Münz, Rainer/Seifert, Wolfgang/Ulrich, Ralf, Zuwanderung nach Deutschland. Strukturen, Wirkungen, Perspektiven, Frankfurt a. M. 1997.

Murzynowska, Krystyna, Die polnischen Erwerbsauswanderer im Ruhrgebiet während der Jahre 1880–1914, Dortmund 1979.

Mutafov, Vasil A., Der bulgarische Gartenbau in Europa (ethnokulturelle und gegenseitige Einflüsse), in: Ethnologia Slavica 21. 1989. S. 167–194.

Naitou, Hisako, Korean Forced Labor in Japan's Wartime Empire, in: Kratoska, Paul H. (Hg.), Asian Labor in the Wartime Japanese Empire, Armonk 2005. S. 90–98.

Nerger-Focke, Katrin, Die deutsche Amerikaauswanderung nach 1945, Hamburg 1995.

Ness, Immanuel (Hg.), The Encyclopedia of Global Human Migration, 5 Bde., Malden, MA 2013.

Newson, Linda A., The Demographic Impact of Colonization, in: Bulmer-Thomas/Coatsworth/Cortés Conde (Hg.), Cambridge Economic History of Latin America. S. 143–184.

Newton, Ronald C., The »Nazi Menace« in Argentinia, 1931–1947, Stanford 1992.

Niggemann, Ulrich, Hugenotten, Köln 2011.

Niggemann, Ulrich, »Peuplierung« als merkantilistisches Instrument: Privilegierung von Einwanderern und staatlich gelenkte Ansiedlungen, in: Oltmer (Hg.), Handbuch Staat und Migration. S. 171–218.

Niggemann, Ulrich, Migration in der Frühen Neuzeit. Ein Literaturbericht, in: Zeitschrift für Historische Forschung 43. 2016. S. 293–321.

Nivet, Philippe, Les réfugiés français de la Grande Guerre (1914–1920). Les »Boches du Nord«, Paris 2004.

Noiriel, Gerard, Le creuset français. Histoire de l'immigration (XIX–XXe siècles), Paris 1988.

Nugent, Walter, Crossings. The Great Transatlantic Migrations 1870–1914, Bloomington 1992.

Oberpenning, Hannelore, Migration und Fernhandel im »Tödden-System«. Wanderhändler aus dem nördlichen Münsterland im mittleren und nördlichen Europa des 18. und 19. Jahrhunderts, Osnabrück 1996.

Östreich, Cornelia, »Des rauhen Winters ungeachtet ...« Die Auswanderung Posener Juden nach Amerika im 19. Jahrhundert, Hamburg 1997.

Oliver-Smith, Anthony, Sea Level Rise, Local Vulnerability and Involuntary Migration, in: Etienne Piguet (Hg.), Migration and Climate Change, Cambridge 2011. S. 160-187.

Oltmer, Jochen, Bäuerliche Ökonomie und Arbeitskräftepolitik im Ersten Weltkrieg. Beschäftigungsstruktur, Arbeitsverhältnisse und Rekrutierung von Ersatzarbeitskräften in der Landwirtschaft des Emslandes 1914-1918, Sögel 1995.

Oltmer, Jochen, Flucht, Vertreibung und Asyl im 19. und 20. Jahrhundert, in: Bade, Klaus J. (Hg.), Migration in der europäischen Geschichte seit dem späten Mittelalter (IMIS-Beiträge, H. 20), Osnabrück 2002. S. 107-134.

Oltmer, Jochen, Migration und Politik in der Weimarer Republik, Göttingen 2005.

Oltmer, Jochen, Krieg, Migration und Zwangsarbeit im 20. Jahrhundert, in: Seidel, Hans-Christoph/Tenfelde, Klaus (Hg.), Zwangsarbeit im Europa des 20. Jahrhunderts, Essen 2007. S. 131-153.

Oltmer, Jochen, Migration, Krieg und Militär in der Frühen und Späten Neuzeit, in: Asche, Matthias u.a. (Hg.), Krieg, Militär und Migration in der Frühen Neuzeit, Münster 2008. S. 37-55.

Oltmer, Jochen, Einführung: Europäische Migrationsverhältnisse und Migrationsregime in der Neuzeit, in: Frevert/Oltmer (Hg.), Europäische Migrationsregime, S. 5-27.

Oltmer, Jochen/Kreienbrink, Axel/Sanz Diaz, Carlos (Hg.), Das »Gastarbeiter«-System. Arbeitsmigration und ihre Folgen in der Bundesrepublik Deutschland und Westeuropa, München 2011.

Oltmer, Jochen, Flucht und Flüchtlinge. Hintergründe, Muster und Folgen von Gewaltmigration im frühen 21. Jahrhundert, in: Politikum. Analysen - Kontroversen - Bildung. Vierteljahreszeitschrift, 2. 2016, H. 3. S. 4-13.

Oltmer, Jochen, Globale Migration. Geschichte und Gegenwart, München ²2016.

Oltmer, Jochen (Hg.), Handbuch Staat und Migration in Deutschland seit dem 17. Jahrhundert, Berlin/Boston 2016.

Oltmer, Jochen, Kleine Globalgeschichte der Flucht im 20. Jahrhundert, in: Aus Politik und Zeitgeschichte. Beilage zur Wochenzeitung »Das Parlament« 66. 2016, Nr. 26/27. S. 18-25.

Oltmer, Jochen, Migration vom 19. bis zum 21. Jahrhundert, München ³2016.

Oltmer, Jochen, Schutz für Flüchtlinge. Das Aushandeln von Asyl in der Bundesrepublik Deutschland, in: Demokratie gegen Menschenfeindlichkeit. Zeitschrift für Wissenschaft und Praxis 1. 2016. S. 33–44.

Oswald, Ingrid, Migrationssoziologie, Konstanz 2007.

Overmans, Rüdiger, Die Kriegsgefangenenpolitik des Deutschen Reiches 1939–1945, in: Echternkamp, Jörg (Hg.), Die deutsche Kriegsgesellschaft. S. 729–875.

Pallach, Ulrich-Christian, Deutsche Handwerker im Frankreich des 18. Jahrhunderts, in: Mondot, Jean/Valentin, Jean-Marie/Voss, Jürgen (Hg.), Deutsche in Frankreich – Franzosen in Deutschland 1715–1789, Sigmaringen 1992. S. 89–102.

Panagiotidis, Jannis, Staat, Zivilgesellschaft und Aussiedlermigration 1950–1989, in: Oltmer, Jochen (Hg.), Handbuch Staat und Migration. S. 895–930.

»Paßwesen«, in: Das Staats-Lexikon. Encyklopädie der sämmtlichen Staatswissenschaften für alle Stände, Bd. 11, Leipzig ³1864. S. 329–332.

Paul, Kathleen, Whitewashing Britain. Race and Citizenship in the Postwar Era, Ithaca 1997.

Peattie, Mark R., The Japanese Colonial Empire, 1895–1945, in: Duus, Peter (Hg.), The Cambridge History of Japan, Bd. 6: The Twentieth Century, Cambridge 1997. S. 217–270.

Peilin, Li/Roulleau-Berger, Laurence (Hg.), China's Internal and International Migration, Abingdon 2013.

Peilin, Li, The World's Largest Labor Force Migration, in: ebd. S. XX–XV.

Peter, Hartmut Rüdiger (Hg.), Schnorrer, Verschwörer, Bombenwerfer? Studenten aus dem Russischen Reich an deutschen Hochschulen vor dem 1. Weltkrieg, Frankfurt a. M. 2001.

Piore, Michael J., Birds of Passage. Migrant Labor and Industrial Societies, Cambridge 1979.

Piskorski, Jan M., Die Verjagten. Flucht und Vertreibung im Europa des 20. Jahrhunderts, München 2013.

Pitsoulis, Athanassios, Vertreibung und Diplomatie: Hintergründe und Umdeutungen des griechisch-türkischen »Bevölkerungsaustauschs« von 1923, in: IMIS-Beiträge, 2010, H. 36. S. 37–66.

Plaß, Uwe, Überseeische Massenmigration zwischen politischem Desinteresse und Staatsintervention, in: Oltmer (Hg.), Handbuch Staat und Migration. S. 291–315.

Pohl, Hans, Aufbruch der Weltwirtschaft. Geschichte der Weltwirtschaft von der Mitte des 19. Jahrhunderts bis zum Ersten Weltkrieg, Stuttgart 1989.
Portes, Alejandro/Sensenbrenner, Julia, Embeddedness and Immigration: Notes on the Social Determinants of Economic Action, in: American Journal of Sociology 98. 1993. S. 1320–1350.
Poutrus, Patrice G., Zuflucht im Nachkriegsdeutschland. Politik und Praxis der Flüchtlingsaufnahme in Bundesrepublik und DDR von den späten 1940er Jahren bis zur Grundgesetzänderung im vereinten Deutschland von 1993, in: Oltmer (Hg.), Handbuch Staat und Migration. S. 853–893.
Pudlat, Andreas, Schengen. Zur Manifestation von Grenze und Grenzschutz in Europa, Hildesheim 2013.

Rahman, Md Mahbubar/Schendel, Willem van, »I am not a Refugee«. Rethinking Partition Migration, in: Modern Asian Studies 37. 2003. S. 551–584.
Rahmstorf, Stefan/Schellnhuber, Hans Joachim, Der Klimawandel. Diagnose, Prognose, Therapie, München ⁷2012.
Rainolds, E. Bruce, History, Memory, Compensation, and Reconciliation: The Abuse of Labor along the Thailand-Burma Railway, in: Kratoska, Paul H. (Hg.), Asian Labor in the Wartime Japanese Empire, Armonk 2005. S. 326–348.
Rass, Christoph A., Institutionalisierungsprozesse auf einem internationalen Arbeitsmarkt: Bilaterale Wanderungsverträge in Europa zwischen 1919 und 1974, Paderborn 2010.
Reardon-Anderson, James, Reluctant Pioneers, China's Expansion Northward, 1644–1937, Stanford 2005.
Reich, Uwe, Aus Cottbus und Arnswalde in die Neue Welt. Amerika-Auswanderung aus Ostelbien im 19. Jahrhundert, Osnabrück 1997.
Reimers, David M., Other Immigrants. The Global Origins of the American People, New York 2005.
Reinhard, Wolfgang, Die Unterwerfung der Welt. Globalgeschichte der europäischen Expansion 1415–2015, München 2016.
Reininghaus, Wilfried (Hg.), Wanderhandel in Europa, Dortmund 1993.
Reiter, Herbert, Politisches Asyl im 19. Jahrhundert. Die deutschen politischen Flüchtlinge des Vormärz und der Revolution von 1848/49 in Europa und den USA, Berlin 1992.

Reith, Reinhold, Arbeitsmigration und Gruppenkultur deutscher Handwerksgesellen im 18. und frühen 19. Jahrhundert, in: Scripta Mercaturae 23. 1989. S. 1–35.

Reith, Reinhold, Tiroler Bauhandwerker in Mitteleuropa vom 17. bis zum 19. Jahrhundert, in: Bade/Emmer/Lucassen/Oltmer (Hg.), Enzyklopädie Migration. S. 1034–1036.

Reulecke, Jürgen, Geschichte der Urbanisierung in Deutschland, Frankfurt a. M. 1985. S. 1034–1036.

Richarz, Monika, Die Entwicklung der jüdischen Bevölkerung, in: Lowenstein, Steven M./Mendes-Flohr, Paul/Pulzer, Peter/Richarz, Monika, Deutsch-jüdische Geschichte in der Neuzeit, Bd. 3: Umstrittene Integration 1871–1918, München 1997. S. 13–38.

Rieker, Yvonne, »Ein Stück Heimat findet man ja immer«. Die italienische Einwanderung in die Bundesrepublik, Essen 2003.

Rinke, Stefan Der letzte freie Kontinent. Deutsche Lateinamerikapolitik im Zeichen transnationaler Beziehungen, 1918–1933, Stuttgart 1996.

Robinson, Cabeiri D., Too much Nationality. Kashmiri Refugees, the South Asian Refugee Regime, and a Refugee State, 1947–1974, in: Journal of Refugee Studies 25. 2012. S. 344–365.

Robinson, William Courtland, Terms of Refuge. The Indochinese Exodus and the International Response, London ²2000.

Rodriguez, Nestor, »Workers Wanted«. Employer Recruitment of Immigrant Labor, in: Work and Occupations 31. 2004. S. 453–473.

Rössler, Horst, »Unnütze Subjekte, Vagabunden und Verbrecher« – Zur Emigration von Sträflingen in die Neue Welt (1830–1871), in: ders., Hollandgänger, Sträflinge und Migranten. Bremen-Bremerhaven als Wanderungsraum, Bremen 2000. S. 193–246.

Rössler, Horst, Der Lehrmeister England – Transfer von Technologie und Know-how durch Reisen und Migrationen (1816–1865), in: ebd. S. 139–192.

Rössler, Mechtild (Hg.), Der »Generalplan Ost«. Hauptlinien der nationalsozialistischen Planungs- und Vernichtungspolitik, Berlin 1993.

Roodt, Evelyn de, Oorlogsgasten. Vluchtelingen en krijgsgevangenen in Nederland tijdens de Eerste Wereldoorlog, Zaltbommel 2000.

Rosen, Klaus, Die Völkerwanderung, München 2002.

Sakamoto, Kiyoko, Japanische Ausländerpolitik seit 1945. Entwicklungen und Konzepte, in: IMIS-Beiträge 1999, H. 11. S. 39–54.

Sala, Roberto, Vom »Fremdarbeiter« zum »Gastarbeiter«. Die Anwerbung italienischer Arbeitskräfte für die deutsche Wirtschaft (1938 – 1973), in: Vierteljahrshefte für Zeitgeschichte 55. 2007. S. 93 –122.

Sänger, Patrick, Minderheiten und Migration in der griechisch-römischen Welt. Politische, rechtliche, religiöse und kulturelle Aspekte, Paderborn 2016.

Sánchez-Albornoz, Nicholás, The Population of Latin America, 1850 –1930, in: Bethell, Leslie (Hg.), The Cambridge History of Latin America, Bd. IV: c. 1870 to 1930, Cambridge 1986. S. 121–152.

Sánchez-Alonso, Blanca, Labor and Immigration, in: Bulmer-Thomas/Coatsworth/Cortés Conde (Hg.), Cambridge Economic History of Latin America. S. 377– 426.

Santos Lourenço, Isabel dos/Keese, Alexander, Die blockierte Erinnerung. Portugals koloniales Gedächtnis und das Ausbleiben kritischer Diskurse 1974 – 2010, in: Geschichte und Gesellschaft 37. 2011. S. 220 – 243.

Saunders, Doug, Arrival City. How the Largest Migration in History is Reshaping our World, New York 2010.

Schippan, Michael, Die deutsche Massenauswanderung an die Wolga 1765/66, in: Tel Aviver Jahrbuch für deutsche Geschichte 24. 1995. S. 41– 62.

Schlögel, Karl (Hg.), Der große Exodus. Die russische Emigration und ihre Zentren 1917 bis 1941, München 1994.

Schlögel, Karl (Hg.), Russische Emigration in Deutschland 1918 bis 1941, Berlin 1995.

Schmelz, Andrea, Migration und Politik im geteilten Deutschland während des Kalten Krieges. Die West-Ost-Migration in die DDR in den 1950er und 1960er Jahren, Opladen 2002.

Schmidt, Tassilo, Migration, in: Der Neue Pauly. Enzyklopädie der Antike, Bd. 8, Stuttgart 2000. S. 534.

Schneider, Michael C., Wissensproduktion im Staat. Das königlich preußische statistische Bureau 1860 –1914, Frankfurt a. M. 2013.

Schniedewind, Karen, Begrenzter Aufenthalt im Land der unbegrenzten Möglichkeiten. Bremer Rückwanderer aus Amerika 1850 –1914, Bremen 1991.

Schnier, Detlef, Die Wanderhändler des Eichsfeldes von 1820 bis 1960, in: Reininghaus, Wilfried (Hg.), Wanderhandel in Europa, Dortmund 1993. S. 129 – 141.

Schönwälder, Karen, »Ist nur Liberalisierung Fortschritt?« Zur Entstehung des ersten Ausländergesetzes der Bundesrepublik, in: Motte, Jan/Ohliger, Rainer/Oswald, Anne von (Hg.), 50 Jahre Bundesrepublik - 50 Jahre Einwanderung, Frankfurt a. M. 1999. S. 127-144.

Schönwälder, Karen, Einwanderung und ethnische Pluralität. Politische Entscheidungen und öffentliche Debatten in Großbritannien und der Bundesrepublik von den 1950er bis zu den 1970er Jahren, Essen 2001.

Scholz, Fred, Nomadismus. Theorie und Wandel einer sozio-ökologischen Kulturweise, Stuttgart 1995. S. 129-141.

Schulz, Knut (Hg.), Handwerk in Europa. Vom Spätmittelalter bis zur frühen Neuzeit, München 1999.

Schumacher, Martin, Auslandsreisen deutscher Unternehmer 1750-1851 unter besonderer Berücksichtigung von Rheinland und Westfalen, Köln 1968.

Schunka, Alexander, Konfession und Migrationsregime in der Frühen Neuzeit, in: Frevert/Oltmer (Hg.), Europäische Migrationsregime. S. 28-63.

Scruggs, Otey M., Texas and the Bracero Program, 1942-1947, in: Pacific Historical Review 32. 1963. S. 251-264.

Selm, Joanne van (Hg.), Kosovo's Refugees in the European Union, London/New York 2000.

Seresse, Volker, Die Einwanderung deutscher Berg- und Hüttenleute nach Norwegen im 17. Jahrhundert und ihre Bedeutung am Beispiel des Kupferbergwerks Røros, in: Hillegeist, Hans-Heinrich/ Ließmann, Wilfried (Hg.), Technologietransfer und Auswanderungen im Umfeld des Harzer Montanwesens, Berlin 2001. S. 49-70.

Siebold, Angela, ZwischenGrenzen. Die Geschichte des Schengen-Raums aus deutschen, französischen und polnischen Perspektiven, Paderborn 2013.

Sik, Pak Kyong, Die Zwangsanwerbung von Koreanern für Japan während des Pazifischen Krieges, in: Masao, Nishikawa/Miyachi, Masato (Hg.), Japan zwischen den Kriegen, Hamburg 1990. S. 287-322.

Silverstein, Josef, Politics and Railroads in Burma and India, in: Journal of Southeast Asian History 5. 1964. S. 17-28.

Singer-Kérel, Jeanne, Foreign Workers in France, 1891-1936, in: Ethnic and Racial Studies 14. 1991. S. 279-293.

Slany, Krystyna, Female Migration from Central-Eastern-Europe: Demographic and Sociological Aspects, in: Metz-Göckel, Sigrid (Hg.), Migration and Mobility in an Enlarged Europe. A Gender Perspective, Opladen 2008. S. 27-52.

Small, Christopher/Nicholls, Robert J., Global Analysis of Human Settlement in Coastal Zones, in: Journal of Coastal Research 19. 2003. S. 584–599.
Smeets, Henk/Steijlen, Fridus, In Nederland gebleven. De geschiedenis van de Molukkers 1951–2006, Amsterdam/Utrecht 2006.
Smith, Andrea L., Europe's Invisible Migrants, in: dies. (Hg.), Europe's Invisible Migrants. Consequences of the Colonists' Return, Amsterdam 2002. S. 9–32.
Smolka, Georg, Die Auswanderung als politisches Problem in der Ära des Deutschen Bundes (1815–1866), Speyer 1993.
Solberg, Carl E., The Prairies and the Pampas. Agrarian Policy in Canada and Argentina, 1880–1930, Stanford 1987.
Sperber, Melysa/Amuedo-Dorantes, Catalina/Bansak, Cynthia, U.S. Border Control, in: Gans/Replogle/Tichenor (Hg.), Debates on U.S. Immigration. S. 144–161.
Spoerer, Mark, Zwangsarbeit unter dem Hakenkreuz. Ausländische Zivilarbeiter, Kriegsgefangene und Häftlinge im Deutschen Reich und im besetzten Europa 1939–1945, Stuttgart/München 2001.
Spoerer, Mark, Die soziale Differenzierung der ausländischen Zivilarbeiter, Kriegsgefangenen und Häftlinge im Deutschen Reich, in: Echternkamp (Hg.), Die deutsche Kriegsgesellschaft. S. 485–576.

Stefanski, Valentin-Maria, Zum Prozeß der Emanzipation und Integration von Außenseitern. Polnische Arbeitsmigranten im Ruhrgebiet, Dortmund 1984.
Steidl, Annemarie, Auf nach Wien! Die Mobilität des mitteleuropäischen Handwerks im 18. und 19. Jahrhundert am Beispiel der Haupt- und Residenzstadt, Wien 2003.
Steidl, Annemarie, Ein ewiges Hin und Her. Kontinentale, transatlantische und lokale Migrationsrouten in der Spätphase der Habsburgermonarchie, in: Österreichische Zeitschrift für Geschichtswissenschaften 19. 2008. S. 15–42.
Steinert, Johannes-Dieter, Migration und Politik. Westdeutschland–Europa–Übersee 1945–1961, Osnabrück 1995.
Steinert, Oliver, »Berlin–Polnischer Bahnhof!« Die Berliner Polen (1871–1918), Hamburg 2002.
Stepién, Stanislaus, Der alteingessene Fremde. Ehemalige Zwangsarbeiter in Westdeutschland, Frankfurt a. M. 1989.
Sternberg, Jan Philipp, Auswanderungsland Bundesrepublik. Denk-

muster und Debatten in Politik und Medien 1945 – 2010, Paderborn 2012.
Stibbe, Matthew, (Hg.), Captivity, Forced Labour and Forced Migration during the First World War. Themenheft der Zeitschrift Immigrants & Minorities 26. 2008.
Stibbe, Matthew, Civilian Internment and Civilian Internees in Europe, 1914 – 20, in: ebd. S. 49 – 81.
Stöger, Georg, Die Migration europäischer Bergleute während der Frühen Neuzeit, in: Der Anschnitt. Zeitschrift für Kunst und Kultur im Bergbau 58. 2006. S. 170 – 186.
Stöver, Bernd, Der Kalte Krieg. Geschichte eines radikalen Zeitalters 1947–1991, München 2007.
Stora, Benjamin, Ils venaient d'Algérie: L'immigration algérienne en France (1912 –1992), Paris 1992.
Streit, Christian, Keine Kameraden. Die Wehrmacht und die sowjetischen Kriegsgefangenen 1941–1945, Stuttgart 1978.
Sturm-Martin, Imke, Liberale Tradition und internationales Image: Regierungspolitik in der Dekolonisationsphase, in: Schönwälder, Karen/Sturm-Martin, Imke (Hg.), Die britische Gesellschaft zwischen Offenheit und Abgrenzung. Einwanderung und Integration vom 18. bis zum 20. Jahrhundert, Berlin 2001. S. 112 – 132.
Sturm-Martin, Imke, Zuwanderungspolitik in Großbritannien und Frankreich. Ein historischer Vergleich. Frankfurt a. M. 2001.
Summerskill, Michael, China on the Western Front. Britain's Chinese Work Force in the First World War, London 1982.
Suryadinata, Leo, Chinese Migration and Adaptation in Southeast Asia. The Last Half-Century, in: Ananta, Aris/Arifin, Evi Nurvidya (Hg.), International Migration in Southeast Asia, Singapur 2004. S. 71– 93.
Swent, Eleanor Herz, Asian Refugees in America. Narratives of Escape and Adaptation, Jefferson 2011.

Talbot, Ian, The End of European Colonial Empires and Forced Migration: Some Comparative Case Studies, in: Panayi, Paniko/Virdee, Pippa (Hg.), Refugees and the End of Empire, Houndsmill 2011. S. 28 – 50.
Taylor, Alan M., Peopling the Pampa: On the Impact of Mass Migration to the River Plate, 1870 –1914, in: Explorations in Economic History 34. 1997. S. 100 –132.
Tenfelde, Klaus, Ländliches Gesinde in Preußen. Gesinderecht und

Gesindestatistik 1810 bis 1861, in: Archiv für Sozialgeschichte 19. 1979. S. 189–229.

Thalheim, Karl C., Das deutsche Auswanderungsproblem der Nachkriegszeit, Jena 1926.

Thiel, Jens, »Menschenbassin Belgien«. Anwerbung, Deportation und Zwangsarbeit im Ersten Weltkrieg, Essen 2007.

Thompson, Larry Clinton, Refugee Workers in the Indochina Exodus, 1975–1982, Jefferson 2010.

Thränhardt, Dietrich, Abschottung und Globalisierung. Die japanische Nichteinwanderungspolitik und ihre sozialen und politischen Kosten, in: IMIS-Beiträge 1999, H. 11. S. 17–38.

Tilly, Charles, Migration in Modern European History, in: McNeill/Adams (Hg.), Human Migration. S. 48–72.

Tinker, Hugh, A New System of Slavery. The Export of Indian Labour Overseas 1830–1920, London ²1993.

Torpey, John, The Great War and the Birth of the Modern Passport System, in: Caplan, Jane/Torpey, John (Hg.), Documenting Individual Identity. The Development of State Practices in the Modern World, Princeton 2001. S. 256–270.

Treadgold, Donald W., The Great Siberian Migration. Government and Peasant in Resettlement from Emancipation to the First World War, Princeton 1957.

Tribalat, Michèle, De l'immigration à l'assimilation: Enquête sur les populations d'origine étrangère en France, Paris 1996.

Tyrell, Ian, Transnational Nation. United States History in Global Perspektive since 1789, Basingstoke 2007.

Uhlig, Otto, Die Schwabenkinder aus Tirol und Vorarlberg, Innsbruck ³1998.

Umeno, Yuki, Han Chinese Immigrants in Manchuria, 1850–1931, in: Lucassen, Jan/Lucassen, Leo (Hg.), Globalising Migration History, Leiden 2014. S. 307–334.

UN Department of Economic and Social Affairs, Population Division, World Urbanization Prospects. The 2011 Revision, New York 2012.

UN Department of Economic and Social Affairs, Population Division, World Population Prospects. The 2012 Revision, New York 2013.

UN Department of Economic and Social Affairs/Population Division, World Urbanization Prospects: The 2014 Revision, New York 2015.

UNHCR, Forced Displacement in 2015. Global Trends, Genf 2016.
US Census Bureau, Census Briefs, The Hispanic Population 2010, Washington 2011.
Utsumi, Aiko, Japan's Korean Soldiers in the Pacific War, in: Kratoska, Paul H. (Hg.), Asian Labor in the Wartime Japanese Empire, Armonk 2005. S. 81–89.

Van der Woude, Ad/Hayami, Akira/Vries, Jan de (Hg.), Urbanization in History. A Process of Dynamic Interactions, Oxford 1990.
Vaughan, Jessica M./Hincapié, Marielena/Ooi, Maura, Worksite Enforcement, in: Gans/Replogle/Tichenor (Hg.), Debates on U.S. Immigration. S. 318–334.
Die Verhältnisse der Landarbeiter in Deutschland. Geschildert auf Grund der vom Verein für Socialpolitik veranstalteten Erhebungen, 3 Bde., Leipzig 1892.
Vo, Nghia M., The Vietnamese Boat People, 1954 and 1975–1992, Jefferson 2006.
Volkmann, Hans-Erich, Die russische Emigration in Deutschland 1919–1929, Würzburg 1966.
Vollmer, Renate, Auswanderungspolitik und soziale Frage im 19. Jahrhundert. Staatlich geförderte Auswanderung aus der Berghauptmannschaft Clausthal nach Südaustralien, Nord- und Südamerika 1848–1854, Frankfurt a. M. 1995.

Walker, Mack, Der Salzburger Handel. Vertreibung und Errettung der Salzburger Protestanten im 18. Jahrhundert, Göttingen 1997.
Walz, Markus, Region – Profession – Migration. Italienische Zinngießer in Rheinland-Westfalen, Osnabrück 2002.
Walz, Rainer, Die Ansiedlung der Salzburger Emigranten in Ostpreußen, in: Militzer, Klaus (Hg.), Probleme der Migration und Integration im Preußenland vom Mittelalter bis zum Anfang des 20. Jahrhunderts, Marburg 2005. S. 105–140.
Wang, Fei-Ling, China: Rural Migration, in: Ness (Hg.), The Encyclopedia of Global Human Migration. S. 1011–1015.
Wang, Meiyan, The Impact of Remittances on Rural Poverty Reduction and on Rural Household's Living Expenditures, in: Peilin/Roulleau-Berger (Hg.), China's Internal and International Migration. S. 40–56.
Waters, Mary C./Ueda, Reed (Hg.), The New Americans. A Guide to Immigration since 1965, Cambridge 2007.

Watt, Lori, When Empire comes Home: Repatriation and Reintegration in Postwar Japan, Cambridge 2009.
Weber-Kellermann, Ingeborg, Erntebrauch in der ländlichen Arbeitswelt des 19. Jahrhunderts, Marburg 1965.
Weber, Wolfhard, Industriespionage als technologischer Transfer in der Frühindustrialisierung, in: Technikgeschichte 42. 1975. S. 287–305.
Westerhoff, Christian, Zwangsarbeit im Ersten Weltkrieg. Deutsche Arbeitskräftepolitik im besetzten Polen und Litauen 1914–1918, Paderborn 2012.
Wiesner, Louis A., Victims and Survivors. Displaced Persons and Other War Victims in Viet-Nam, 1954–1975, New York 1988.
Willems, Wim, De uittocht uit Indië 1945–1995, Amsterdam 2001.
Winckler, Onn, Arab Political Demography. Population Growth, Labor Migration and Natalist Policies, 2. Aufl. Brighton 2009.
Wissenschaftlicher Beirat der Bundesregierung »Globale Umweltveränderungen«, Welt im Wandel – Sicherheitsrisiko Klimawandel, Berlin 2008.
Wokeck, Marianne S., Trade in Strangers. The Beginnings of Mass Migration to North America, University Park, PA 1999.
Wolff, Frank, Deutsch-deutsche Migrationsverhältnisse. Strategien staatlicher Regulierung, in: Oltmer (Hg.), Handbuch Staat und Migration. S. 773–814.
Wolken, Simone, Das Grundrecht auf Asyl als Gegenstand der Innen- und Rechtspolitik der Bundesrepublik Deutschland, Frankfurt a. M. 1988.
Worster, Donald, Dust Bowl. The Southern Plains in the 1930s, Oxford 1979.
Wyman, Mark, DP: Europe's Displaced Persons 1945–1951, Ithaca 1998.
Wyman, Mark, Round-trip to America. The Immigrants Return to Europe, 1880–1930, Ithaca 1993.

Yang, Philip Q., Asian Immigration to the United States, Cambridge 2011.
Yans-McLaughlin, Virginia (Hg.), Immigration Reconsidered. History, Sociology and Politics, New York 1990.
Young, Elliott, Alien Nation. Chinese Migration in the Americas from the Coolie Era through World War II, Chapel Hill 2014.

Zedler, Johann Heinrich, Grosses vollständiges Universallexicon aller Wissenschaften und Künste, Halle/Leipzig 1732–1754.

Zeuske, Michael, Handbuch Geschichte der Sklaverei. Eine Globalgeschichte von den Anfängen bis zur Gegenwart, Berlin/Boston 2013.

Zimmermann, Andre, Japans Migrationspolitik und ihre Auswirkungen auf die Arbeitsbeziehungen, Saarbrücken 2008.

Zimmermann, Stefan/Brugger, Christine (Hg.), Die Schwabenkinder. Arbeit in der Fremde vom 17. bis 20. Jahrhundert, Sigmaringen 2012.

Zlotnik, Hania, The Dimensions of Migration in Africa, in: Tienda, Marta (Hg.), Africa on the Move. African Migration and Urbanisation in Comparative Perspective, Johannesburg 2006. S. 15–37.

Zolberg, Aristide R./Suhrke, Astri/Aguayo, Sergio, Escape from Violence: Conflict and the Refugee Crisis in the Developing World, Oxford 1989.

Zolberg, Aristide R., A Nation by Design. Immigration Policy in the Fashioning of America, New York 2006.

Žuravlev, Sergej, Ich bitte um Arbeit in der Sowjetunion. Das Schicksal deutscher Facharbeiter im Moskau der 30er Jahre, Berlin 2003.

Zürcher, Erik-Jan, Griechisch-orthodoxe und muslimische Flüchtlinge und Deportierte in Griechenland und der Türkei seit 2012, in: Bade/Emmer/Lucassen/Oltmer (Hg.), Enzyklopädie Migration. S. 523–527.

Bildnachweis

S. 7: Jochen Oltmer; S. 19: wikimedia commons; S. 36: akg-images / Pictures From History; S. 41: akg-images; S. 53: akg-images / Fototeca Gilardi; S. 75: akg-images; S. 98: akg-images; S. 107: akg-images / Pictures From History; S. 127: akg-images / TT News Agency / SVT; S. 156: akg-images; S. 161: akg-images; S. 199: akg-images / Günther Schaefer; S. 239: picture alliance/Pacific Press Agency

Alle Schaubilder: schreiberVIS, Joachim Schreiber, Bickenbach; Hintergrundmotive zu den Schaubildern: S. 59: carlosgardel@fotolia.com; S. 226: carlosgardel@fotolia.com; S. 232: route55@fotolia.com